Depredadores sagrados

Depredadores sagrados

Pederastia clerical en México

BERNARDO BARRANCO

(Coordinador)

Grijalbo

El papel utilizado para la impresión de este libro ha sido fabricado a partir de madera
procedente de bosques y plantaciones gestionadas con los más altos estándares ambientales,
garantizando una explotación de los recursos sostenible con el medio ambiente y beneficiosa para las personas.

Depredadores sagrados
Pederastia clerical en México

Primera edición: agosto, 2021

D. R. © 2021, Bernardo Barranco, por la coordinación

D. R. © 2021, derechos de edición mundiales en lengua castellana:
Penguin Random House Grupo Editorial, S. A. de C. V.
Blvd. Miguel de Cervantes Saavedra núm. 301, 1er piso,
colonia Granada, alcaldía Miguel Hidalgo, C. P. 11520,
Ciudad de México

penguinlibros.com

D. R. © 2021, Bernardo Barranco Villafán, por la introducción y la cronología
D. R. © 2021, «La masculinidad sagrada, aproximación teológica a la perversión pedofílica», por Ruth Casas Godoy
D. R. © 2021, «Opacidad y poder: Marcial Maciel», por José Barba-Martín
D. R. © 2021, «Mi historia: el dolor que permanece», por Ana Lucía Salazar Garza
D. R. © 2021, «Conquista legionaria de Monterrey. Auge y ¿caída del imperio?», por Cristina Sada Salinas
D. R. © 2021, «Norberto Rivera: marcado por el encubrimiento. Una cronología», por Mónica Uribe Moreno
D. R. © 2021, «Una mirada desde el interior», por Daniel Portillo Trevizo
D. R. © 2021, «Pederastia en iglesias evangélicas: un primer acercamiento», por Leopoldo Cervantes-Ortiz
D. R. © 2021, «El rol de los medios de comunicación y la pederastia.
Los límites de la denuncia periodística», por Bernardo Barranco Villafán
D. R. © 2021, «El registro documentado de una historia oculta», por Erika Barrón

ISBN: 978-607-380-408-0

Impreso en México – *Printed in Mexico*

Índice

Introducción

Bernardo Barranco Villafán

La pederastia clerical es, ante todo, un acto criminal. Es la profanación y el sometimiento del cuerpo de un menor para satisfacer las patologías sagradas. Es el abuso del clérigo de su investidura simbólica. Es un atropello trágico que deja secuelas imborrables en el cuerpo y en el alma de las víctimas. El depredador sagrado quebranta la confianza que la sociedad deposita en su representación social. La pederastia clerical está penada por las leyes civiles, sancionada por el derecho canónico de la Iglesia y, además, es un grave pecado, pues transgrede el sexto mandamiento. Lamentable también la misma Iglesia, al encubrir a sus pederastas, quebranta otros mandamientos de las bienaventuranzas, como el noveno, relacionado con mentir y ofrecer falsos testimonios.

Este libro busca abordar la pederastia clerical desde diferentes aristas, disciplinas y actores. Trata el fenómeno criminal que representa la pederastia clerical. Debemos reconocer que el maltrato y la violencia sexual a los niños tiene magnitudes que rebasan a la propia Iglesia católica. México, se dice aquí en un ensayo, ocupa el primer lugar de este atroz delito de abuso sexual, más de 5.4 millones de casos se reportan al año, donde una de cada cuatro niñas y uno de cada seis niños son abusados, la mayoría de ellos en el contexto familiar. El fenómeno es complejo.

Una pregunta que flota desde hace más de dos décadas es ¿por qué la pederastia se ha centrado en la Iglesia católica? ¿No son tan graves en la familia o en otras instituciones como las escuelas, los clubes deportivos e incluso otras Iglesias? ¿Por qué resulta tan llamativa la transgresión de los clérigos depredadores católicos? Conviene de arranque preguntarnos por qué la sociedad ha focalizado a la Iglesia católica como la principal transgresora sexual. El papa Francisco respondió a estas interrogantes en febrero de 2019, señalando que los depredadores sagrados contradicen los grandes principios del Evangelio y contravienen los fundamentos morales y éticos que la Iglesia transmite a la sociedad; asimismo, la pederastia clerical desvirtúa la misión y la autoridad de la Iglesia en la historia humana. En suma, el pederasta es la antítesis del corpus y la identidad del mensaje de Jesús. El depredador sagrado representa el lado oscuro y perverso de la Iglesia.

La pederastia clerical es un lastre criminal complejo. Ésta es una de las tesis de otro de los ensayos que aquí se presentan, en el cual se reconoce que no existen respuestas ni explicaciones únicas ni unánimes sobre cómo afrontar este problema tortuoso y controvertido que, bajo cualquier enfoque y circunstancia, es una conducta injustificable por ser violatoria de la dignidad humana y especialmente de las personas más vulnerables por razón de edad: niñas, niños y adolescentes.

Si bien hay diferencias y matices entre pedofilia y pederastia, vale la pena mirar la definición que hace la Organización Mundial de la Salud: "Se clasifica la pederastia como los trastornos de preferencia sexual por los menores que se encuentran entre las perturbaciones de la personalidad y del comportamiento en adultos. La pedofilia se define como la preferencia sexual por los niños, ya sean niños, niñas o ambos, generalmente en edad pre púber o al inicio de la pubertad".[1]

En todas las culturas existen bestiarios en sus mitologías. En la cultura contemporánea el depredador sagrado es la bestia con sotana. Es el maligno que se arropa y disfraza con los símbolos de santidad. Un ser infausto que seduce y violenta sexualmente a sus víctimas con el rostro y ropaje de un ángel. La psiquiatría moderna y las ciencias de la conducta definen el abuso sexual de un menor como un "asesinato psíquico". Es un acto que atenta contra la identidad y el potencial del menor. Transgrede el desarrollo de la persona. El niño representa esa identidad humana, esa vitalidad que el pederasta ha extraviado en algún lugar de su hoja de vida y puede ser propiciado por el entorno que le rodea. En la conducta del pederasta clerical se presenta una pulsión homicida, compulsiva y repetitiva que personifica el aspecto psicopatológico, así como el control racional le confiere una cualidad criminal propia de las psicopatías.

Las perversiones sexuales de los personajes públicos, incluidos los eclesiásticos, son resultado de las relaciones de poder que guardan los individuos con el *establishment*. Michel Foucault, en su *Historia de la sexualidad*, encuentra un estrecho vínculo en el imperio de los privilegios como factor represivo y la sexualidad como una dimensión construida desde el poder.[2] Hombres poderosos como Silvio Berlusconi, Bill Clinton, Harvey Weinstein, Dominique Strauss-Kahn y en nuestro medio Andrés Roemer, Enrique Guzmán y Félix Salgado Macedonio se saben protegidos por el poder. Dicha impunidad no guarda mucha diferencia con los sacerdotes pederastas. Cobijados por el predominio de una cultura patriarcal, políticos y pederastas clericales se sienten por encima de la sociedad. Conductores y dueños de las conciencias de los individuos y, por tanto, también de sus cuerpos. Políticos envilecidos encuentran refugio en el poder de los gobiernos mientras los sacerdotes pederastas en la estructura eclesiástica. Así, la patología de los abusos sexuales es expresión de la corrupción del poder.

PEDERASTIA Y LA CRISIS HISTÓRICA DE LA IGLESIA CATÓLICA

Bajo los escándalos de pederastia clerical, sin duda la Iglesia enfrenta una gran crisis histórica de credibilidad sin precedentes. Los casos ventilados por los medios han mermado dramáticamente la confianza e incrementado la desaprobación de su conducta. La crisis de pederastia ha sacudido la autoridad moral de una institución cuya materia prima son justamente los principios. A lo largo de los últimos lustros emergieron vicios institucionales que conmovieron a la opinión pública. Se evidenciaron la cultura del silencio, el disimulo, la protección corporativa, la reticencia a colaborar con la justicia secular, es decir, el encubrimiento institucional de criminales que facilita el imperio de la impunidad. El derecho canónico aborda la pederastia sin la contundencia deseada. En 1917 el canon 2359, en su párrafo 2, decía: "Si admitieran un delito contra el sexto mandamiento del decálogo con menores de dieciséis años […] sean suspendidos, sean declarados infames, en caso de que tengan cualquier tipo de oficio, beneficio, dignidad, o ministerio sean privados de ellos, y en casos más graves sean depuestos". El código fue reformado en 1983. En esa fecha nadie pensaba en el tsunami que acecharía a la Iglesia; hay una referencia poco contundente en el canon 1395, párrafo 2: "El clérigo que cometa de otro modo un delito contra el sexto mandamiento del Decálogo, cuando este delito haya sido cometido con violencia o amenazas, o públicamente o con un menor que no haya cumplido dieciséis años de edad, debe ser castigado con penas justas, sin excluir la expulsión del estado clerical, cuando el caso lo requiera".[3] En suma, los señalamientos canónicos no son severos.

Hemos sido testigos de cómo la Iglesia en los últimos 20 años ha enfrentado una crisis planetaria provocada por los escándalos de pederastia, sólo comparable con la crisis de la Reforma en la Edad Media. Entre ambas hay enormes diferencias, el sacudimiento del siglo XVI provocó una fractura interna, la crisis actual del siglo XXI es la ruptura de la Iglesia con la sociedad moderna, es decir, una crisis civilizatoria. Sus números han decaído y sobre todo sus ingresos se han mermado dramáticamente a causa del recelo y la desaprobación por su conducta indigna. La pederastia ha debilitado a la institución, cuyo relato y materia prima con la que se ofertan a la sociedad son justamente principios morales de la cultura.

La llegada del papa Francisco en 2013 a la silla pontificia levantó demasiadas expectativas. Prometió tolerancia cero y creó la comisión pontificia para atender los abusos, presidida por el cardenal estadounidense Sean O'Malley. Sin embargo, pareció no tener urgencia ni tomar acciones de fondo hasta que estallaron nuevas convulsiones, provocadas por las acusaciones penales a George Pell, cardenal australiano, número tres en la curia vaticana, acusado de pederastia y encubrimiento en aquel país. Igualmente, en 2017 la emblemática activista irlandesa Marie Collins, víctima de abuso, renunció a la comisión papal. La razón que argumenta es el poco compromiso de la curia al más alto nivel, y que la pederastia no estaba siendo tomada en serio por la Santa Sede. Denunció desdén por parte de actores donde imperaba una falta de sensibilidad hacia las víctimas. Al despedirse Collins declaró sobre el caso Pell, quien había sido encumbrado por Francisco, lo siguiente: "Trató muy mal a las víctimas, subestimó los casos de abusos. No creo que pudiese quedarse más en el Vaticano cuando había tantas víctimas en Australia que demandan explicaciones. Siempre pensé que debía haberse ido a darlas".[4] A pesar de que había señales inquietantes, las alarmas se encendieron, aún más durante la desastrosa visita que Francisco realizó a Chile en enero de 2018. En su gira, se negó a aceptar las acusaciones sobre una red local de abusadores sexuales; el pontífice las calificó de calumnias sin pruebas. Ahí se puso en evidencia que el Papa no tenía el pulso del fenómeno de la pederastia clerical y estaba siendo engañado por el propio episcopado chileno. Tres meses más tarde, gracias a una investigación que ordenó Francisco, el caso escaló al demostrarse la veracidad de las denuncias y la complicidad de las estructuras eclesiales del país andino. En mayo de ese año el Papa convocó en Roma a la conferencia episcopal en pleno y después de un día de silencio y oración el caso explotó, los 34 obispos chilenos presentaron su renuncia. Tocó fondo la crisis más profunda en la historia de la iglesia chilena, que se sumó a las distintas fracturas en Canadá, los Estados Unidos, Irlanda, Australia, Alemania, México y otros países alrededor del globo donde los casos de pederastia se cuentan por decenas ante la tibieza de la Santa Sede.

No debe olvidarse que bajo el pontificado de Juan Pablo II la pederastia clerical se encubrió como parte de la política de Estado, cuya consigna era la defensa abigarrada del clérigo agresor como mandato institucional. La crisis mediática estalló con el arribo de Joseph Ratzinger al pontificado en 2005. La Iglesia católica fue severamente exhibida y golpeada por la opinión pública mundial. Años después Benedicto XVI reconoció en 2016 en el libro *Últimas conversaciones*, con su biógrafo oficial Peter Seewald, que los escándalos de pederastia fueron el mayor tormento de su pontificado. Aun cuando Benedicto XVI cambió normas, transformó políticas, creó protocolos para proteger a niños de abusos, se debe reconocer que dejó intactos a muchos sacerdotes y obispos pederastas. Dos ejemplos: Marcial Maciel, fundador de los

Legionarios de Cristo, y el cardenal Theodore McCarrick, arzobispo de Washington. Sin tocarlos ni llevarlos a juicio canónico, a ambos les pidió la reclusión a la vida de oración, que por supuesto no acataron.

El sorpresivo arribo de Francisco en 2013 representó nuevas esperanzas porque parecía confrontar a la pederastia, pero a lo largo de los años quedó claro que la tarea es compleja. Es remar contracorriente. Francisco batalló con las inercias institucionales, los sectores tradicionales no lo dejaron ir más a fondo, el clero se atrincheró. Dominó una profunda desilusión entre los grupos de víctimas por la ambigüedad de la Iglesia. Prevaleció el confinamiento de la curia romana como una ciudad sitiada. A Francisco le ha faltado más contundencia y vigor frente al cáncer pederástico. El Papa es exigido, debe pasar de las bellas palabras a hechos categóricos, de las buenas intenciones a los resultados, de los perdones a acciones rotundas. El Papa actual pareciera limitado a veces por lidiar con otros frentes de hostilidad.

EL REVELADOR INFORME MCCARRICK

El martes 10 de noviembre de 2020 el Vaticano publicó un extenso informe de 450 páginas, titulado "Informe sobre el conocimiento y el proceso de decisión institucional de la Santa Sede en relación con el ex cardenal Theodore Edgar McCarrick (1930-2017)", publicado por la Secretaría de Estado. El voluminoso texto refiere cómo Theodore E. McCarrick alcanzó los escaños más altos en la jerarquía de la Iglesia católica, a pesar de existir referencias y señalamientos de que había abusado sexualmente de menores y jóvenes seminaristas durante décadas. A pesar de todo, McCarrick fue encumbrado. Con textos probatorios y testimonios, el informe da cuenta de la historia perniciosa del excardenal arzobispo de Washington dimitido del estado clerical por la gravedad de sus actos. El caso McCarrick es emblemático porque pone al descubierto una red de complicidades, errores y omisiones que involucran las más altas esferas del Vaticano en los últimos tres pontificados. Juan Pablo II era amigo cercano de McCarrick desde 1976. En 2000 el Papa quiso promoverlo como arzobispo de Nueva York, pero surgieron rumores de una vida homosexual subterránea y de abusos. El cardenal de Nueva York, John O'Connor, le escribió al Papa advirtiéndole el "secreto a voces" sobre sus prácticas. McCarrick se defendió y recibió el apoyo de la curia, en especial del secretario de Estado, Angelo Sodano, y de Stanislaw Dziwisz, secretario particular del Papa, por cierto recientemente acusado por encubrir pederastas.[5] Finamente, en 2001 Juan Pablo II nombró a McCarrick arzobispo de Washington y después lo hizo cardenal. ¿Cómo un personaje así se encumbra en la alta jerarquía? ¿Por qué a pesar de los señalamientos la curia los pasa por alto?

El papa Benedicto XVI también aparece en el informe con una cuota grave de responsabilidad. En 2005 resurgieron y se documentaron acusaciones en firme de acoso y abuso de jóvenes. Recién nombrado Papa, Ratzinger pidió la renuncia al cardenal estadounidense, al que acababa de conceder una prórroga de dos años en su mandato, para convertirse en obispo emérito. Sin embargo, Ratzinger nunca inició una investigación ni un juicio canónico, como ameritaba el caso. Como hiciera con Marcial Maciel, se le recomendó llevar una vida de retiro y de oración, primero de manera oral y después por escrito en 2008. McCarrick nunca acató la recomendación y siguió llevando misiones diplomáticas en los Estados Unidos a nombre de la Santa Sede, acciones de recaudación de fondos y un activo *lobby* con la clase política estadounidense. Incluso sobornos y generosas dádivas a miembros de la curia romana hasta 2018, en tiempos de Francisco. Vuelven estremecedores estrépitos con las denuncias de un opositor conservador a Bergoglio, el exnuncio en Washington Carlo Maria Viganò.[6]

El informe es una joya, tiene una pulida redacción que trata de exculpar a los Papas, pero los hechos se imponen. El Vaticano niega haber encubierto los abusos sexuales a menores cometidos por el excardenal estadounidense McCarrick, pero reconoce negligencias graves y falta de sensibilidad hacia el reclamo de las víctimas. Es necesario analizar el papel de la burocracia vaticana para explicar el comportamiento delictivo no sólo de la curia romana sino de las conferencias episcopales. Es el reinado del clericalismo perverso que es capaz de alterar todo el sistema para sabotear los signos de advertencia y evitar esclarecer los incidentes que emergen como señales de alerta. Estamos hablando de una cultura clerical de intereses y poder, destinada a proteger a los funcionarios de alto rango que pasaron por alto normas eclesiásticas y civiles. En ese sentido, el informe de la Secretaría de Estado es un importante paso de transparencia que propicia mayor autocrítica y deslinde de responsabilidades. En pederastia, mirar al futuro no basta si no se resuelven los agravios a víctimas en el pasado. La investigación es un paso importante y se espera que se abran más. En México esperamos que se despliegue una investigación similar para el caso Maciel. El informe McCarrick es indicativo de que todos los actores tienen una cuota de responsabilidad: los Papas, la curia romana, los nuncios, la autoridad civil y las propias Iglesias locales.

LA PEDERASTIA SEGÚN BENEDICTO XVI Y FRANCISCO

Es importante destacar las visiones tan opuestas sobre la pederastia clerical que existen en la cúpula de la Iglesia católica. Tan sólo compararemos los enfoques diferentes que guardan los dos pontífices. Joseph Ratzinger, Papa emérito, publicó un ensayo sobre la Iglesia y los abusos sexuales a pocas semanas concluida la cumbre sobre la pederastia que convocó Francisco en Roma.[7]

Benedicto XVI afirma que el colapso moral de la Iglesia comenzó en 1968. Agrega que en la revolución sexual de 1968 se convirtió en "libertad sin norma". La permisividad sexual de la sociedad secular contaminó el cuerpo eclesiástico. El texto de Benedicto XVI levantó agudas polémicas en torno al diagnóstico de la pederastia, en especial en Alemania, donde se publicó el ensayo originalmente. El diagnóstico de Ratzinger ha alentado a los sectores tradicionalistas opuestos al enfoque del papa Francisco. El Papa emérito asegura que la Iglesia vive una profunda crisis de credibilidad porque ha sido infectada de la mundanidad secular sexualizada. La Iglesia se ha contagiado de una sociedad moderna que aspira vivir sin Dios, enuncia: "La Iglesia está muriendo en las almas y no necesariamente en sus estructuras. Quizá la Iglesia no sabe cómo salir de la situación en que se ha expuesto con sus propias potestades y trata de imputar un mal interno, no resuelto, a la hipótesis del colapso externo".

Pareciera que Ratzinger sigue obsesionado con 1968. Las revueltas estudiantiles y culturales marcaron su biografía. De un respetable joven teólogo progresista conciliar se fue deslizando, justo a partir de 1968, a posturas cada vez más tradicionales. Sin embargo, su análisis no checa con la propia historia. En la misma Alemania hubo denuncias de abusos, registradas desde la década de 1950. Asimismo, el encubrimiento vergonzoso de la Iglesia irlandesa data de la década de 1940. Lo mismo podemos decir del caso Marcial Maciel. El cardenal João Braz de Aviz, prefecto de la Congregación para los Institutos de Vida Consagrada, declaró a la revista católica *Vida Nueva* en relación con el caso Maciel: "Quien lo tapó era una mafia, ellos no eran Iglesia. Tengo la impresión de que las denuncias de abusos crecerán, porque sólo estamos en el inicio. Llevamos 70 años encubriendo, y esto ha sido un tremendo error". También mencionó que el Vaticano tenía documentos desde 1943 sobre la pederastia en los Legionarios. La hipótesis de Ratzinger es cuestionable. La pederastia clerical es de larga data y no fue provocada por la fisonomía de la revolución cultural del 68. Ratzinger ha mostrado una particular contrariedad contra las clases medias europeas y sobre todo los jóvenes que se alejaron de la Iglesia. En el libro entre Ratzinger y el escritor Vittorio Messori, de 1985, el futuro Papa arremete contra la ideología hedonista del sector terciario y anuncia la operación, bajo el pontificado de Juan Pablo II, de una necesaria restauración.[8] Ya como Papa, Benedicto XVI embiste contra lo que él llamó "la dictadura del relativismo" de las sociedades modernas. Benedicto se refiere a una cierta irrupción del relativismo moral donde no existe ya el bien y el mal, sino sólo aquello "que según la circunstancia es relativamente mejor". Ahora el anciano Papa emérito descarga su furia contra la revolución sexual de la juventud del 68. La matriz es una, y según el Papa en retiro, la colonización secular tiene el mismo origen.[9]

El texto de Ratzinger no escapa al análisis eclesiocentrista. Su texto no tiene el enfoque de las víctimas y muestra poca sensibilidad hacia ellas. Parece importarle más la pertinencia de una Iglesia en quiebra que el dolor causado a cientos de miles de niños indefensos frente al clericalismo abusador. Ratzinger sentenció que a partir del Concilio Vaticano II se debilitó la teología moral de la Iglesia.

En cierto sentido la Iglesia se apartó del derecho natural y reprochó el movimiento de teólogos progresistas con incursiones audaces que finalmente debilitaron el pensamiento teológico de institución. Con eufemismo habla de un garantismo como una ideología jurídica en la Iglesia que, mal interpretada, protegió a los sacerdotes pederastas. Las normas, los procesos y el derecho de réplica jugaron a favor de los abusadores. Ratzinger parece reconocer cierta responsabilidad frente a los procesos lentos, burocráticos, que rebasaron tanto a las diócesis como a la Santa Sede. Sin embargo, omite un código interno que data del siglo XIX y que fue actualizado por Juan XXIII en la década de 1960. Es un código de omertá.[10] Dicha compilación clerical está diseñada para proteger estructural e institucionalmente al cura o clérigo infractor. O ¿es el código el garantismo en su máxima expresión al que hace alusión Benedicto XVI?

En contraparte tenemos la perspectiva del papa Francisco. El argumento, repetido constantemente por el Papa, es el clericalismo, el abuso de poder y concebir a la Iglesia como el centro civilizatorio sujeto tanto de privilegios como de prerrogativas extraordinarias. Recordemos el dramático informe de Pensilvania de 2018 que reveló una red de 300 curas depredadores que abusaron de más de mil víctimas menores de edad.[11] El saldo que arroja el estrujante informe motivó un nuevo mensaje del papa Francisco, quien en una misiva responsabiliza con contundencia al clericalismo, que incluye a laicos: "El clericalismo genera una escisión en el cuerpo eclesial que beneficia y ayuda a perpetuar muchos de los males que hoy denunciamos. Decir no al abuso es decir enérgicamente no a cualquier forma de clericalismo". En su misiva, Francisco reconoce que la Iglesia no actuó a tiempo. Cita a Ratzinger, quien exclamó unos días antes de convertirse en Papa, en la Semana Santa de 2005: "¡Cuánta suciedad hay en la Iglesia y entre los que, por su sacerdocio, deberían estar completamente entregados a ella! ¡Cuánta soberbia, cuánta autosuficiencia! […] Señor, sálvanos". Sin embargo, las víctimas ya no quieren actos de contrición ni arrepentimientos, quieren justicia y acciones profundas que pongan fin a ese flagelo.

Ante reproches de la opinión pública por haber hecho poco ante los escándalos de pederastia, Francisco convocó a una cumbre eclesial sobre el tema, denominada "La protección de los menores en la Iglesia", del 21 al 24 de febrero de 2019 en Roma. Asistieron todos los presidentes de las conferencias episcopales del mundo, expertos y algunas víctimas para encarar el flagelo de la pederastia clerical. Fue una de las reuniones más importante de su pontificado. El pontífice argentino respondió a la imperiosa necesidad de encontrar medidas y fórmulas concretas para enfrentar la crisis más compleja que está arruinando la Iglesia católica. Como cabeza de la Iglesia, Francisco aspira a recuperar el terreno perdido y la moralidad desmoronada. Pero también se arriesga a levantar expectativas e inducir la desilusión especialmente entre los colectivos de víctimas.

Para Francisco las denuncias y la crisis de pederastia en la Iglesia son un fenómeno aún más grave porque refuta la autoridad moral, contradice la credibilidad ética de la misma. Para el Papa argentino la conducta de los sacerdotes pedófilos es un misterio de la malignidad humana. Ha repetido que el consagrado es elegido por Dios para guiar las almas a la salvación, pero al dejarse subyugar por su fragilidad humana, o por su enfermedad, se convierte en un instrumento de perversidad. Dice: "No hay explicaciones suficientes, existen demasiadas dilucidaciones para estos abusos en contra de los niños. Humildemente y con valor debemos reconocer que estamos delante del misterio del mal, que se ensaña contra los más débiles porque son imagen de Jesús".

En dicha cumbre Francisco reconoció: "Con vergüenza y arrepentimiento, como comunidad eclesial, asumimos que no supimos estar donde teníamos que estar, que no actuamos a tiempo reconociendo la magnitud y la gravedad del daño que se estaba causando en tantas vidas. Hemos descuidado y abandonado a los pequeños". Hermosas palabras y sentidos deseos de reparación y atención a aquellos que fueron abusados por clérigos, sin embargo, chocan con los cuestionamientos de las agrupaciones internacionales de víctimas, como la Red de Sobrevivientes de Abusos Sexuales por Sacerdotes (SNAP, por sus siglas en inglés) y Ending Clergy Abuse (ECA). Dichas redes de víctimas han levantado su voz crítica para ser escuchadas. Y en Roma pidieron ser tomadas en cuenta. Sin embargo, hay una brecha con el Vaticano. Y las hermosas palabras y gestos del Papa se ven empañados por los hechos; demandan con firmeza interlocución advirtiendo: "El tiempo de las palabras, los perdones y las solicitudes de perdón ha pasado, es el momento de actuar con inclemencia".

Francisco aborda el tema del poder como explicación. En su mensaje final de la cumbre contra la pederastia, insistió:

> No se puede, por tanto, comprender el fenómeno de los abusos sexuales a menores sin tomar en consideración el poder, en cuanto estos abusos son siempre la consecuencia del abuso de poder, aprovechando una posición de inferioridad del indefenso abusado que permite la manipulación de su conciencia y de su fragilidad psicológica y física. El abuso de poder está presente en otras formas de abuso de las que son víctimas.

Los ensayos sobre los depredadores sagrados

Falta establecer estrategias concretas. No aparecen ni siquiera hipótesis pragmáticas. La teología feminista va mucho más lejos que Francisco. Juan José Tamayo retoma a la feminista estadounidense Mary Daly en un trabajo pionero en el que afirma que la masculinidad sagrada en la Iglesia se torna condición para ejercer todos los poderes. Lo domina absolutamente todo:

> El acceso a lo sagrado, la elaboración de la doctrina, la moral sexual, los puestos directivos, la representación institucional, la presencia en la esfera pública, el poder sagrado de perdonar los pecados, el milagro de convertir el pan y el vino en el cuerpo y la sangre de Cristo, el triple poder de enseñar, de santificar y de gobernar. Este poder empieza por el control de las almas, sigue con la manipulación de las conciencias y llega hasta la apropiación de los cuerpos en un juego perverso que, como demuestran los numerosos casos de pederastia, termina con frecuencia en las agresiones sexuales más degradantes para los que las cometen y más humillantes para quienes las sufren. Se trata de un comportamiento diabólico programado con premeditación y alevosía, practicado con personas indefensas, a quienes se intimida, y ejer-

cido desde una pretendida autoridad sagrada sobre las víctimas que se utiliza para cometer los delitos impunemente.[12]

Ésta es la ruta que aborda nuestro libro. En su ensayo, la teóloga feminista Ruth Casas Godoy señala: "La masculinidad sagrada, [es una] aproximación teológica a la perversión pedofílica". Se encauza en el no lugar de las víctimas frente al poder patriarcal presente en la Iglesia y en la sociedad. Desde la perspectiva de las víctimas, la teóloga señala que lamentablemente para muchas de ellas la denuncia se convierte en revictimización, sobre todo cuando la Iglesia centra su interés en el otorgamiento del perdón al perpetrador y no en la sanación ni en la sanción que demanda la víctima. La revictimización puede ser considerada como un "abuso institucional" cuando la víctima es sometida a chantajes, amenazas, agresiones, injusticias y demoras. Por ello la autora demanda romper paradigmas y visualiza a la Iglesia obligada a reconocer las nuevas visiones de la sexualidad, romper con la esclerosis del pecado de la carne, y exige cambios en la cosificación de la sexualidad.

La pederastia en México nos remite inexorablemente a los Legionarios de Cristo y a su siniestro fundador Marcial Maciel. El prototipo del depredador sagrado es Marcial Maciel. Él ha inspirado el título y la portada de este libro. Su congregación se convirtió en un edén de perversión. No debemos olvidar que el Vaticano y Benedicto XVI intervinieron la orden el 1º de mayo de 2010 para una revisión profunda. Por ello, en los últimos años los Legionarios han presentado informes con los que buscan redimirse ante la sociedad y supuestamente con las víctimas. ¿Por qué creerles ahora cuando llevan decenios mintiendo? ¿Cómo otorgar un bono de credibilidad a una congregación religiosa estigmatizada bajo la corrupción? La memoria es corta y aún no se ha aquilatado todo el daño que han provocado Marcial Maciel y sus Legionarios a la sociedad y a la Iglesia en nuestro país. A la Iglesia católica le ha costado aceptar la pederastia como un mal endémico, pero la inercia institucional es demasiado pesada para que operen cambios profundos a corto plazo. Por ello, en el libro hay tres ensayos que están vinculados a Maciel y los Legionarios.

José Barba, un verdadero héroe de la denuncia contra la pederastia clerical porque ha luchado como pocos, con tenacidad, entereza y solidez argumentativa ha disputado palmo a palmo con la poderosa congregación que le ha jugado sucio. Barba y sus compañeros exlegionarios emprendieron contra viento y marea la búsqueda de la verdad. Ha resistido los desplantes de la burocracia religiosa, tanto en México como en Roma, y las calumnias fabricadas por la orden, y han soportado campañas mediáticas. Otros habrían tirado el arpa, José Barba no. La denuncia de los atropellos sexuales cometidos por Maciel y el encubrimiento sin escrúpulos de la orden religiosa son el trasfondo de su texto. Su ensayo "Opacidad y poder: Marcial Maciel" fue una conferencia. Ahí nos narra su lucha y sus motivos: por dignidad y como acto de justicia. En el último año han fallecido tres de sus compañeros exlegionarios que iniciaron su lucha de denuncia. José se está quedando solo, no así su entereza y fortaleza humana. Me siento muy orgulloso de haber contado con su colaboración en este libro porque José Barba es y será un emblema de integridad de las víctimas de los depredadores sagrados.

El texto de Ana Lucía Salazar, "Mi historia: el dolor que permanece", es una confesión valiente e intensa, narrada en primera persona. El escrito está construido desde la intimidad, donde uno se asoma a la hondura de su alma que busca justicia. Desde esa profundidad nos percatamos de su niñez robada. Clama a la Iglesia y al gobierno a actuar con firmeza por los derechos de la infancia. Analu habla por cientos y miles de víctimas recientes que aún no se atreven y que fueron martirizadas por los depredadores de Dios. Analu, una mujer joven que ha luchado por reencontrarse, nos transmite la niñez agraviada por la revictimización. Descubre con horror que su violador, el legionario Fernando Martínez, violó sistemáticamente niños y niñas a lo largo de 50 años. Analu fue sometida no sólo por un cura pederasta, sino por un sistema legionario, por el silencio impuesto por una congregación impune. Los legionarios arroparon a un delincuente y recuerda que sus crímenes siguen endosables ante la justicia.

El libro tiene el privilegio de contar con dos generaciones de víctimas. Entre José Barba y Analu Salazar hay un largo arco de tiempo y dos percepciones diferentes de la Iglesia, pero ambos han enfrentado el mismo sistema de impunidad criminal de los legionarios y de la Iglesia. Ambos también coinciden en defender la dignidad de las víctimas, el derecho por la justicia y el requerimiento de consuelo.

La empresaria y activista social Cristina Sada Salinas ha realizado una investigación muy peculiar entre sectores sociales altos de Monterrey. Parte de las siguientes interrogantes: ¿Por qué después de la crisis y los escándalos de pederastia de los legionarios sus colegios siguen abarrotados? ¿Cómo es posible que al develarse la monstruosidad de Marcial Maciel los legionarios sigan gozando de aprobación social? ¿Por qué las élites de la ciudad siguen llevando sus hijos a colegios legionarios? Cristina Sada, inquieta y perspicaz, entrevistó a personas de clase alta de San Pedro Garza García para indagar respuestas y formular explicaciones razonables de una relación contradictoria y no menos caprichosa entre la clase alta y los Legionarios. Cristina, quien también fundó Spes Viva, una asociación civil de defensa de los derechos humanos, con énfasis en los derechos de niñas, niños y adolescentes, titula su texto: "Conquista legionaria de Monterrey. Auge y ¿caída? de un imperio". La respuesta no puede ser más sorprendente. Adelanto algo: los padres de familia llevan a sus hijos a los colegios legionarios porque son los espacios de interacción de las clases altas. Poco importa quién esté detrás de los colegios ni qué tan alto sea el nivel académico. Lo central es que son espacios de agregación social de las élites de Monterrey. El texto de la señora Sada es una joya sociológica y nos alerta sobre el comportamiento de una clase que está en la punta de la pirámide social.

La pederastia clerical está cobijada por otra actitud delictuosa, que es el encumbramiento institucional, complicidad igualmente criminal, y el símbolo de dicha práctica deplorable está representado por el cardenal Norberto Rivera, arzobispo emérito de la Ciudad de México. Para nadie es un secreto que Norberto Rivera defendió, encubrió y hasta justificó a Marcial Maciel porque éste fue su gran mentor. En su cronología de la no gestión de Norberto Rivera sobre la pederastia clerical en México, Mónica Uribe nos revela la compleja trayectoria de un actor religioso marcado por la opacidad con nula sensibilidad por las víctimas. Arropado por los poderes, Rivera sorteó diversas demandas que su séquito calificó de "calumnias". El secretismo de Norberto Rivera indica dos motivos: mantener los escándalos ocultos y bajo control, así como conservar el poder. La politóloga Mónica Uribe desnuda los vínculos protectores de poder, entre los curas pederastas y las fuerzas políticas. La pregunta que queda en el aire es: ¿Cuántos otros Riveras son cómplices de otros Macieles? Desde la perspectiva de la pederastia clerical Norberto Rivera desarrolló, en su calidad de "príncipe de la Iglesia", complicidades y encubrimiento de tipo criminal que varias veces han burlado la justicia secular. La aguda autora registra la vocación de poder del cardenal al vincularse con habilidad con las altas jerarquías de la Iglesia en Roma, usando las redes de Maciel, su protector/protegido, como las de las élites en México y de políticos encumbrados. En el caso Maciel, dicho encubrimiento delictuoso se extiende, vía Rivera, a ámbitos de las altas cúpulas empresariales, mediáticas y políticas.

Como en diversas partes del mundo, la pederastia clerical no se reduce a la Iglesia católica. El fenómeno también se presenta en otras Iglesias y otras religiones. Es el aporte de Leopoldo Cervantes en su ensayo "Pederastia sexual en iglesias evangélicas: un primer acercamiento". Con menos visibilidad y poco estrépito, la pederastia clerical se presenta en otras Iglesias. Casos igualmente graves, con menos reflectores, ocurren en diversas Iglesias protestantes y evangélicas. La excepción es el sonado litigio a Joaquín Naasón de la Iglesia La Luz del Mundo, a cuyo largo proceso penal aún aguarda un juicio de pronósticos reservados en la corte de Los Ángeles. Leopoldo Cervantes, reconocido estudioso del fenómeno evangélico en Latinoamérica, se aventura a penetrar un universo poco estudiado, pero igualmente inquietante. Revela que en los casos de abusos en las Iglesias hay una constante común: el disimulo, la mentira, el secretismo, el silenciamiento. Muchos pastores inducen a las víctimas a dejar el pasado en el pasado. Hay una sacralización del sufrimiento de la víctima, ya que su silencio evita el sufrimiento de otros y el escándalo que perjudique la imagen y probidad de la Iglesia. Un mal menor que evite un mal mayor. Esto va en contra de la ética del cuidado y los principios fundamentales de toda religión. Queda claro que muchos ambientes eclesiales son tóxicos y requieren desarrollar protocolos de protección y prevención bajo el enfoque de los derechos humanos y resguardo de la niñez. Leopoldo se asoma a un universo poco explorado que requiere ser descifrado e investigado con mayor profundidad.

El ensayo de Erika Barrón examina parte de la vasta producción bibliográfica y periodística en español con mayor incidencia en México sobre pederastia clerical a lo largo de tres décadas. En general, prevalece el interés por conocer las causas, que, de remitirse o mitigarse, prevendrían y combatirían la conducta pederasta. Es un trabajo minucioso pero necesario el que realiza Erika Barrón. Existen cientos de libros y artículos referentes al tema. La misma Iglesia católica ha llevado a cabo investigaciones y ha generado reflexiones teológicas críticas sobre el tema. Se dan cita diversas casas editoriales, universidades y centros de investigación de diferentes rincones. Cientos de testimonios de víctimas y estudios multidisciplinares e interdisciplinares en los que se hacen análisis científicos y críticos que abordan la pederastia como un fenómeno social no exclusivo en la Iglesia. De la revisión bibliográfica es posible detectar grandes líneas argumentativas, las que enfocan el estudio del daño causado, las que identifican rasgos psicológicos o patologías del agresor, las que denuncian que es el poder económico y político transnacional de la Iglesia católica el que posibilita a su clero, investido de fuero, impunidad ante la violencia sexual. El lector que quiera profundizar en dichos temas podrá encontrar en el texto una útil guía se exploración.

Este libro estaría incompleto sin una voz de adentro de la Iglesia. Los observadores externos, los activistas y críticos suelen incomodar en extremo por su actitudes deconstructivas que asechan, en especial aquellos actores endogámicos que aún creen en la perfección de sus estructuras. Por ello quiero agradecer la valiosa contribución del sacerdote Daniel Portillo. Su texto, titulado "Una mirada desde el interior", es valiente y contundente. Se requería la percepción de la tierra adentro por los diferentes niveles de respuestas y calibrar el pulso de la institución frente a las crecientes demandas de la sociedad. Con agudeza, el autor pone sobre la mesa las diferentes formas de la recepción de la pederastia. Desde las resistencias internas hasta aquellos sectores que con honestidad quieren desarrollar una línea de rehabilitación. El texto nos describe la conformación de grupos o "sindicatos" en las que se amalgaman muchos intereses e imposturas. La Iglesia no es única ni unívoca, conviven en su interior diferentes presencias de la sociedad. Lo mismo podríamos decir en encaramiento de la pederastia clerical. El presbítero Daniel Portillo representa una nueva generación de sacerdotes, intelectualmente bien equipado, que con decoro se suma a una mayor transparencia institucional y pugna por una cultura de la prevención con enfoque en las víctimas, como un esfuerzo crítico para crear sinergias, frente común, religioso y secular ante la metástasis de situaciones concretas que laceran y vulneran la dignidad de niños, niñas y adolescentes

Por mi parte, en el "El rol de los medios de comunicación y la pederastia. Los límites de la denuncia periodística" expongo el importante papel de los medios en la denuncia de la pederastia clerical. Su alcance crítico fue planetario. Los medios fueron determinantes para evidenciar abusos, complicidades y encubrimientos eclesiásticos. Sin embargo, los medios han sido cómplices y verdugos. En ciertos momentos aliados de la pederastia desde la opacidad y el ocultamiento, en otros, hasta han convertido la pederastia en una jugosa mercancía. Los medios se convirtieron en justicieros implacables y en improvisados templos de moralidad que paradójicamente enjuiciaron a la Iglesia. El epicentro del movimiento mediático a nivel planetario fue Boston en 2002. En México el episodio de CNI Canal 40 es vergonzoso, con el anunciado boicot empresarial como coerción por atreverse a transmitir denuncias en 1997. Con honrosas excepciones, los medios mexicanos llegaron tarde. Hoy la denuncia mediática no basta. Es importante la presión de la sociedad y la decisión firme del gobierno por atraer los casos y hacer valer los derechos humanos de los niños.

Para concluir, la Iglesia necesita un movimiento telúrico de gran magnitud. La estructura eclesiástica está bajo la crítica y el enjuiciamiento de la sociedad contemporánea. Ésta debe experimentar cambios profundos. Como está la Iglesia actualmente, es presa de las inercias y su declive está anunciado como una decadencia civilizatoria sin precedentes. Pequeñas reformas y ajustes epidérmicos serán insuficientes. Este mismo sistema debe deconstruirse. Existen otras formas de ser Iglesia. Hay que repensar la función del sacerdocio como servicio a la comunidad y a los sacerdotes casados como una opción. Otorgar el pleno reconocimiento e igualdad de la mujer en todas las dimensiones, incluidas las sacramentales. La gran pregunta que se asoma es la sexualidad en el mundo religioso católico contemporáneo. En suma, se requiere una revisión profunda de la concepción del poder en la Iglesia. ¿La crisis de la pederastia clerical estaría obligando a un Concilio Vaticano III?

NOTAS

[1] Organización Mundial de la Salud. *Cf.* https://www.who.int/topics/child_health/es/.

[2] Michel Foucault, *Historia de la sexualidad I. La voluntad de saber*, México, Siglo XXI Editores, 2019.

[3] Código de derecho canónico, Promulgado por la Autoridad de Juan Pablo II, Papa, Roma, 25 de enero de 1983. *Cf.* https://www.vatican.va/archive/ESL0020/_INDEX.HTM.

[4] Salvatore Cernuzio, "Renuncia Marie Collins a la comisión anti-abusos del Vaticano", *La Stampa*, 1° de marzo de 2017. *Cf.* https://www.lastampa.it/vatican-insider/es/2017/03/01/news/renuncia-marie-collins-a-la-comision-anti-abusos-del-vaticano-1.34627077.

[5] José Manuel Vidal, "El secretario personal de Juan Pablo II, denunciado por encubrir casos de pedofilia", Religión Digital, 11 de marzo de 2021. *Cf.* https://www.religiondigital.org/mundo/Juan-Pablo-II-denunciado-pedofilia-obispos-encubrimiento_0_2321767841.html.

[6] "Exembajador del Vaticano acusa al papa Francisco de mentir sobre abusos sexuales", Deutsche Welle, 11 de junio de 2019. *Cf.* https://www.dw.com/es/exembajador-del-vaticano-acusa-al-papa-de-mentir-sobre-abusos-sexuales/a-49132792.

[7] Benedicto XVI, "Die Kirche und der Skandal des sexuellen Mißbrauchs", CNA Deutsch *Cf.* https://de.catholicnewsagency.com/story/die-kirche-und-der-skandal-des-sexuellen-missbrauchs-von-papst-benedikt-xvi-4498.

[8] Vittorio Messori, *Informe sobre la fe. Card. Joseph Ratzinger*, Madrid, Biblioteca de autores cristianos, 1985.

[9] Daniel Verdú, "Benedicto XVI sitúa el origen de la pederastia en la Igle-

sia en el Mayo del 68", *El País*, 11 de abril de 2019. *Cf.* https://elpais.com/sociedad/2019/04/11/actualidad/1554971508_393148.html.

[10] Fernando M. González, *Pederastia clerical o el retorno de lo suprimido*, México, UNAM, 2021.

[11] "Lo que revela el reporte sobre abusos sexuales eclesiásticos en Pensilvania", *The New York Times*, 15 de agosto de 2018. *Cf.* https://www.nytimes.com/es/2018/08/15/espanol/pensilvania-abuso-sexual-sacerdotes.html.

[12] Juan José Tamayo, "Masculinidad sagrada y pederastia religiosa", Madrid, Instituto de Estudios de Género, Universidad Carlos III, 2016, p. 3. *Cf.* https://e-revistas.uc3m.es/index.php/FEMERIS/article/view/3235/0.

La masculinidad sagrada, aproximación teológica a la perversión pedofílica

Ruth Casas G.

> Más bien hay que partir de que la vulnerabilidad no la "tiene" la víctima, sino que la "provoca" el agresor, a quien se otorga *a priori* un papel de prevalencia (superioridad racional), un alto nivel moral (ascendiente ético) y un inequívoco papel relacionado con lo sagrado (referente religioso).
>
> José Luis Segovia Bernabé

La lectura de artículos en revistas y diarios nacionales e internacionales, libros científicos y de ética, testimonios de mujeres y hombres víctimas de pederastia y abuso sexual provocó en mí una inmensa empatía y me enfrentó a una violencia estructural innegable. De ahí que lleve este tema a una reflexión teológica que nos deje ser interpelados por el dolor del rostro de una niña o un niño inocente, vulnerable y frágil, que de pronto se convierte en víctima.

Considero que este delito brutal infligido a miles de menores de edad y adultos vulnerables —principalmente mujeres— debe ser reconocido como lo que es, una experiencia tan dolorosa que se convierte en incomunicable e inaceptable, pero que desde el silencio clama justicia. Por ello debe ser considerado como el escándalo que hoy señala a la jerarquía católica.

Voces como las de Alberto Athié, José Barba o Ana Lucía Salazar conocen el significado del dolor de las víctimas y la importancia que tiene la memoria como símbolo de la injusticia, a pesar de que la Iglesia patriarcal prefiriera el olvido.

La postura de estos activistas sociales ha sido rechazada por una Iglesia que señala que estas denuncias perjudican y dañan su imagen. Pero al mismo tiempo somos miles de personas indignadas por el sigilo y la falta de compasión de la institución hacia las víctimas de sus clérigos.

Esto me lleva a afirmar que quienes conformamos la Iglesia-comunidad tenemos el deber ético de construir caminos y mecanismos dirigidos a rescatar la dignidad de la persona humana, señalar la falibilidad de la Iglesia y dirigir nuestra atención y acción al acompañamiento de las víctimas de pederastia, y además exigir el reconocimiento de la deuda de amor de la Iglesia hacia quienes hoy representan al huérfano, la viuda y el extranjero.

De ahí que este trabajo tenga como objetivo plantear argumentos que nos inciten a convertirnos en constructores de una ética teológica a favor de las víctimas de abuso sexual y pederastia.

Para alcanzar esta meta es necesario que la Iglesia tenga un acercamiento a las ciencias —psicología, antropología, sociología e historia, entre otras— y establezca pautas de acompañamiento y medios de sanación para las víctimas de abusos sexuales. Respecto a la sociedad civil, requerimos de un auténtico sentimiento de compasión que nos haga tomar conciencia de la gravedad del silencio frente a los casos de abuso sexual.

Asimismo, es necesario romper con paradigmas y mitos que envuelven a la sexualidad humana, haciendo hincapié en que ésta configura el ser de todo individuo y está unida a la integración y desarrollo de la persona.

También se hace necesaria la transformación del poder que la jerarquía católica ejerce sobre la sexualidad humana, asumiendo como propia la ética sexual que gestan las teologías contemporáneas. Esta ética que propongo está vinculada con las ciencias, los derechos humanos, atiende a los signos de los tiempos y propicia un profundo diálogo entre ciencia y fe.

El no lugar de las víctimas y el poder patriarcal

Siempre he pensado que el sacerdocio debería ser incompatible con la pederastia, pero este crimen ha sido una práctica común en la historia de la Iglesia. Este delito se convirtió en un escándalo mediático en la década de 1980 y desde entonces puso en vilo a la jerarquía católica. Pero a pesar de ello la negación, la normalización, el sigilo sacramental, el encubrimiento y el silencio no han cesado.

Estos actos de complicidad y perversión continúan acumulándose dentro de la institución, y considero que son graves pecados de obra y omisión: de obra por proteger a los depredadores; de omisión por no permitir que se haga justicia y se repare el daño sufrido en los cuerpos de niños y niñas que ven destruida su vida, su dignidad y su espiritualidad. Ser violentados por el clérigo que había sido guía, maestro y autoridad moral, y que además obliga a obedecer, respetar y callar en nombre de Dios, es un crimen que no tiene calificativos.

Como sabemos, los casos y denuncias de abuso sexual —conocidos y no conocidos— van en aumento y continúan provocando escándalos. Sin embargo, para muchos diáconos, sacerdotes, obispos y cardenales prevalece una clara preocupación por cuidar el buen nombre de la Iglesia-institución y optan por proteger a los clérigos* pederastas, sin aceptar que el silencio lleva implícita la complicidad y la determinación de elegir el "mal menor". Esta realidad me resulta inadmisible, ya que los "pastores de la Iglesia" y los cristianos asumimos libremente el compromiso de trabajar por la verdad y la justicia, por lo tanto, estamos obligados a rechazar toda postura moralizante y dogmática —como los fariseos— que cierre la razón al discernimiento, la misericordia y la justicia.

Lo anterior guarda relación con el mundo secular, ya que la pederastia, la violación y el maltrato psicológico son delitos silenciados por las autoridades civiles, también inmersas en la cultura patriar-

---

* Con el nombre de *clérigo*, para efectos prácticos, se engloba a quienes han recibido el orden sacerdotal, monjes, frailes, presbíteros y diáconos, sin dejar de considerar que también existen monjas y religiosas que cometen el delito de pederastia.

cal. En este sentido, los familiares de menores y mujeres abusados en muchos casos se convierten en cómplices, ya que el silencio de la familia está relacionado con un falso pudor que se vincula a la fe y los posibles señalamientos sociales.

Una vez abordado brevemente el contexto religioso y socio-cultural de las víctimas de pederastia, es conveniente plantear algunos supuestos y preguntas que nos conduzcan a tomar conciencia de lo que significa ser víctima. Propongo entonces las siguientes consideraciones y cuestionamientos como medios para sensibilizarnos y comprender la importancia de aprender a ver el rostro del "otro" y así tener una lectura personal de lo que implica ser víctima de pederastia y abuso sexual.

Lo primero que debemos considerar es que, si bien no es fácil imaginar o sentir el dolor y sufrimiento de una niña o niño abusado sexualmente, sí es posible asumir que todos los seres humanos, sin importar edad y condición social, somos vulnerables y víctimas potenciales de cualquier tipo de violencia. De ahí que, si llegáramos a convertirnos en víctimas y fuera violada nuestra integridad física y dignidad humana, esperaríamos la solidaridad, el acompañamiento y el respaldo de los otros, pero ¿qué sentiríamos si fuéramos ignorados?

Otros supuestos a considerar son la desigualdad y la discriminación por cuestiones de edad, género, raza o condición social. Ser violentados por estas sinrazones nos convierte en víctimas cuando una persona está en una posición de superioridad o poder —legitimado o no— y tiene en sus manos la posibilidad de intimidarnos e infundirnos tanto miedo que puede obligarnos a obedecer o someternos, entonces ¿qué recursos tenemos si por prejuicios, creencias o una moral religiosa nos obligan a guardar silencio y se nos prohíbe expresar sufrimiento y exigir justicia?

Por otra parte, si tuviéramos en frente a una persona menor o mayor de edad que fue víctima de abuso sexual, que vive y sufre un cuerpo herido, usado y tratado como objeto y que lucha por no llevar en la memoria esa experiencia que provoca odio, venganza y muerte, ¿qué podríamos decirle sobre el valor de la sexualidad humana y cómo podríamos acompañarla en el tránsito a recuperar el amor a sí misma?

En los párrafos anteriores planteo claves que permiten reflexionar y analizar con detenimiento el tema porque es necesario trabajar en la construcción de una ética teológica dirigida a las víctimas de pederastia. En este sentido considero que, como se señala en el libro de José M. Mardones, *La ética ante las víctimas*, vale la pena imaginar qué puede sentir una víctima. Lo que nos describe el autor es, desde mi punto de vista, impactante:

> Tu cuerpo eres tú y tú eres un cuerpo desordenado, un cuerpo que no obedece, un cuerpo en manos de otro cuerpo que hace de él lo que quiere a voluntad. Al final te dejas llevar. No sientes nada. Has entrado en el jardín de la apatía. Nada importa. No importa ya lo que hagan con un cuerpo que no sientes propio. Entras en el jardín apático del silencio total. Tu cuerpo autista calla, es "eso" una figura, un amasijo que no te informa nada. Sólo mucho después, muchísimo después, con el grito que te anuncia el despertar de una conciencia adormecida por golpes brutales, vuelve el dolor de otro modo. El dolor regresa como recuerdo de humillación de las vejaciones, del rebajamiento forzado de tu humanidad encarnada.*

Resulta doloroso imaginar que el agresor convierta a la víctima en un objeto y le exija guardar silencio. De ahí que la víctima pierda el valor de sí misma y se sienta muerta en vida. Por otra parte, es evidente que el recuerdo se hará presente, pero el grito de dolor será encerrado por el mutismo provocado por el miedo a no ser escuchado.

Es de suponer que para quienes imaginamos —por un momento— ser víctimas resulta casi imposible cruzar la frontera de una experiencia no vivida, pero para la verdadera víctima debe de ser difícil y doloroso intentar cruzar esa frontera real y romper el silencio para ser escuchada. Además, debe requerir de fuerza y valor suficientes para denunciar y exigir justicia a una Iglesia patriarcal que protege a su agresor y al mismo tiempo enfrentarse a una sociedad pasiva que difícilmente tendrá la empatía o el valor para reconocer el peca-

---

* F. Bárcena y J. C. Mélich, "La mirada ex-céntrica. Una educación desde la mirada de la víctima", en J. M. Mardones y M. Reyes (eds.), *La ética ante las víctimas*, Barcelona, Anthropos, 2013, pp. 201-202.

do y delito cometidos por un individuo —revestido de tal autoridad moral— que pone en duda la legitimidad ética de la víctima cuando decide romper el silencio para ser escuchada.

Considero que a las víctimas de pederastia o violación debemos verlas como personas frágiles y vulnerables que en algún momento se convirtieron en el cuerpo dócil sometido al poder de un clérigo. Supongo que sin importar la edad y las circunstancias en las que deciden romper el silencio deberíamos otorgarles la autoridad ética y la libertad para hacerse escuchar como el "otro", como el prójimo que adquiere esa autoridad dada por Jesús y que se identifica con el huérfano, la viuda y el extranjero. Pienso, de manera objetiva, que son la imagen de la debilidad extrema que espera que la Iglesia y la sociedad abran los ojos a los abusos y reconozcan que toda víctima siempre deberá considerarse inocente y merecedora del reconocimiento público de su inocencia, pues de lo contrario se estaría actuando contra los valores del Evangelio y la ética social que defiende los derechos humanos.

Retornar a la fuente del Evangelio, es decir, al amor, es el primer paso que debemos dar para evitar que la resignación y el silencio lleven a la desesperanza y a la muerte de la vida espiritual de la víctima, por lo tanto, como sociedad civil e Iglesia-comunidad, es preciso tener la valentía suficiente para romper con la hipocresía institucional y la banalización del mal. De ahí que sea necesario exigir que se establezca y garantice una "tolerancia cero" hacia los infractores de las leyes civiles y eclesiásticas y se pugne por una total apertura, escucha, acompañamiento y compasión a las víctimas, que ante todo esperan una justicia restaurativa que constate total transparencia y rendición de cuentas de parte de las instancias eclesiásticas.

Retomando la cita referente al sentir de la víctima, me resulta necesario hacer hincapié respecto al regreso de los recuerdos, ya que esto implica que para la mayoría de las víctimas existe un periodo de silencio previo a hablar y denunciar.

En este sentido es importante señalar que quienes han sido abusados merecen absoluto respeto al miedo por hablar, al odio que puedan sentir hacia su agresor, a su desorden mental, a evadir el contacto físico y al rechazo a los espacios eclesiales —entre otras cosas—, pues cuando la víctima decide gritar el dolor provocado por su terrible experiencia espera recibir la comprensión, escucha y ayuda para denunciar, y si así lo desea, recibir apoyo terapéutico para lograr llamar a las cosas por su nombre y poder gestionarlas, para reconstruirse y convertirse en una persona libre de las cargas que dejó el abuso, para aprender a trabajar el dolor y vivir con sus cicatrices. Comprender esto me lleva a insistir en la necesidad del establecimiento de una ética teológica que aborde el tema de la pederastia, tanto a favor de las víctimas como a la prevención del abuso de parte de los clérigos, tema que abordaremos más adelante.

El libro *Víctimas de la Iglesia. Relato de un camino de sanación* nos habla del proceso de sanación terapéutica y del proceso de sanación espiritual. Considero que ambos pueden iniciar sólo hasta que la víctima logre romper el silencio y denunciar. Pienso que ninguno de los dos procesos puede ser inducido, deben ser por propia voluntad y encaminados a aceptar lo vivido, pero nunca a resignarse y darle poder al agresor por el hecho de no ser denunciado. Respecto a la sanación espiritual, considero que vale la pena transcribir el testimonio de la mujer que dio cuerpo al libro al que hago mención y cuyas palabras serán de ayuda a quienes buscan retomar sanamente su vida espiritual:

> Nunca he hecho caso a las voces que nos piden que perdonemos, antes incluso de que podamos iniciar nuestro propio camino de curación. El perdón es un don y un regalo de Dios que llega cuando el alma de la víctima ha sido sanada. Y yo quiero perdonar. Lo deseo de corazón [...] Pero sólo Dios puede invitarme al perdón. Un perdón que ni puede servir para diluir el mal ni puede alimentar el olvido.
>
> [...] Hoy sé que hay vida después de los abusos, que es posible de disfrutar de los sentidos corporales: sentir el placer del tacto, el agrado del olfato, el gozo de la mirada, la complacencia del oído y el deleite del gusto.
>
> Y sé también, y éste es el mayor gozo, que jamás podría haber iniciado y culminado este camino de liberación si no hubiera contado con un nosotros que me ha arropado, cuidado y acompañado.*

---

* J. L. Segovia Bernabé, testimonio anónimo, y J. Barbero Gutiérrez, *Víctimas de la Iglesia. Relato de un camino de sanación*, Madrid, PPC, 2016, p. 109.

En este texto podemos vislumbrar cómo el acompañamiento y el proceso de sanación de la víctima, así como su voluntad y discernimiento, le permiten expresar un pensamiento ético que se aparta de la moral rígida del deber ser.

El testimonio de la mujer que decidió compartir su historia muestra las conclusiones de una profunda reflexión en la que debió hacerse múltiples preguntas respecto del bien y el mal, la verdad y la falsedad, la justicia, el porqué de su realidad y de la experiencia vivida, la importancia de romper el silencio, el valor del acompañamiento, lo que puede significar el perdón y lo que implica otorgarlo para una víctima.

Vemos entonces que la ética no está sujeta al dogma, es decir, a lo incuestionable, que sus argumentos son renovables en función de la cuestión que se analiza. Por ello, la libertad ofrece la oportunidad de elegir y afirmar que para las víctimas otorgar el perdón no implica que el mal se diluya y se olvide. De lo contrario se estaría apostando al perdón sacramental que otorga la Iglesia y libra de pecado al agresor, sin darle valor alguno al sufrimiento de la víctima y su necesidad de justicia aquí y ahora. Por lo tanto, hay que considerar que la impartición de justicia es uno de los actos liberadores que permiten la sanación de las víctimas y conlleva que se dicte penitencia y sentencia al agresor como parte del resarcimiento del daño.

Entender el perdón como un ejercicio de poder de la Iglesia y aceptar que ésta promueva el olvido de los males esperando que se atienda a la misericordia de parte de las víctimas y que sea su manera de luchar contra el mal y el pecado, sólo podría ser compatible con el perdón divino dado por Dios, sin embargo, el perdón humano, visto como una virtud no obligatoria, es difícil de otorgar cuando el pecado es al mismo tiempo un delito para las leyes civiles y ha dañado la integridad de la persona, razón por la cual resulta indispensable que se lleve a cabo un proceso judicial, una correcta aplicación de las leyes civiles, la debida interpretación del derecho canónico y la aplicación de una justicia retributiva y reparadora de parte de la Iglesia, así como el arrepentimiento sincero y la solicitud expresa del perdón por parte del agresor.

En este sentido, es de esperar que la condición ideal para llevar a cabo un proceso judicial en el ámbito eclesiástico se dé por sentado que la Iglesia-institución está dispuesta a crear y abrir los espacios adecuados para que la víctima pueda dar libremente el testimonio de la experiencia de violencia y que además la institución se asuma como deudora frente a la víctima y sea solidaria y compasiva. Por lo tanto, la solidaridad debe ser asumida como una actitud ética que expresa la preocupación por el "otro", así como la plena disposición a impartir justicia. Por otra parte, la compasión debe entenderse como una actitud de delicadeza, cuidado, acompañamiento y respeto hacia la persona inocente que ha sido sometida, humillada y violentada por un clérigo. De ahí que sea una exigencia ética, en primer lugar, reconocer en todo momento la inocencia de la víctima y en segundo lugar, aceptar que es indebido preocuparse por el buen nombre de la Iglesia haciendo a un lado la solidaridad, la compasión, el sufrimiento del "otro". Hacer caso omiso a la responsabilidad y misión de quienes se hacen llamar pastores y asumen por vocación el cuidado y la atención de las necesidades concretas de los más frágiles debería ser, desde el punto de vista de Ana Lucía Salazar, un delito de lesa humanidad.

¡Romper paradigmas!

Como sabemos, al referirse a los abusos sexuales el papa Francisco ha señalado que la verdad no debe ser escondida. Además reconoce que la crisis que vive la Iglesia se debe en gran medida a los llamados "escándalos" provocados por las denuncias de pederastia. Sin embargo, la Iglesia sigue considerando a la víctima como un enemigo que desprestigia a la institución cuando hace públicos los delitos de abuso sexual, violación o pederastia, actos devastadores que sin duda corrompen la relación con Dios y provocan que pierda sentido y riqueza toda vivencia vinculada con la sexualidad humana para la víctima.

Dentro de la Iglesia católica, desde sus orígenes hasta el siglo XXI, persiste una teología del cuerpo y una antropología teológica basadas en la vergüenza. El cuidado de la virginidad y la castidad aún se consideran "tesoros escondidos", tesoros que para las víctimas de delitos sexuales se descubren a través de la violencia que trae consigo la culpa provocada por la experiencia de un sometimiento brutal. De ahí que los menores y adultos abusados sientan que las prácticas sexuales son sucias e indignas y tienen que ver con el mal, lo que conduce a que la víctima rompa con conceptos como la sensualidad y el erotismo, es decir, con la parte placentera de su cuerpo.

Si pensamos que lo sensible tiene que ver con aquello que pasa por el cuerpo, podremos entender que la fuerza con que nos atraviesa toda experiencia placentera o dolorosa llega a ser tan intensa que puede irrumpir en el devenir de nuestra existencia y afectar de por vida el concepto que tengamos de nosotros mismos y la manera de relacionarnos con los otros.

Veamos a continuación dos posibles escenarios. En el primero hablamos de un menor de edad que, luego de ser sometido por un pederasta, debe asumir que la moral cristiana y la teología del cuerpo señalan que un buen cristiano no debe cosificar o usar a otra persona, que el amor es donación al otro y que la sexualidad y el deseo sólo se pueden experimentar entre un hombre y una mujer como expresión de comunión dentro del matrimonio.

En el segundo escenario hablamos de un(a) joven o adulto que toma conciencia de haber sido abusado sexualmente tiempo atrás. Luego, cuando decide denunciar y comenzar un proceso de sanación, se enfrenta a una Iglesia y a una familia que le revictimizan por no considerar el delito sexual como un incesto espiritual —dado que la pertenencia a la Iglesia establece lazos, filiación, maternidad y paternidad— y deciden que el mal perpetrado por un clérigo no implica abuso de poder ni traición a la confianza otorgada.

En ambos casos es claro que el sometimiento que culmina con ceder al abuso y la posesión del cuerpo de la víctima no debe ser considerado como acto de desobediencia, pero la moral cristiana no logra comprender que junto con la violencia sexual existe también la psicológica.

Por lo tanto, en cualquier caso de abuso se hace indispensable analizar a fondo cómo es vista y tratada la sexualidad humana dentro de la Iglesia, pues mientras no exista una apertura a la ciencia y la educación sexual y no se decida llamar a las cosas por su nombre, será imposible que deje de existir la coerción de la Iglesia y la complicidad de los creyentes que fundamentan los juicios morales en creencias y doctrinas vistas como verdades absolutas, sin darles lugar a la ética y otras verdades que son la respuesta a las víctimas y los medios idóneos para llevar a cabo el proceso de sanación y la reparación que esperan y desean recibir.

La postura conservadora

Para ejemplificar lo antes dicho vale señalar que en el ámbito religioso existen clérigos y laicos, como la socióloga Gabriele Kuby, que al hablar de los abusos sexuales en la Iglesia deciden optar por invisibilizar a las víctimas. Católicos conservadores como Kuby pretenden que los delitos sexuales cometidos por clérigos sean vistos como "llagas que afectan la credibilidad de la Iglesia y que con oración, arrepentimiento, espíritu de verdadera conversión, amor, justicia y reparación hemos de procurar entre todos curar".* Es evidente que la cita anterior nos lleva a afirmar —no con sorpresa— que dentro de la Iglesia existe un sinnúmero de personas que aún piensan que el silencio y el ocultamiento es lo mejor para la institución.

Los conservadores no dudan en insinuar, pedir o exigir que las víctimas olviden y den vuelta a la página para evitar un mal mayor, sin considerar que una postura carente de empatía afecta sensiblemente a las víctimas y provoca en la sociedad civil y en los laicos católicos el rechazo y desprecio hacia la postura perversa de una jerarquía eclesial que insiste en perpetuar la cultura patriarcal, el orgullo de casta y una estructura vertical de poder, que en los hechos no ha dado signos contundentes de condenar la pederastia de una manera terminante.

Por otra parte, quienes siguen esta línea de pensamiento conservador sin reserva alguna consideran que el incremento de denuncias de pederastia y todo lo que les parece disruptivo y desestabilizador se debe, en primer lugar, a la mal llamada "ideología de género"; en

---

* G. Kuby, *El abuso sexual en la Iglesia católica*, Madrid, Homo Legens, 2018.

segundo lugar a la comunidad LGTTTBI —la cual es estigmatizada por considerar que los clérigos abusadores son homosexuales que fueron iniciados en su vida sexual por un homosexual—; en tercer lugar a la hipersexualización fomentada por la revolución sexual gestada en la segunda mitad del siglo pasado; en cuarto lugar a las feministas; en quinto, al Concilio Vaticano II —por haber generado una crisis dentro de la antropología cristiana—, y por último, a la pérdida de sentido al sacramento del matrimonio, considerado como el único espacio para vivir la sexualidad libre de pecado.

Por lo tanto, a decir de Kuby y algunos jerarcas del ala conservadora de la Iglesia, todos estos fenómenos ideológicos y sociales son los que actualmente exacerban todo tipo de abuso sexual.

Sin embargo, la liberación sexual no puede considerarse como el origen de la pederastia, ni el "cabildeo de la comunidad gay" —que por cierto señalan que es frecuente dentro de los seminarios—, ni tampoco los feminismos o los programas de educación sexual que imparten en las escuelas, pues como mencioné en otro momento, la pederastia en un crimen que siempre ha estado asociado al clero católico.

Por otra parte, me parece importante aclarar que el abuso sexual no es lo mismo ni está directamente vinculado con el abuso de la sexualidad o hipersexualización del mundo contemporáneo. Lo que creo es que la pederastia siempre ha estado relacionada con la moral sexual establecida durante los primeros siglos del cristianismo y en muchos sentidos es opuesta a los cambios progresivos que demandan los signos de los tiempos, sin considerar el daño que esto causa a la Iglesia. De ahí que sea factible que al conservar los principios que por tradición norman la sexualidad humana se pretenda dar continuidad a esa moral que seguirá siendo el medio de control del patriarcado eclesial que ha traído consigo la decadencia moral de un clero que, contrario a lo que pidió el papa Francisco en su visita a México, no está dispuesto a reflejar el verdadero rostro de la Iglesia y a poner a la víctima en primer lugar.

Kuby y otros autores afirman que las denuncias por pederastia son ataques premeditados a la Iglesia de parte de sus detractores. Los conservadores optan por negar que son actos que provienen de la libertad de quienes fueron abusados y hoy buscan justicia y medidas drásticas para combatir un delito atroz. Pero la pederastia ha sido silenciada con el propósito de seguir dando protección de los perpetradores.

Asimismo, los conservadores argumentan que la crisis y el descrédito que vuelve a recaer sobre la Iglesia se debe a que está impregnada de redes homosexuales en las que recae la responsabilidad del sufrimiento de la Iglesia desde hace décadas, lo que implica negar que la homosexualidad siempre ha existido en la Iglesia, lo mismo que la pederastia. Por lo tanto, la estrategia de exponer a un chivo expiatorio al que han llamado la "mafia homosexual" trae consigo la incapacidad de reconocer que la mayoría de los pederastas son heterosexuales y que carecen de una madurez psicosexual y afectiva.

Esta línea conservadora también afirma que la inmoralidad de la sociedad contemporánea —identificando sólo los comportamientos sexuales pero no los abusos sexuales— se debe en gran medida a la educación sexual impuesta por el secularismo, que a su vez es propagada por los medios de comunicación cuyo interés es la promoción de una cultura dominante de la tolerancia; además acusan a los mismos medios de apoyar la difusión de proyectos educativos y legislativos que pretenden abolir la moral sexual. Añaden también que este proceso de decadencia se aceleró debido al rechazo que mostró la sociedad civil hacia las encíclicas de Juan Pablo II, opinión que a mi parecer es irónica, ya que fue precisamente en el pontificado de Juan Pablo II cuando más pederastas fueron protegidos, comenzando por el fundador de los Legionarios de Cristo, Marcial Maciel, ejemplo de cómo es posible llevar una doble vida cuando se tiene poder y dinero. De ahí que una de las mayores críticas que se hacen a la Iglesia es la de fomentar la doble moral que practican muchos clérigos que abusan sexualmente de personas vulnerables o llevan una vida sexual activa que en muchos casos podría considerarse como un abuso de la sexualidad.

La Iglesia obligada a reconocer las nuevas visiones de la sexualidad

Aun considerando que la visión de la Iglesia patriarcal lleve algo de verdad, pienso que no hay motivos que impidan hacer una deconstrucción de sus argumentos, esto con el propósito de llevarlos a un diálogo con la ciencia y los estudios elaborados por psicólogos, sociólogos y otros especialistas que se han dado a la tarea de investigar las causas que motivan a los clérigos a cometer el delito de pederastia. Los resultados de estos estudios coinciden en que las principales son: inmadurez psicosexual, neurosis —trastornos psíquicos—, represiones de diversa índole, abstinencia y la conciencia de la protección que les puede brindar el clero. Pero también existen factores externos que recaen directamente sobre la Iglesia, como falta de medios idóneos para determinar si los aspirantes a ingresar al seminario tienen la capacidad para adaptarse a la vida religiosa, inexistencia de pruebas psicológicas para determinar su madurez emocional y psicosexual, escasa formación humana e intelectual relacionada con la sexualidad y la permanencia de una cultura patriarcal que provoca la masculinidad divina que legitima autoridad moral sobre el laicado.

Tomando en consideración lo dicho en el párrafo anterior y las repercusiones que traen consigo los delitos sexuales, la Iglesia de Suiza determinó la necesidad de establecer lineamientos para prevenir estos crímenes, de ahí que decidiera elaborar programas de educación sexual para los seminaristas y sacerdotes.

En este proceso, la Iglesia suiza llegó a la conclusión de que el primer paso era investigar la manera en que el clero concibe su propia sexualidad. Una vez elaborado el diagnóstico, iniciaron el abordaje de la sexualidad humana y su relación con la castidad, virginidad, abstinencia y celibato como fundamento de la moral sexual y cuestionaron por qué estas conductas virtuosas son los únicos medios para lograr el dominio de sí mismo y una mejor comunión con Dios. Este último cuestionamiento evidentemente tiene sus bases en estudios médicos y psicológicos que demuestran que estas normas de conducta —que desde la visión de la doctrina de la Iglesia son virtudes que fortalecen el espíritu— lo que realmente generan es inmadurez socioemocional, supresión sexual, sentimiento de culpa y una contraposición entre la sexualidad humana y el deber ser sexual mítico, negando así una visión positiva de la sexualidad en todos los ámbitos.

A pesar de que este tipo de posturas pueden considerarse como parte de una ideología que favorece la hipersexualización dentro y fuera de la Iglesia, considero que hoy más que nunca es imprescindible que la Sagrada Congregación para la Doctrina de la Fe preste especial atención a la literatura científica sobre sexualidad humana y reconsidere las consecuencias negativas que trae consigo la negación a los impulsos y necesidades psicológicas y fisiológicas —que requieren ser satisfechas por estar vinculadas con la supervivencia de la persona—, ya que reprimir esos impulsos en muchos casos puede generar comportamientos obsesivos debido a que la energía contenida se redirecciona.

Tratándose de personas jóvenes, como los seminaristas, al paso del tiempo esas necesidades insatisfechas pueden impedirles una sana maduración emocional y psicosexual. Esto no implica que —salvo los clérigos que por una firme convicción vivan en plenitud el celibato— todos los clérigos sean pederastas en potencia, pero sí es factible que carezcan de la capacidad para comprender los problemas sexuales que tienen los laicos, y por ello no puedan brindar el acompañamiento adecuado, generando así culpas y daños irreparables a miembros de la comunidad en la que trabajan.

Respecto a la homosexualidad y su relación con la pederastia, cabe señalar que existen estudios científicos que establecen que cuando se vive o permanece durante mucho tiempo en ambientes privados del otro sexo es probable que los impulsos sexuales conduzcan a conductas homosexuales. También afirman que la presencia de homosexualidad entre pederastas es baja, por lo tanto se puede decir que en lugares donde la norma es el autoritarismo y abuso de poder, con independencia de las preferencias sexuales, se comente con mayor frecuencia el delito de pederastia. No obstante, el patriarcado homofóbico de la Iglesia ha optado por dar fuerza a las voces conservadoras que señalan a los homosexuales como principales responsables de la pederastia.

Desde mi perspectiva, el vínculo de la estructura patriarcal eclesiástica con el abuso sexual perpetrado por los clérigos pederastas —que ostentan el poder propio del machismo o masculinidad sagrada—, tiene sus raíces en la moral cristiana y la educación hegemónica que exigen un comportamiento moral a los menores de edad y las mujeres distinto al de los hombres, de ahí la permanencia de una doble moral que continúa legitimando el abuso de poder bajo el cobijo de una moral sexual —desfasada— que estuvo vigente durante los primeros siglos del cristianismo y continúa propiciando relaciones de desigualdad.

La cuestión es clara: los clérigos son los vicarios de Dios y portavoces de su voluntad, por lo tanto tienen poder sobre las almas y la conciencia de los creyentes —un poder espiritual—, poder que se extiende al cuerpo de menores, jóvenes, mujeres y adultos vulnerables a quienes violentan sexualmente como una expresión más de su masculinidad sagrada. Y a pesar de que la jerarquía tiene conocimiento de estos abusos los esconde y silencia, incluso bajo el argumento de que denunciar a un representante de Dios en la tierra es una traición a la sagrada institución. Asimismo, vale la pena mencionar que en los casos de clérigos que sostienen relaciones sexuales consensuadas es común que las mujeres con las que mantienen una relación de pareja sean señaladas como las culpables de que aquéllos violen los votos de castidad. La razón: que el patriarcado y la moral cristiana siempre han considerado que, como Eva, la mujer es quien provoca e induce al pecado y corrompe la voluntad del hombre a guardar la castidad, lo que convierte a la mujer en doblemente pecadora porque no sólo seduce, sino que además sostiene relaciones sexuales fuera del sacramento del matrimonio sin la intención de procrear.

EXIGENCIA DE UNA ÉTICA-TEOLÓGICA-SEXUAL PARA UN CAMBIO ESTRUCTURAL EN LA IGLESIA

Rechazo a la masculinidad sagrada

Las teologías de los Padres de la Iglesia —particularmente de san Agustín y de santo Tomás de Aquino— dieron gran parte de los fundamentos para la moral sexual de la Iglesia católica. Es indudable que sus aportaciones a la cristiandad sentaron las bases para la consolidación de nuestra fe y en su momento respondieron a los signos de los tiempos, sin embargo, al paso de los siglos se mantuvo estática y continúa siendo parte fundamental de la doctrina de la Iglesia sobre la sexualidad humana hasta el día de hoy.

Es evidente que san Agustín y santo Tomás de Aquino desarrollaron su pensamiento basándose en la interpretación literal de los textos bíblicos —particularmente el Génesis y los escritos de san Pablo—, de tal forma que llegaron a considerar que la renuncia al placer era el medio para purificar el espíritu y alcanzar una unión más perfecta con Dios. Desde entonces se consideró que las relaciones sexuales sólo serían lícitas dentro del matrimonio y con el fin de procrear. Incluso, santo Tomás de Aquino estipuló que aunque se cumpliera con esta norma los casados debían confesar el acto sexual para poder recibir la comunión.

No fue sino hasta la segunda mitad del siglo XX que las aportaciones científicas y de las nuevas teologías —fundamentadas en estudios exegéticos adecuados a nuestros tiempos— dieron la pauta para dar un giro a la forma en que debía tratarse el placer y la sexualidad humana. De ahí que la teología de la creación nos diga que la sexualidad es producto de Dios, y como tal, debe ser vista como un bien para la mujer y el hombre, por lo tanto debe ser placentera cuando se vive con amor y se convierte en una experiencia de donación que trae consigo felicidad y plenitud. Entonces es posible afirmar que mientras exista sometimiento y maltrato estaremos en presencia de una sexualidad hedonista propia del poder patriarcal y contraria a la ética que propongo.

Pero quienes muestran un apego a la cultura patriarcal consideran que el amor a la Iglesia radica en contrarrestar los "criterios del mundo", negando su lugar a las nuevas teologías por considerar que traen consigo la inmoralidad sexual que daña a la Iglesia por estar "contaminadas" por las "ideologías" de género y el reconocimiento de la diversidad sexual.

Incluso encuentran contradicciones y falta de solidaridad con la misma Iglesia cuando estas teologías no consideran un mérito el "sincero arrepentimiento" de los pederastas, aun cuando los predadores se sometan al juicio penitencial de la Iglesia. Así las cosas, pienso que argumentos como éste legitiman el encubrimiento de los clérigos pederastas, permitiendo que sean trasladados a otras diócesis a sabiendas de que posiblemente continuarán atacando a otros inocentes con total impunidad.

Pese a posturas como la descrita en el párrafo anterior, es indudable que el cambio de paradigma que plantean las teologías contemporáneas respecto de la sexualidad y el patriarcado abre las puertas a su resignificación, ya que ofrecen una postura más sana respecto del cuerpo, el placer y la culpa en los procesos de acompañamiento espiritual para los laicos, pero de manera particular a las víctimas de abuso sexual que anhelan recuperar su categoría de persona; además dan la pauta para dar un paso más en la elaboración de una ética teológica que ofrezca nuevos lineamientos que permitan tener mayor libertad y equilibrio en el ejercicio de la sexualidad.

Pienso también que la novedad de estas teologías radica en brindar un lugar a los que hoy no lo tienen en la Iglesia, después de que su vida fue trastocada por una moral sexual hipócrita que no brinda la oportunidad de conocer el placer sexual como una experiencia temporal y finita que nos conduce a la felicidad y la plenitud. ¿Entonces es lícito que el patriarcado y su masculinidad divina permitan que el placer se convierta en un absoluto? ¿Que en las relaciones sexuales no consensuadas sólo se satisfaga una de las partes? ¿Es natural que el acto sexual conlleve sometimiento y violencia? ¿Es justo que la víctima luche con sentimientos de culpa, muerte y rechazo a su cuerpo, entre muchos otros?

La Iglesia requiere cambios

Para un pederasta el placer sexual no representa bien alguno. Por lo tanto debe considerarse un grave pecado por el simple hecho de violentar el cuerpo y la dignidad del niño o la niña abusado, ya que en ningún momento media el amor, la donación y el cuidado por el otro y porque el agresor no solamente sacia su deseos y recibe placer sexual, sino que también alimenta el placer que da el poder cuando logra el sometimiento de su víctima.

Bajo esta premisa es comprensible que la Iglesia católica viva un franco descrédito, pues es evidente que por una parte se resiste, teme y censura los cambios que exigen un buen número de teólogos y laicos respecto a la teología del cuerpo y, por otra, sostiene y protege una masculinidad divina que desvirtúa la sexualidad y el placer cuando el poder se impone por encima de todo principio ético.

De ahí que afirme que el poder que reciben los clérigos por el orden sacramental se convierte en pecado si el poder mismo es placentero, se convierte en un absoluto y es la vía para someter a un menor de edad, una mujer o un adulto vulnerable, toda vez que éste sería el medio para cometer los delitos de pederastia o violación.

Esto confirma la existencia de una masculinidad sagrada o machismo —como le nombramos de manera coloquial— y me hace pensar que los daños que la pederastia ha llevado a la Iglesia serán irreversibles en tanto esta institución patriarcal se limite a pedir perdón a las víctimas y establezca protocolos desde la Comisión Pontificia para la Tutela de Menores y en la práctica no haya resultados patentes respecto al resarcimiento del daño.

De ahí que la salvación de la Iglesia no radique en la celebración de ritos, el establecimiento de doctrinas y la confesión de los pecados. Lo que la Iglesia requiere es hacer propia la experiencia y la memoria de las miles de víctimas que no han podido superar la imagen distorsionada de la sexualidad y el placer, del cuidado y respeto del cuerpo, de la libertad, la compasión y la dignidad de la persona.

Podemos suponer que para las víctimas de abuso sexual y pederastia la moral sexual y la teología del cuerpo fundadas en las teologías clásicas representan valores y normas sin significado debido a que han sido, en parte, los medios con los cuales la Iglesia ha tratado de controlar y silenciarlas y al mismo tiempo proteger a sus agresores. Por lo tanto, cabe suponer que uno de los pasos que se esperaría que diera la Iglesia —para la reparación del daño— es una autocrítica correctiva, además de preguntarse qué quiere decir Dios con las denuncias presentadas en contra de los predadores y qué espera como respuesta —de parte del clero— respecto a la crisis que la misma Iglesia ha provocado por haber antepuesto el buen nombre de la institución y negar un espacio, escucha y acogida a todos los abusados.

La Iglesia-comunidad —y desde luego las víctimas— está necesitada de una ética mediada por el amor que sea guía para aprender a resignificar el cuerpo, es decir, que deje de considerarse como una superficie disponible sin valor y significado; una ética que tenga como pilares la equidad, el respeto, la igualdad de derechos y la libertad; una ética que promueva la autoestima, la autonomía, el placer sexual y la plenitud en la entrega consensuada; una ética acorde a los signos de los tiempos y a una vida espiritual que se viva con el cuerpo, y finalmente, una ética sin doble moral, que esté vigente en lo público y lo privado, que nunca permita el silencio y el sometimiento, pero que fomente la responsabilidad, el respeto y cuidado mutuo.

En el libro *¿Quién decide lo que está bien y lo que está mal? Ética y racionalidad* el filósofo Luis Guerrero Martínez nos dice: "Es irónico tener la pretensión de ser quien pone la última piedra del saber y la verdad, pero en realidad estar basado en errores fundamentales que hacen que la pretensión sea una mera fantasía". Esto me lleva a pensar que los errores de la Iglesia no radican en el quehacer teológico de los primeros siglos del cristianismo, sino en la falta de respuesta a las necesidades y exigencias del mundo contemporáneo. Por lo tanto, lo que esperaríamos creyentes, teólogos, científicos y clérigos que se oponen al encubrimiento y la revictimización de quienes sufrieron abusos sexuales, es que la jerarquía de la Iglesia deje a un lado su postura unilateral y dogmática y opte por la apertura y el respeto hacia las víctimas; que enfrente y muestre con hechos la voluntad de reconocer los errores cometidos; que rechace las justificaciones y la retórica que se leen en cartas de disculpas a las víctimas —ejemplo de ello es la carta que dirigieron los Legionarios de Cristo a Ana Lucía Salazar en enero de 2020—.

Es urgente que la Iglesia responda a las demandas y oportunidades éticas que enfrenta, pero sobre todo que decida dirigir esfuerzos a la formulación y aplicación de una ética a favor del respeto a la dignidad de los vulnerables y víctimas de la masculinidad sagrada que ejerce poder sobre las almas, la conciencia y los cuerpos de los que han sido violentados sexualmente.

De no dar estos pasos, la sociedad civil estará en lo correcto al señalar que la Iglesia carece de integridad moral y mostrará que hay razones suficientes para su debilitamiento al ser vista como la institución que dictaba la conciencia moral en el mundo occidental.

A mi parecer, el descrédito de la Iglesia católica irá en aumento mientras no reconozca la errónea concepción de la sexualidad y la estructura patriarcal. Es evidente que lo que antaño fueron los pilares que sostenían su poder, hoy son lastres a los que no desea renunciar y han traído consigo el escándalo y las denuncias contra los crímenes sexuales que se originan en la masculinidad sagrada. Y si bien es cierto que el cambio estructural es urgente debido al nuevo capítulo de denuncias motivadas por la impunidad y complicidad de las iglesias locales y la Santa Sede, también sabemos que las cosas deben cambiar a corto plazo a pesar de que la política eclesial esté de forma mayoritaria en el ala conservadora de la Iglesia.

La masculinidad sagrada frente al cambio de paradigma

Somos cientos de teólogos —de la mano de especialistas en otras disciplinas— trabajando en la consolidación de la ética teológica vinculada a la sexualidad humana y contra la violencia sexual y de género. Nosotros hemos optado por mantener una postura de resistencia frente a las descalificaciones de los que defienden la permanencia de un mundo heteronormado que subestima la experiencia de las víctimas. Esta afirmación es innegable desde el momento en que la jerarquía católica se niega a atender las causas y se resiste a enfrentar el desafío, no sólo respecto al reconocimiento de las víctimas, sino también a establecer una mayor supervisión sobre la salud mental de los clérigos, determinar los motivos que los conducen a llevar una vida religiosa y a hacer una revisión de la educación sexual que reciben en los seminarios.

Hablar de educación y ética sexual implica en primer lugar reconocer que el mismo respeto y cuidado que damos a nuestro cuerpo lo debemos al cuerpo del otro. En segundo lugar, se debe tener un conocimiento pleno de la genitalidad del ser humano y sus implicaciones en los ámbitos fisiológico, psicológico, social y ético. En tercer lugar, es obligado asumir que el placer, el amor y el erotismo son un bien en sí mismos, pero que para llevarlos a plenitud se hace necesario el respeto a la libertad y deseo del otro para dar paso a relaciones equitativas. Y por último, aceptar que mientras el ser humano no se adueñe de su cuerpo difícilmente podrá adquirir la categoría de persona y estará impedido para reconocer el valor que tiene el cuerpo del otro. Por lo tanto, es inevitable afirmar que la conducta sexual del pederasta muestra ausencia de ética y una absoluta carencia de educación sexual.

Pero como ya he mencionado en otros párrafos, la falta de ética y educación sexual se suman, dando origen al placer que provoca ejercer el poder que se vive como un absoluto, de ahí que el predador sexual no tenga respeto alguno por su víctima. Estas conductas, que corresponden a la masculinidad sagrada y modo de operar, deben considerarse como un crimen y pecado tan graves que el sistema legal eclesiástico y el discurso dado a las víctimas en ningún momento debería incluir el término *pro bono eclesia*, intentando con ello proteger a la institución y dejando a un lado la resolución de los casos de pederastia que demandan: el reconocimiento del daño, la protección de la víctima durante el debido proceso, la disculpa pública, el castigo debido al agresor, la indemnización —necesaria y justa, sobre todo cuando se requiere de atención psicológica, entre otras cosas— y la no revictimización.

El poder que tiene la Iglesia patriarcal sobre la sexualidad humana se hace patente en la moral generadora de instrumentos de control que permiten relaciones inequitativas y violentas; se trata entonces, como ya señalé, de una doble moral que resulta muy lejana a una postura profética, que además impide que la Iglesia sea concebida como la "Madre" que acoge en su seno a los más vulnerables y frágiles. Por lo tanto, el sentimiento de orfandad de parte de las víctimas de pederastia y violación es directamente proporcional al encubrimiento que reciben los clérigos y la complicidad de las iglesias locales y la alta jerarquía eclesiástica, caracterizada por esa masculinidad sagrada a la que ya he hecho referencia y que en el ámbito sexual se resume en el sometimiento de los menores de edad y las mujeres violadas y la permisividad dada a los hombres consagrados a Dios por el poder patriarcal.

A manera de conclusión

En los últimos meses se han publicado decenas de artículos de investigación periodística donde se hacen fuertes críticas a la Iglesia en relación con los escasos resultados sobre las denuncias de abusos sexuales. Esto ha provocado indignación en diversos sectores de la sociedad civil.

Quienes dieron la pauta para escribir un nuevo capítulo sobre la impunidad y la revictimización de los niños, niñas, jóvenes, mujeres y adultos vulnerables fueron los Legionarios de Cristo. Si bien no sólo en esta congregación recaen todos los crímenes, sí es la institución que ha gozado de mayor protección desde el Vaticano y en la que se gestó una impresionante red de complicidad a nivel internacional en la segunda mitad del siglo pasado, lo que hace pensar que es un poder paralelo al Vaticano y que sostiene una agenda por encima de la misericordia.

Traer a la memoria las denuncias de abuso sexual de quienes fueron víctimas de Marcial Maciel y otros sacerdotes de su congregación sirvió para dar a conocer a la opinión pública la denuncia de Ana Lucía Salazar, víctima de Fernando Martínez, LC.

Los ataques hacia la Iglesia no se han hecho esperar y las opiniones respecto a complicidades y corrupción, así como las declaraciones absurdas de clérigos que acusan a los menores de provocarlos, increpan a la Iglesia. Sin embargo, valdría la pena preguntarnos si en los tiempos que corren, víctimas como Ana Lucía, que están en búsqueda de la justicia perdida y esperan la restitución de su dignidad como personas, obtendrán lo que exigen a la Iglesia cuando los medios de comunicación se limitan a hablar del "qué" pero no del "por qué" y el "cómo".

Al inicio de este trabajo dije que mientras no nos dejemos tocar por la "autoridad del sufrimiento" y pensemos que la pederastia es "asunto" de otros, será difícil que adoptemos una postura respecto a los abusos sexuales y comprendamos las repercusiones que esto pueda traer a la Iglesia-comunidad y a la sociedad en general.

Tener empatía con las víctimas y sumarnos a su causa trae consigo un proceso de humanización que nos puede llevar a comprender que hace falta valentía para enfrentar todo tipo de injusticia y ser partícipes de la lucha contra la pederastia, que va de la mano con la búsqueda de una Iglesia y una sociedad más abierta a la compasión.

Pienso que un paso decisivo para comprender las demandas de las víctimas es reconocer que el "poder" que faculta a los abusadores radica en la masculinidad sagrada otorgada por la Iglesia, y que ésta a su vez impone una moral sexual viciada que deriva de la cultura patriarcal. Y siendo ésta nuestra realidad, se hace necesaria una ética transformadora que nos conduzca a proporcionar un camino de sanación, que tendrá su inicio cuando dejemos de otorgar "poder" a quien comete cualquier tipo de abuso.

Considero que los católicos increpados por la crisis de los abusos sexuales tenemos frente a nosotros la oportunidad para alumbrar el futuro del "otro" orientando nuestra praxis a dar continuidad y vida a una ética abierta a los signos de los tiempos y a la actualización teológica que pretende responder a la siguiente pregunta: ¿Qué Dios y qué salvación reclaman los hombres y mujeres espirituales de nuestro siglo XXI?

Pienso que si logramos dar con algunas respuestas y caemos en la cuenta de que una de ellas es que el mayor pecado de hoy es la indiferencia, podremos optar por ser parte de una sociedad civil divulgadora de una ética dirigida al ser y dispuesta a desarrollar la capacidad de llevar a cabo las tareas necesarias para hacer y buscar el bien de manera particular al otro, es decir, a quienes están en espera de ser reconocidos como personas que exigen justicia y confían en que su experiencia como víctimas permanezca en la memoria como una forma de resistencia a la masculinidad sagrada.

BIBLIOGRAFÍA

Cortés, J. I., *Lobos con piel de pastor. Pederastia y crisis en la Iglesia católica*, Madrid, San Pablo, 2018.

Forcano, B., *Ética sexual cristiana, ¿todavía?* Puebla, Universidad Iberoamericana Puebla, 2007.

Guerrero Martínez, L., *¿Quién decide lo que está bien y lo que está mal? Ética y racionalidad*, México, Universidad Iberoamericana/Plaza y Valdés, 2009.

Hierro, G., *La ética del placer*, México, Universidad Autónoma de México, 2a. ed., 2016.

Kuby, G., *El abuso sexual en la Iglesia católica*, Madrid, Homo Legens, 2018.

Mardones, J. M. *et al.*, *La ética ante las víctimas*, Barcelona, Anthropos, 2013.

Picó, C. (ed.), *Resistencia y creatividad. Ayer, hoy y mañana de las teologías feministas*, Navarra, Verbo Divino, 2015.

Segovia Bernabé, J. L., testimonio anónimo y J. Barbero Gutiérrez, *Víctimas de la Iglesia. Relato de un camino de sanación*, Madrid, PPC, 2016.

Revistas

Aspe Armella, M. L., "El secretismo y los escándalos de pederastia", México, *Letras Libres*, octubre de 2018. Consultado en letraslibres.com.mx.

Laguna, J., "Dios en tiempos líquidos. Propuestas para una espiritualidad de la fraternidad", Barcelona, *Seminario teológico de Cristianisme i Justícia*, núm. 215, septiembre de 2019.

Moral de la Rubia, J., "Conducta homosexual: una perspectiva integradora biopsicosocial", Iztacala, *Revista electrónica de psicología*, vol. 12, núm. 3, septiembre de 2019.

Artículos electrónicos

Shaila Rosagel, "México tiene los pederastas más crueles de la iglesia: Athié", *Sin Embargo*, 11 de febrero de 2016. Consultado en www.sinembargo.com.mx/11-02-2016/1618426.

https://homoprotestantes.blogspot.com/2019/07/una-iglesia-que-es-machista-no-es.html.

Bernardo Barranco, "Celibato y la tempestad entre Benedicto XVI y Francisco", *La Jornada*, 22 de enero de 2020. Consultado en www.lajornada.com.mx/2020/01/22/opinion/016a1pol.

"Marcial Maciel, quien abusó de decenas, murió impune. La iglesia nunca lo tocó, dice Alberto Athié", *Sin Embargo*, 15 de enero de 2020. Consultado en www.sinembargo.com.mx/15-01-2020/3713041.

José Ignacio de Alba, "Marcial Maciel operaba para el Vaticano contra la Teología de la Liberación", *Pie de Página*, 11 de enero de 2020. Consultado en piedepagina.mx/marcial-maciel-opera-ba-para-el-vaticano-contra-la-teologia-de-la-liberacion.

"En 10 años, 271 sacerdotes han sido investigados por abuso sexual, dice el Episcopado Mexicano", *Animal Político*, 14 de enero de 2020. Consultado en animalpolitico.com/2020/01/sacerdo-tes-investigados-abuso-sexual-episcopado/.

Juan José Tamayo, "Discursos del odio. La Internacional Cristo-neo-fascista, al asalto del poder blandiendo la Biblia y el crucifi-jo (III)", *Religión Digital*, 19 de enero de 2020. Consultado en www.religiondigital.org/opinion/Discursos-internacio-nal-Cristo-neofascita-blandiendo-III_0_2196080376.htlm.

"Informe 1941-2019 sobre el fenómeno del abuso sexual de menores en la Congregación de los Legionarios de Cristo desde su funda-ción hasta la actualidad", Comisión de casos de abuso de menores del pasado y atención a las personas implicadas, 21 de diciem-bre de 2019. Consultado en www.ceroabusos.org/wp/wp-con-tent/uploads/2019/12/informe-comision-es-1941-2019.pdf.

Bernardo Barranco, "El Vaticano, en bancarrota financiera", *Proce-so*, 3 de noviembre de 2019. Consultado en www.proceso.com.mx/605580/el-vaticano-en-bancarrota-financiera.

Claudio Ibáñez, "Iglesia y sexualidad: los graves efectos del celibato y la abstinencia", *Ciper Chile*, 21 de agosto de 2018. Consultado en www.ciperchile.cl/2018/08/21/iglesia-y-sexualidad-los-gra-ves-efectos-del-celibato-y-la-abstinencinencia/.

Ruth Casas Godoy. Licenciada en Derecho y maestra en Teología por la Universidad Iberoamericana de la Ciudad de México. Estudios en educación familiar en la Universidad Panamericana. Diplomados en prevención de abuso sexual en la Iglesia impartidos por Ceprome y la Universidad Pontificia de México. Cuenta con 15 años de experiencia como docente en educación media básica en materias humanísticas, y dos años en el sector público en el área de participación ciudadana. Colaboradora en programas de radio y televisión y medios digitales abordando temas vinculados con las teologías feministas. Elaboración de ensayos incluidos en diversos textos y participación en la *Revista Iberoamericana de Teología* del departamento de Ciencias Religiosas de la Universidad Iberoamericana de la Ciudad de México. Integrante de la Línea de ayuda espiritual Ibero 2020/2021 covid-19.

Opacidad y poder: Marcial Maciel*

José Barba-Martín

¿CESSENT LITES INTER ARMA?

Diríase que la dura realidad de la muerte debería imponer una especie de armisticio en los litigios humanos cuando uno de los dos supuestos contrincantes fallece. Si tal fuera el caso, si con el ausente también hubiera desaparecido su mito, y si se tratara de una lucha por intereses sólo personales o de una querella por reivindicaciones puramente grupales y no del cumplimiento de una responsabilidad social y eclesial permanente que nos atañe a muchos, podría afirmarse que sí, que una variante del aforismo romano, rezando así: *Cessent lites inter arma*, tendría ahora prioridad y aplicación. Aun dada la brevedad del espacio de que disponemos, espero poder señalar convincentemente que éste no es el caso, y por qué.

Una persona bien informada sobre los acontecimientos acaecidos, por décadas ya, con respecto a la figura de Marcial Maciel, fundador y, hasta hace 15 años, superior general de los Legionarios de Cristo, tampoco puede pensar que lo que sucede es que, según dice el dicho, "del árbol caído todos hacen leña", como ha expresado, de modo rutinario y carente de análisis, Alberto Suárez Inda, quien fuera arzobispo de Morelia de 1995 a 2016.

---

* El contenido de este ensayo está basado en una conferencia impartida el 27 de febrero de 2008 en Casa Lamm, Ciudad de México.

Los exlegionarios que durante décadas hemos sostenido la querella ante la Sagrada Congregación para la Doctrina de la Fe por la denuncia contra Marcial Maciel decidimos hacerlo muy conscientemente en vida del mismo sacerdote acusado, y por dos motivos: por dignidad nuestra y, en medio de todo, como acto de justicia con él, con el fin de que pudiera defenderse de frente, como toda persona tiene derecho: algo que, por razones muy distintas de las aducidas por sus defensores, Marcial Maciel y los Legionarios de Cristo han evitado sistemáticamente en todo momento. Hasta que la verdad, incontenible, se hizo sentir inevitablemente.

Por lo que muchos hemos podido observar, Marcial Maciel siempre pareció querer burlar los tres juicios a los que se someten los actos humanos: el juicio divino, el juicio civil y el juicio filosófico o de la opinión pública. Por las limitaciones de prescripción legal del derecho civil y por la falta de voluntad y arbitraria discrecionalidad de los responsables de su contraparte eclesiástica, el derecho canónico, sólo el tercero, hasta donde puede constarle en esta tierra a un empirista ante cuestiones teológicas —el juicio de la reputación humana—, ha sido el único que ha alcanzado de manera patente al desaparecido.

En nuestra calidad de comandatarios legales del grupo de exlegionarios denunciantes ante la Santa Sede, el doctor Arturo Jurado, que se encuentra hoy en el extranjero, y yo creemos que esta participación "sinergética" es necesaria para ahondar en el análisis y para la exhibición y deconstrucción de un intencional mito moderno de reciente cuño que logró insinuarse y "venderse" al mismo papa Juan Pablo II, a quien Marcial Maciel y sus seguidores utilizaron durante un cuarto de siglo como catapulta para su expansión y difusión con estrategias megapublicitarias y publirrelacionistas. En la actualidad, estos métodos han puesto a la Iglesia entre la espada y la pared al tener que decidir Ella entre dos bienes: el de romper tajantemente con un pasado de pragmáticos y convenientes engaños y el de intentar paliar, por medio de una perpetuación de ambigüedades, nefastos errores humanos e irresponsabilidades pastorales. Si la esencia de la tragedia, según Hegel, consiste en la dificultad de elegir entre dos bienes, dada la habitual praxis romana y tal como están en Ella las cosas, sabemos que será arduo para la alta jerarquía eclesiástica decidir entre un doloroso, pero objetivo, bien de larga tenencia y la continuación de un "bien" de aparente ventaja coyuntural expedita.

LA LECCIÓN DE ESTOS AÑOS

Hablaré de algo que he aprendido en años recientes: ser católicos en situación de conflicto con la Iglesia impone a veces a los miembros que quieren seguir perteneciendo a Ella condiciones particulares de sujeción y de gran confusión. Quien por la defensa de derechos suyos en el ámbito eclesiástico llega a confrontar a la institución se descubre a sí mismo poseedor de una naturaleza dual, a veces más difícil de conllevar que aquella que en ocasiones puede experimentar un "ciudadano mixto", según terminología derivada del derecho internacional, por pertenecer alguien de modos diferentes a países distintos.

Dejando a un lado posibles dudas doctrinales, mientras el católico se desempeña sólo como simple creyente no conoce mayor dificultad con su Iglesia; mas cuando —por defender un derecho suyo personal y legítimo o una convicción social importante— entra en litigio con Ella, con la Iglesia, el hasta entonces solamente fiel descubre las consecuencias de su ambigua naturaleza de ciudadano de un país libre, por una parte, y por otra, de súbdito de una monarquía absoluta que exige de él total sumisión y absoluta conformidad, y halla entonces que la institución se le impone en el tiempo como objeto de lealtad indiscutible con premisas que se predican supremas sobre supuestos de valores eternos.

Cuando desde esta ambivalente posición el aún adscrito miembro intenta protegerse legítimamente al mismo tiempo como ciudadano de su nación y como súbdito de la entidad religiosa, empieza a vivir la desconcertante sorpresa de que su interlocutora, que él creía única —su Iglesia—, es sólo parte de una intricada trinidad no sólo pastoral y administrativa sino también política: el simbiótico cuerpo Iglesia-Santa Sede-Estado Vaticano.

Tal tríada, que se autojustifica teológica, histórica y políticamente, no parece hallar dificultad alguna con su conciencia trinitaria; pero es el hombre, en su ya no sólo dual sino hasta triple calidad de fiel-ciudadano-súbdito frente a la Iglesia en situación de conflicto por la señalada reivindicación de derechos, quien comienza a padecer estrabismo interior al darse cuenta de que, en conflicto de intereses, no le es posible establecer diálogo con una entidad que él esperaba bien definida, unívoca, y, además, dispuesta a escucharlo conforme a derecho y a hacerle justicia.

El paradigmático "caso Marcial Maciel"

Si en algo es paradigmático el caso Marcial Maciel desde el lado de esta trinidad romana, es justo por su manejo arbitrariamente discrecional a favor del acusado, al que, con pretendidas razones extemporáneas de avanzada edad y de salud deficiente, no quiso someter oportunamente al proceso que exigía su propio derecho canónico. Baste considerar con suficiente análisis de los hechos y de los textos que el decreto del 18 de mayo de 2001, titulado "De delictis gravioribus" ("Acerca de los delitos de cierta gravedad"), formulado por el entonces cardenal Joseph Ratzinger, prefecto de la Sagrada Congregación para la Doctrina de la Fe, pudo liberar al instante a Marcial Maciel de las consecuencias procesales de la acusación que, precisamente bajo tal encabezado y en relación con lo estipulado por el canon 1378 del derecho canónico, habíamos presentado y mantenido en su contra desde el 17 de octubre de 1998 y, de manera más formal, desde el 18 de febrero de 1999, por medio de la doctora Martha Wegan, experimentada canonista y abogada nuestra.

Hay que saber que, según testimonios de varios exlegionarios, Marcial Maciel, desde los años cuarenta, había repetido con varios el delito de *absolutio complicis*, penado con excomunión *latae sententiae*; es decir que la modificación del canon introducida en el citado decreto del cardenal Ratzinger pudo evitarle al jefe legionario una condena que lo afectaba *ipso facto*: eso conlleva la expresión latina *latae sententiae*, y, además, sin prescripción de tiempo. Según los testimonios presentados, Marcial Maciel fue reincidentemente culpable de tal delito, de acuerdo con el Código de Derecho Canónico vigente desde 1983.

Observando con cuidado las circunstancias precisas del caso, cualquier persona verdaderamente entendida e imparcial se dará cuenta de que puede tratarse aquí de un decreto pensado y redactado a la medida para evitar que la trinidad Iglesia-Santa Sede-Estado Vaticano tuviera que reconocer —tal como se desprende rigurosamente del análisis de los datos— que la Legión de Cristo, institución tantas veces ensalzada por el mismo Sumo Pontífice Juan Pablo II, pudo estar regida durante más de medio siglo por un sacerdote en estado de excomunión, conforme a lo deducido de su propio derecho.

Puede pensarse, además, que con tal modificación canónica, avalada por la conformidad papal, se intentaba librar también al ocupante del Solio Pontificio del bochorno de haber mantenido una muy notoria relación de amistad personal con tan anómalo y tenebroso personaje. La modificación canónica introducida por el citado decreto del 18 de mayo de 2001 por una parte otorga a las futuras víctimas de abuso sexual de un sacerdote más tiempo de los únicos cinco años que les concedía antes el Código de Derecho Canónico de 1983. Ahora, para presentar su demanda tienen, 10 años más, después de que éstas hubieren cumplido la edad de 18. Por otra parte, en cambio, en lo que atañe a los exlegionarios demandantes, al aplicar retroactivamente la Santa Sede dicha medida, la fuerza del astuto decreto en el caso Marcial Maciel, lo liberó directa y específicamente de la misma acusación capital que habíamos dirigido contra él, y nos dejó a nosotros, impotentes, tan sólo mirando y en total desamparo de la cláusula legal que antes, sin término alguno de prescripción, condenaba inequívocamente a Marcial Maciel y que a nosotros nos asistía de manera clara y justa.

Permítanme inducirlos a reflexionar ahora sobre otros aspectos desconocidos para la mayoría: ¿cabría esperar independencia y limpieza durante un proceso canónico contra Marcial Maciel cuando el cardenal Angelo Sodano, contacto y amigo personal suyo desde que éste desempeñaba el puesto de nuncio apostólico en Chile durante la época de Augusto Pinochet, era, ya para el momento de nuestra denuncia formal, secretario de Estado del Vaticano y, al mismo tiempo, miembro asesor de la Sagrada Congregación para la Doctrina de la Fe, ante la cual habíamos denunciado al jefe legionario, y, a la vez, consultor de la Sagrada Congregación del Clero, a la cual servía también en la misma calidad Marcial Maciel, siendo al mismo tiempo prefecto del tal dicasterio el impositivo e intrigante cardenal colombiano Alfonso López Trujillo, amigo común de ambos?

Es fácil comprender, en este contexto y con esta información, cotejable en las ediciones del *Annuario Pontificio*, que la formulación de la "invitación" vaticana del 19 de mayo de 2006, hecha a Marcial Maciel para que se retirara "a meditar y hacer penitencia", sin haberlo sometido a tiempo al debido proceso canónico, puede ser interpretada como un ejemplo de la duplicidad de pensamiento y lenguaje de la alta jerarquía romana. Por otra parte, la Santa Sede sabe de sobra que las distinciones de la terminología canónica que separan entre sí a los conceptos de *excomunión*, *interdicto* y *suspensión* son desconocidas para la inmensa mayoría de los fieles tanto como para el mundo no católico.

El último párrafo del salomónico documento del 19 de mayo de 2006, en el que la Sagrada Congregación para la Doctrina de la Fe "agradece, con todo, a los miembros de la Legión de Cristo por su meritoria labor", dejando intocada a la institución, llega al paroxismo de la ambigüedad: equivale a sugerirles en términos botánicos (en este caso absurdos para cualquier hortelano con sentido común) a las ramas del árbol "religioso" que el tronco al que hasta ese día estaban unidas hubo de ser cercenado, por podrido, pero que, no obstante, se les agradece a ellas por sus buenos frutos.

Las consecuencias, indudablemente previstas por el alto clero romano, del modo de ejecución de esta decisión vaticana fueron inmediatas: facilitaron a los Legionarios de Cristo negar que la Santa Sede hubiera reconocido a su jefe como culpable y que le hubiera impuesto sanción alguna, y dejaron a las víctimas y acusadores en el limbo de una ilegal desatención. Sépase que hasta el día de hoy, y por encima de los términos de tiempo requeridos por el propio derecho canónico, no hemos recibido la debida notificación directa del resultado de nuestra demanda, a la cual teníamos y tenemos derecho, ya que al aceptarla, como la aceptó desde 1998 y 1999, la Sagrada Congregación para la Doctrina de la Fe había reconocido, por ello mismo, nuestra personalidad jurídica.

Ninguna mención, siquiera discreta, de las víctimas en la nota de prensa de la Sala Stampa del Vaticano. Ninguna atención, ni la más mínima, al sobreseimiento *de facto* del contenido jurídico de la cláusula 2 del canon 1357 acerca de la "reparación del escándalo y del daño": las víctimas, pues, no existimos. Aunque el decreto citado se refiera a *delicta* (delitos), el criterio canónico los trata como pecados. Y por ser la Iglesia la única poseedora de "las llaves del Reino" y beneficiaria de sus atribuciones, somos tratados como seres sin personalidad ciudadana. Y se espera de nosotros que nos comportemos únicamente como fieles sumisos. En graves cuestiones poseemos sólo derechos teóricos dentro de la institución eclesial. Declare lo que declare y publique lo que publique al respecto la Iglesia-Santa Sede-Estado Vaticano acerca del respeto a la persona humana y a sus derechos, la realidad del caso paradigmático de Marcial Maciel frente a la tríada romana es que en la praxis los fieles somos despojados de ellos cuando así conviene a intereses más poderosos de la Iglesia o de sus instituciones protegidas. Es indudable que calcula sus pérdidas y sus ganancias por encima de sus propias irresponsabilidades crónicas y por encima de la humillación y de los daños-sobre-daños de las víctimas: ninguneos públicos, difamaciones y calumnias legionarias. Por ejemplo: el que, habiéndonos en realidad impuesto silencio la Sagrada Congregación para la Doctrina de la Fe y habiéndolo guardado nosotros durante un tiempo con la esperanza de justicia, los legionarios hicieran correr el rumor de que callábamos porque amigos suyos nos habían dado dinero... Además, piénsese en la pérdida de relaciones y amistades; en dificultades varias y prolongadas; en gastos de viajes, costosos desplazamientos y viáticos; en pagos por servicios y consultas; en cansancio, desgaste de salud, etc. Nada de la antigua victimización y de los nuevos sufrimientos significó para los omisos "juzgadores". Nuestra propia abogada, la doctora Martha Wegan, lo expresó de este modo (aunque muy probablemente venía formulado así desde más alto): "Es mejor que ocho hombres inocentes sufran injusticia y no que miles de católicos pierdan la fe". Como si dar la espalda a la doctrina papal sobre el respeto a la persona humana por encima de las instituciones no fuese traicionar esa misma fe de los fieles, al tiempo que se dice querer preservarla.

No sólo eso: para la notificación general de su decisión la Sagrada Congregación para la Doctrina de la Fe recurrió a la prensa del Vaticano: precisamente un medio de comunicación al que durante años, en términos genéricos, ese mismo dicasterio nos había prohibido recurrir. Y a nosotros, los exlegionarios, víctimas y querellantes, no nos ha notificado directamente de nada hasta este mismo día; y mucho menos nos ha ofrecido disculpa, explicación alguna o exigencia de reparación de los daños a los agraviantes, cuando es evidente para los entendedores que, si no hubo juicio canónico, sí debió haber, al menos, un "proceso administrativo".

Así, pues, el públicamente tan oído, aunque ni entendido ni comprendido, el caso Marcial Maciel ha puesto de manifiesto para los que lo conocemos desde su inicio la evidente opción preferencial vaticana por la opacidad, el cripticismo, la ambigüedad y el sutil encubrimiento por inveterados métodos eclesiásticos. Reitero que, en el caso que analizamos aquí, esta opción por el ocultamiento tiene su raíz y causa en el temor de la Iglesia de que, al procesar a Marcial Maciel, Ella misma quedara descubierta también sobre diferentes etapas históricas de la llamada Legión de Cristo como desorganizada y desconocedora en ciertas instancias diocesanas al principio, pues así lo demuestran documentos a los que hemos tendido acceso y que obran en poder de dicasterios vaticanos. Además, si se hubiera llevado a cabo debidamente el juicio, muchos de los elementos de la alta jerarquía aparecerían como no vigilantes, como irresponsables o corruptos en diversas capas de algunos dicasterios romanos que solaparon a Marcial Maciel durante décadas. Finalmente, ello es claro, se confirmaría como fácilmente engañable la persona misma de Juan Pablo II, quien, el 5 de diciembre de 1994, en carta abierta en los siete diarios más importantes de esta Ciudad de México, propuso al fundador de los Legionarios como ejemplo y "guía eficaz de la juventud [...] conforme al modelo de Cristo". Los exlegionarios luego oficialmente demandantes nos vimos obligados en conciencia a responder a esta actitud papal en carta abierta que le dirigimos, por separata incluida en la revista *Milenio*, el día 8 de diciembre de 1997, gracias a la intervención del profesional periodista Ciro Gómez Leyva.

La evidente opción preferencial por la opacidad

Como lo ha probado el acucioso libro del miembro del Instituto de Investigaciones Sociales de la Universidad Nacional Autónoma de México, el doctor Fernando González, *Marcial Maciel. Los Legionarios de Cristo: testimonios y documentos inéditos* (México, TusQuets, 2006), la Santa Sede, en más de uno de sus dicasterios, poseía, en algunos casos ya desde los últimos años cuarenta, múltiples datos y gravísimas revelaciones sobre engaños, falsedades, sobornos, ocultamientos, tergiversaciones, incitaciones a mentir, múltiples abusos suyos de autoridad y psicológicos de la persona humana y —más tarde— acerca de adicciones del fundador, de depredaciones sexuales, de incesto espiritual y —como se dijo— de absoluciones canónicamente indebidas de Marcial Maciel sobre sus propios seguidores, niños, adolescentes y jóvenes, llevadas a cabo en diversos países durante décadas. Por todo ello —lo repito— nos es totalmente claro que la más alta jerarquía eclesiástica ha optado por una opacidad injusta, sistemática, fría, calculada: a muy corto plazo aparentemente gananciosa, sí; a largo plazo, miope, por decir poco. En ambos casos moral y jurídicamente culpable.

"La Iglesia del silencio"

De pequeño, en los últimos años cuarenta, cuando los sacerdotes nos hablaban a los niños acerca de los cristianos que sufrían detrás de la "Cortina de Hierro" y solicitaban a nuestros padres ayuda para socorrer a la que llamaban "Iglesia del silencio", a pesar de mi corta edad, yo pensaba con lástima en sus lejanos miembros y, a mi manera infantil, con sentimiento de solidaridad espiritual.

Pasado el tiempo, especialmente durante los últimos 15 años, he aprendido que el apelativo "Iglesia del silencio" corresponde ahora a una institución demasiado humana que, libre ya de las amenazas del comunismo y triunfalmente solipsista en la que parece su inexpugnabilidad, trata de imponer, a su completo arbitrio, un silencio total —sobre todo ante los medios cívicos de comunicación— a las mismas víctimas que acuden a Ella en demanda de atención y justicia. Pero yo me pregunto: abatido el "telón de acero" soviético, ¿no nos habría correspondido en justicia a nosotros, los católicos, poder esperar también de nuestra Iglesia una opción por la transparencia, al tiempo que el neohumanista Gorbachov formulaba su doctrina de la *glasnost*? Ese mismo Gorbachov a quien los legionarios —siempre intuitivos del valor de la oportunista yuxtaposición publicitaria— invitaron, si es verdad lo que se dijo —interpósita oferta de 200 mil dólares—, a hablar en la Universidad Anáhuac de Norte en 1992.

Porque, declare lo que declare cuando se trata de los derechos de los católicos ante gobiernos represivos, en el fuero intraeclesiástico, la alta jerarquía romana, convenientemente olvidadiza, continúa como omnímoda dueña y señora de la palabra y del silencio de sus fieles (*Roma locuta est, causa finita est*, ¡sin importar que se haya hecho justicia o no!). Nuestra mixta naturaleza de ciudadanos de un país y de fieles y súbditos de la Santa Sede no nos ha defendido de sus decisiones y modos discrecionales cuando, con derecho y por derecho, hemos requerido la aplicación de la justicia. Esto lo sabemos quienes nos querellamos desde hace años ante el dicasterio vaticano encargado de la pureza de la fe y de la praxis moral de sus miembros, en la denuncia contra el autoproclamado paladín de la Iglesia y por Ella tan alabado, Marcial Maciel.

El caso Marcial Maciel, océano de opacidades

Dijo Cristo: "Son más astutos los hijos de las Tinieblas que los hijos de la Luz". El periodista Alfonso Torres, en su libro *La prodigiosa aventura de los Legionarios de Cristo* (Madrid, Foca, 2001), recuerda una conversación madrileña en la que alguien señala que el Opus Dei encontraba en los años ochenta más oposición que la Legión de Cristo. "Ah —exclamaba el interlocutor—, es que los Legionarios de Cristo han sabido moverse en la sombra"; pero, además, doctrinaria y programáticamente. Léase a este respecto en el libro *Mensaje, cartas del fundador del Regnum Christi*, esa misiva famosa sobre la preparación y cautelosa puesta en ejecución de los "hechos consumados". Conózcanse el modo legionario de distribuir dádivas para comprar voluntades; de intimidar personas, de esparcir rumores, *innuendos* y calculadas mentiras; la fabricación de cartas demostradamente falsas, como en el caso de dos muy graves, alevosamente atribuidas por Marcial Maciel y los legionarios al anciano franciscano belga Polidoro Van Vlieberghe; la consecución de falsos testimonios notariados; el empleo, bajo voto de obediencia, de súbditos de la congregación para denegar la verdad e intentar intimidarnos y callarnos en 1996 y 1997 por medio de costosos bufetes de abogados estadounidenses; la utilización de miembros de la Legión de Cristo para distribuir misivas a los padres de escolares de colegios suyos acusando, hace años, de conspiración a quienes presentamos nuestras denuncias ante los medios y frente la Santa Sede de supuestas pretensiones de adquisición de puestos en la Legión de Cristo, ¡cuando nuestra edad no sobrepasaba entonces con mucho los 20 años! Ventajosos métodos, todos éstos, de desinformación y alevosía, malévolamente manejados, como en tiempos de guerra, entre católicos de buena fe y desprevenidos, conscientes de vivir tiempos de paz.

Léase, entre los muchos aplicables, el libro de Guy Durandin: *El engaño en la propaganda política y en la publicidad* (Barcelona, Paidós, 1993). Desenmascárense con José Martínez de Velasco *Los documentos secretos de los Legionarios de Cristo* (Barcelona, Ediciones B, 2004). Conózcanse la naturaleza y la verdadera intención del "voto secreto", llamado luego "voto privado" y, más tarde, arteramente, "voto de la caridad", por el cual —nunca bien analizado— logró Marcial Maciel atar con mordaza a los suyos durante 50 años e impedir que fuera conocida la oprobiosa verdad de sus múltiples depredaciones. Voto ilógicamente llamado "de la caridad", sin darse cuenta, por tanto tiempo, ni Marcial Maciel ni los Legionarios de Cristo —a pesar de tratarse de teología tan elemental—, de que la caridad, por ser medular al cristianismo, no se autopermite como materia de elección, sino que es constitutivamente esencial a él: *Deus Charitas est!* Pues por la misma razón por la que cualquier hombre lógico no debe tautologizar diciendo que "la luz es luminosa" tampoco un cristiano que respete su inteligencia y la de los otros puede pretender formular voto alguno que llame "de la caridad".

Analícense, evalúense detenidamente las fementidas declaraciones, las astutas reacciones, las argucias, los estudiados silencios, las evasiones de algunos miembros del alto clero romano y nacional, en especial —para decir poco— de ciertos irresponsables obispos y arzobispos, y hasta de la irreflexiva desfachatez de uno de ellos, como lo evidencia una reciente respuesta errática del mundano Onésimo Cepeda, sobre el caso Marcial Maciel, al periodista Alejandro Moreno, al declarar el obispo, refiriéndose a los exlegionarios denunciantes contra el fundador legionario: "Un hombre que ha sido ofendido sexualmente y lo denuncie cuarenta años después, tiene que estar mintiendo; a menos que le haya gustado..." (*Milenio Diario*, 4 de abril de 2008).

En cuanto al manejo del engaño estratégico como praxis institucional en la Legión de Cristo, léase el artículo vigente del exlegionario estadounidense Glenn Favreau en www.regainnetwork.org. Piénsese en el sistema de espionaje de personalidades eclesiásticas en las llamadas "casas de formación" legionarias y en la obligación de los súbditos de rendir informes secretos para ser estudiados y archivados por los superiores sobre las opiniones, inclinaciones y preferencias expresadas de algún modo por dignatarios visitantes sobre determinados temas, instituciones y personas. Sépase que espiar a compañeros de cuya ortodoxia legionaria se sospechaba era un encargo normal de algunos desde los años cincuenta.

Que el mundo se entere también de qué manera, en la ciudad de Alexandria, Virginia, Estados Unidos, se nos ha añadido a los agravios del pasado un alevoso e impío golpe táctico y onerosamente económico cuando la "Legion of Christ, Incorporated" (*sic*), bajo firma de autorización del padre Peter Hopkins, LC, persigue, por medio de una poderosa y cara firma de abogados, a los exlegionarios Paul Lennon, Glenn Favreau y Kevin Fagan por mantener una página web cuyo propósito es informar a la gente sobre los modos y tácticas nada cristianos de la Legión de Cristo, y ayudar informativa y psicológicamente a rehacer su vida a quienes abandonan a esa congregación, a su rama de mujeres "consagradas" o a miembros del llamado "movimiento Regnum Christi".

La historia de Marcial Maciel y de no pocos aspectos de la Legión de Cristo pueden estudiarse como se observa el negativo de una fotografía tradicional. Se dice que hay ya dos volúmenes (explicados) del léxico legionario (explicado): en ellos, detrás de ciertas palabras de gran frecuencia institucional, como *auténtico, recto, verdadero*... subyace el sabor de la realidad contraria y de una especie de petición de principio "práctico" (es decir, moral). Como lo sugerí hace tiempo en un ensayo titulado "Las razones de mi silencio", en el hipostático existir de su fundador y su "obra" hay un peculiar *modus operandi* en las obras internas de la Legión de Cristo y un *modus apparendi* en sus actuaciones externas. La vieja conducta inmoral, dionisiaca, de Marcial Maciel, por ejemplo, se encubría siempre detrás de la apolínea religiosidad estructural del intensamente controlado conjunto legionario. Hasta las ventanas "abundantes y simétricas" del Collegio Massimo de la Legión de Cristo en Roma parecían predicar la luminosidad interior, pero la enfermería, centro principal de las prolongadas depredaciones sexuales de aquellos años, estaba casi siempre a oscuras o en una ominosa penumbra.

"NOSTRA CULPA..."

"Nostra culpa, nostra culpa, nostra maxima culpa"... por causa de nuestra asustadiza y confundida juventud y por el, luego, prolongado impacto del dominio psicológico y de los daños secuenciales, no expuestos ni dominados, y por un tan largamente malentendido sentido de protección al prestigio de la Iglesia, durante décadas logró, además, mantenernos, so pena de excomunión, bajo un mandato de silencio acerca de los contenidos de lo preguntado y dicho en los interrogatorios de 1956 y 1957. Y debo añadir, aquí y ahora, que hace años, en esta misma ciudad, en un convento de la colonia San Pedro de los Pinos, aun como víctimas, a nuestra avanzada edad, y aun siendo ciudadanos de este país, fuimos conminados a no revelar el contenido de nuestras deposiciones ante monseñor Charles J. Scicluna y el sacerdote Pedro Miguel Funes, fiscal y notario, respectivamente, enviados, finalmente, por la Santa Sede para los nuevos interrogatorios.

¿QUÉ HACER?

Cuando se investiga en profundidad, como lo manifiestan las revelaciones y deposiciones de tantos testigos fidedignos y el análisis de múltiples documentos fehacientes, ¿qué ha tocado la pretendidamente salvadora obra de Marcial Maciel que no haya quedado bajo la tinta oscura del secreto? ¿Se libran sus organizaciones de la filogenética opacidad colectiva? Creemos que, a ciertos niveles de rango interno, no existe posibilidad alguna de asociación abierta en los grupos de expansión y control dirigidos por la Legión de Cristo. En nuestra opinión, la estructura de misterio para la búsqueda de un crecimiento ilimitado y para la civilmente peligrosa consolidación de su poder no desaparecerán mientras se mantengan, por un lado, la trama de intereses de grupo social privilegiado exclusivista y, por otro, continúen pesando sobre muchos miembros del alto clero católico los efectos de una urdimbre de culpabilidad y de "convenientes" encubrimientos mutuos. Mientras, además, muchos exlegionarios —¡y legionarios!—, aún renuentes y silenciosos, no pongan, de una vez, su alma en la balanza y se atrevan a manifestar aquello que en conciencia tan perfectamente les consta, y también mientras, por su parte, muchas personas insolidarias, preocupadas sólo por sus intereses inmediatos, permanezcan pasivas y como ignaras frente a tanto desmán antes oculto y ahora revelado. Mientras la misma sociedad no se dé cuenta clara de que alberga en su propio seno a una institución religiosa —diga lo que ésta diga— de espíritu secretamente alimentado con residuos anacrónicos de doctrinas y praxis opuestas a las aspiraciones de una incipiente democracia, que tan penosamente, con tantas dificultades, va abriéndose paso en nuestra patria.

Por ello es urgente que lo que en su inicio fue manifestación y proposición sólo de algunos pocos exlegionarios denunciantes se convierta —para un esclarecimiento necesario por el bien de la sociedad y de la misma Iglesia— en tema de investigación metódica y multidisciplinaria por parte de un bien formado equipo de expertos mutuamente complementarios en el ámbito de las ciencias sociales, y en teología, en derecho civil y canónico, etc., tal como lo propusimos en la ya citada carta al papa Juan Pablo II desde finales de 1997.

Si ha de hacerse la luz con seguridad en el aún tan escondido asunto, ello requiere una participación plural de espíritus cívicos bien intencionados, capaces, inquisitivos, muy tenaces e independientes, con deseo responsable de que se conozca la verdad más allá de los privados intereses que tienen ciertos sectores sociales y religiosos en preservar un mito por miedo a que se les diluyan los oportunos réditos de esa instrumental y manejable ilusión colectiva y de que se les pierda, todavía más, el respeto por haber rendido ellos, tan fácil y vergonzosamente, una indebida fe al falso profeta, que —como estamos convencidos lo demostrará la historia— nunca la mereció.

Los estudiosos que acometan esta difícil labor deberán exponer la verdad lógica a las mentes que, de momento, por parecerles inconcebible lo contrario, prefieren seguir creyendo o que las depredaciones nunca sucedieron, o que son espiritualmente compatibles el erigir edificios, crear escuelas, casamentar familias prominentes, organizar "megamisiones" publicitariamente exageradas y el depredar almas. Deberán explicar —sobre todo dada la idiosincrasia de nuestro pueblo— con prudencia, habilidad y método, que sus oyentes, más que poseedores de ideas claras, son víctimas de creencias en ciertos hombres no sometidas a escrutinio serio, y que la fidelidad de sus entusiasmos y el sesgo de sus poco penetrantes interpretaciones han dependido de una falsamente segura psicología gregaria y de intereses creados más que de las conclusiones propias de un proceso de observación metódica, racional, crítica. Deberán demostrar cómo la apasionada devoción incondicional de esas personas es producto de la voluntariedad de un simple y no bien discernido querer seguir creyendo.

Podríamos intuir desde ahora, con la parábola cristiana sobre el mudable atuendo del lobo y del cordero, que, al final de su estudiosa dedicación, el deseable conjunto de los requeridos investigadores encontraría la clave del "misterio" en el hecho de que el más retorcido Mal es el que mejor ha sabido, abrazado como la hiedra al árbol, travistiéndose, yuxtaponerse más íntimamente al Bien.

Concluyo: el porqué de esto ya lo dijo claramente Emmanuel Levinas: "La esencia del Mal es su irredenta ambigüedad [...] El Mal pretende convertirse en contemporáneo, en igual y en hermano del

Bien…" (*El humanismo del otro hombre*). Pues el Demonio, titular de muchos saberes, también es un astuto semiólogo: puede citar, interpolar y emblematizar con oportunidad ciertos signos de los textos sagrados; ¡tanta ha sido, hasta en la Biblia, su procaz audacia! Pero una cosa es utilizar la proclamación del principio, en sí incontestable, de que el Bien vence al Mal, y otra, obrar verdaderamente el Bien para vencer al Mal.

Así pues, los integrantes del muy posible proyecto de investigación y esclarecimiento con fines de salud y preservación sociales deberían tomar muy en cuenta que la mayor parte de los hombres, en general, acaba fijando su mente sólo en el signo, olvidando la cosa en profundidad significada, y que, por eso, no haciendo la gente un estudio y un discernimiento claros del motivo interior de toda acción, que constituye el alma de ésta, termina otorgando, muy equivocadamente, identidad al arreglado acto exterior y a su secreta y muchas veces engañosa intención.

José Barba. Doctor en Estudios Latinoamericanos por la Universidad de Harvard y profesor del ITAM. Fue Legionario de Cristo de los 11 a los 24 años. Desde los años ochenta ha sido incansable activista contra la pederastia clerical. Redactó y suscribió con ocho exlegionarios la difusión de la carta abierta al papa Juan Pablo II donde se denunciaba el abuso sexual del que fueron víctimas a manos de Marcial Maciel, fundador de los Legionarios.

Mi historia: el dolor que permanece

Ana Lucía Salazar Garza

Nací en Monterrey, Nuevo León, el 23 de octubre de 1983. Me llamaron Ana Lucía.

Siempre fui una niña honesta, despreocupada e irreverente. Brillaba en donde fuera; talentosa, cantante, un poco actriz, muy artista y sonriente. Fui "la diferente", no lo niego, me gustaba el piano, cantar, escribir poemas y canciones. Robar la atención y ser el centro del espectáculo escolar era lo más fácil para mí, nací con esa estrella, en verdad que sí, no es presunción, no lo pedí, simplemente accedí a vivir con libertad mi naturaleza artística y ser muy yo.

¿Cómo no iba a cantar? En mi casa todos lo hacían, mi papá con su guitarra, mi mamá mientras cosía esos hermosos vestidos que parecían sacados de cuentos de hadas y yo, la primogénita, me paseaba entre las telas y los acordes de la guitarra soñando con ser artista famosa y salir en la televisión.

No era más que una niña alegre, soñadora, vibrante y llena de amor.

Llena de ilusiones imaginaba frente al espejo que un día saldría en la tele cantando mis canciones, un cepillo de pelo era mi micrófono, unos tacones adornaban mi pijama y mi recámara era el foro imaginario de *Siempre en domingo*.

Empezaba a descubrir la flama que calentaba mi espíritu, mis anhelos eran extraordinarios, siempre sentí en el cuerpo la certeza de que estaba hecha para cosas grandes, que llegaría el día en el que tenía que ser escuchada, que mi voz retumbaría en la historia y en el tiempo.

Tal vez lo que me conmueve es darme cuenta de que todo eso que un día soñé, años después pasó, pero los motivos y razones no fueron los que yo hubiera querido y esos mismos rompieron mis dulces sueños.

Aquí comenzó todo:

A mis casi ocho años mi papá consiguió una oportunidad de trabajo fuera de Monterrey y nos dijo que iríamos a vivir a Cancún, mi mamá cerró su negocio y emprendimos el cambio. Para ese entonces yo no era la única hija que tenían mis padres, mi hermana Sofía era una bebé, éramos una familia de cuatro.

En Monterrey estudiaba en el CECVAC, colegio de los Legionarios de Cristo exclusivo para mujeres. Mis padres con mucho esfuerzo me pagaban ese colegio tan caro, ellos siempre se esforzaron por darnos la que creían era la mejor educación. Al cambiarnos de ciudad decidieron que nos iban a inscribir al colegio de los Legionarios de Cristo que acababan de abrir en Cancún, llamado Instituto del Caribe. Actualmente se llama instituto Cumbres Cancún.

Era 1991, el ciclo escolar comenzó en septiembre, yo tenía siete años 11 meses cuando conocí al director del colegio, el padre Fernando Martínez Suárez. La escuela estaba recién inaugurada, había poco alumnado, entre ellos los hijos de las familias más poderosas y adineradas de Cancún; algunos de ellos fueron socios fundadores y donadores en el proyecto del instituto, varios siguen teniendo influencia en el colegio hasta el día de hoy.

Cuando eres una niña tan pequeña el tema del estatus social y económico ni siquiera forma parte de tus pensamientos, yo sólo estaba asustada por el miedo que sentía de ser "la nueva" en un colegio que apenas abría y en una ciudad que no conocía.

Entré a segundo de primaria en septiembre de 1991, la escuela era tan pequeña que sólo tenía hasta cuarto de primaria. Todo era nuevo para mí, socializar se convirtió en un problema, nunca fui de muchos amigos pero en esta ocasión se me estaba dificultando más

74

de lo normal, era un choque cultural muy fuerte, yo soy norteña y mi forma de conducirme, de hablar y de ser es muy particular de aquellos lugares, la gente del sur es más suave, cálida y cuidadosa al dialogar. Son tradicionales también, aunque diferentes; Monterrey es una ciudad sumamente católica y la sorpresa fue descubrir que Cancún también lo era.

Nosotros también éramos católicos, quizá no de esos muy tradicionales, pero al cambiar tan drásticamente de vida sentimos una necesidad fuerte por acercarnos a Dios y a nuestra fe religiosa. Mi mamá comenzó a encontrar en el padre Fernando a un confesor y confidente, y se convirtió en su guía espiritual. Yo, en mi inmensa soledad, al inicio lo buscaba en la capilla y me confesaba, así, aunque sea podía platicar con alguien en el colegio.

Me cuentan mis padres que en aquellos años todos los fines de semana conocían gente nueva, y cuando comenzaba a darse una buena amistad la pareja en cuestión regresaba a su lugar de origen y ya no los volvían a ver, por eso también comenzó a ser difícil para ellos hacer amigos nuevos, y si ellos como adultos batallaron, imaginen mi situación, debido al hecho de tener tan pocas herramientas y con la desventaja de ser de otro lado rápidamente me convertí en una niña solitaria y triste.

Aun así, en el colegio intentaba sobresalir en mis clases de arte y música. Muy pronto fui seleccionada para ser parte del coro, y en los festivales de cualquier temática tuve participaciones destacadas; creo que lo único que nunca perdí fue la magia de cantar y mi espíritu guerrero incansable que me acompañó siempre.

Por las tardes, fuera del pesado ambiente escolar, recolectaba renacuajos de los charcos y los colocaba en una pecera para ver cómo se convertían en ranitas, salía al jardín a perseguir lagartijas y a buscar catarinas, por las tardes jugaba con mi perrito Coco, mi único amigo y compañero en la privada, los niños que eran mis vecinos tampoco eran muy amigables conmigo. Le pusimos ese nombre porque su pelo era café como la superficie de un coco. Era un french poodle adorable, el mejor amigo que una niña tan sola como yo podía tener, me acompañaba en mis recorridos por el jardín, a recoger pistilos dulces de aquellas bellas flores que sólo he visto en Cancún, siempre lo recordaré con mucho amor, me quiso incondicionalmente y yo a él, me acompañó cuando nadie más lo hizo, fue mi amigo cuando nadie más quiso serlo.

Era octubre de 1991 y yo cumplía ocho años, la verdad nunca fui muy destacada en las calificaciones y, para ser sincera, el colegio no me interesaba mucho, mis ganas de pertenecer y ser parte del entorno social me distraían aún más, en los recreos no convivía con nadie, comenzaba a sufrir rechazo y *bullying* por parte de mis compañeros y hasta de algunos maestros. Así que me refugiaba en la capilla del colegio.

La capilla era un salón adaptado, muy oscuro, sumamente frío, ahí dentro podíamos confesarnos y tomar eucaristía y luego salir a convivir en el recreo. El padre Fernando Martínez era director del colegio y aparte el capellán, así que él impartía catecismo y también oficiaba todos los eventos religiosos del colegio, las eucaristías previas al recreo también las daba él, así es como comenzó mi acercamiento con Fernando Martínez, primero en las confesiones, ahí yo me sinceraba y le contaba lo sola que me sentía porque no tenía amigos en el colegio, también le contaba mis secretos más íntimos, mis pensamientos y las cosas que no me atrevía a decirle a nadie, él se convirtió en mi confidente y guía espiritual, tenía mucha información sobre mí, nada grave, era una niña de segundo de primaria, pero esa información es clave para un pederasta, y a mis ocho años no imaginé que eso podía ser un peligro.

Conforme pasó el tiempo la mano derecha de Fernando Martínez, Aurora Morales, quien era la maestra de valores y prefecta de disciplina del colegio, me mandaba llamar por órdenes de él para que fuera a confesarme o a su oficina, ella sabía lo que sucedía y aun así me sacaba de clases y me dejaba sola con él, fungió como su cómplice todo el tiempo.

Un buen día pude ver todo más claro, y en una confesión ocurrió uno de los eventos que hoy ubico como de los más dolorosos de toda mi vida: Fernando Martínez empezó a manipular la plática y a guiarla por un rumbo sexual que yo no supe discernir en el momento, debido a que era sólo una niña de ocho años que aparte no contaba con información sobre sexualidad, me hacía preguntas sobre mi hora del baño, que si me lavaba bien el cuerpo, me preguntaba que en dónde me tocaba, que si me gustaba. Con su voz presurosa y acalorada indagaba y me cuestionaba hasta hacerme sentir incómoda, culpable, molesta y estresada, rápidamente comenzaban las dudas al interior de mi mente: ¿Cómo piensas que puede ser malo? ¡Es un sacerdote!

Al pasar de los años descubrí que hubo muchas más confesiones en las que me usaba para satisfacerse sexualmente mientras me hacía preguntas sobre mi cuerpo. Ojalá hubiera tenido la capacidad y las herramientas para poder defenderme, pero lo único que tenía eran mis emociones confusas y dolidas que no sabían explicarme qué pasaba, estos cuestionamientos incansables dentro de mí y este terror de perder a la única persona que decía ser mi amigo. En alguna ocasión el padre Fernando me dijo que si en el colegio nadie me quería, él sí me quería y que él sí sería mi amigo, que podía confiar en él, contarle mis cosas, porque aparte de ser mi amigo era un sacerdote y llevaba una vida de amor y entrega a Dios.

Al inicio sólo fueron las confesiones, después me dijo que quería que le ayudara todos los días a recoger la capilla y que lo asistiera, quería que fuera su ayudante, me hizo sentir tan importante y tan especial, me convirtió en una especie de asistente del sacerdote, del director del colegio, la persona más importante y "más cercana a Dios" en ese lugar, la ayudante principal del hombre más importante de mi vida escolar.

En mi inocencia pensé que tal vez ese privilegiado puesto me ayudaría a poder socializar mucho más fácil, y que si el director me veía con buenos ojos y con simpatía seguramente mis compañeros del colegio comenzarían a aceptarme y a ser mis amigos.

Es así como todos los días antes del recreo iba a la capilla y le ayudaba a colocar todo lo necesario para que oficiara la eucaristía y al finalizar me quedaba y levantaba la capilla junto con él, luego me confesaba y después de "ese momento de tensión y presión" por fin podía salir casi al finalizar el recreo, comía rápido para luego regresar a clases.

No sé exactamente cuánto tiempo se dio esa dinámica y de esa manera, pero podría asegurar que fue significativo y que esas pláticas pasaron innumerables veces, lo aseguro porque después Fernando Martínez comenzó a subir de intensidad en aquellos encuentros, todo se dio de forma gradual, de tal manera que provocó una confusión que fue muy difícil poder entender y lograr discernir exactamente lo que estaba sucediendo y por qué me sentía tan mal.

En los eventos que prosiguieron él comenzó a ejercer contacto físico sobre mí, ya no sólo eran esas pláticas incómodas, sino que también empezó a hacerme tocamientos sexuales con el pretexto de querer acomodar la blusa dentro de mi falda, se agachaba y se ponía a mi altura, me susurraba cosas al oído, hablaba sobre mi ropa interior diciendo que le gustaba, le parecía bonita mi ropa interior de princesas, me repetía que era una niña hermosa, me lo decía cerca del cuello y del oído, con su voz susurrante y presurosa, lograba paralizarme, robotizarme prácticamente, entraba en una especie de "trance" del que no encontraba regreso, la única manera de sobrevivir a eso era evadiéndome, olvidándolo, ignorándolo, evaporándome, actuando como si nada de eso pasara. Fernando Martínez subía la falda de mi uniforme escolar y cada vez que lo hacía aumentaba el grado de violencia que infligía sobre mi pequeño cuerpo, sus manos llegaron a violarme en repetidas ocasiones, me sentaba en sus piernas para satisfacerse sexualmente mientras con sus manos me tocaba y me violaba.

Sus palabras pesaban como lastres en mi conciencia, me sentía tan culpable, tan enojada, tan infeliz. Yo sólo quería morirme, dormir y que mis ojos jamás volvieran a ver el sol. Fue justo en ese momento que la vida me cambió para siempre, nunca regresé de aquella capilla, me rompieron para siempre, me despojaron de todo, me vaciaron.

Tardé más de un año en poder hablar, en poder entender, en poder identificar que lo que estaba ocurriendo era algo malo, y cuando por fin lo logré, cuando mi dolor se pudo convertir en palabras no imaginé cuánto más sería calumniada y maltratada por la sociedad, el rechazo y la soledad tan grande que me faltaba por conocer.

Una tarde de viernes, al regresar molesta del colegio, aventando mis cosas y sin ganas de comer, mi mamá, que ya llevaba tiempo indagando con paciencia qué sucedía conmigo y por qué había cambiado mi carácter tan repentinamente, se acercó a mí para platicar y saber qué me pasaba, por qué estaba tan enojada.

Entonces, en su recámara, brincando sobre la cama, comencé a contarle todo, dice mi mamá que en cada brinco soltaba las piedras de mi silencio y mi angustia, que parecía mariposa, una pequeña mariposa que se liberaba al contar lo que el padre Fernando le hacía en el colegio.

La reacción fue inmediata, mi mamá mantuvo la calma frente a mí, pero al hablar con mi papá ambos no lo pudieron resistir, sufrieron tanto, y yo me sentía culpable de su dolor. ¿Qué había hecho? ¿Por qué los lastimaba así? Estaba haciendo sufrir a las personas que más amaba.

El siguiente lunes muy temprano mis papás se citaron con el obispo Jorge Bernal, encargado de la prelatura Cancún-Chetumal y superior de Fernando Martínez; ambos vivían en la casa de Bonampak, desayunaban, comían y cenaban juntos todos los días. Al recibir a mi padre furioso y a mi madre desconsolada no hizo más que persuadirlos e intentar asustarlos para que no denunciaran a Fernando Martínez, les dijo que no lo hicieran, que eso sólo me afectaría a mí y que el padre Fernando era incapaz de hacer algo así.

Mis papás se asustaron, no se imaginaban el tipo de mafia que enfrentarían, era apenas el comienzo. Jorge Bernal le informó a Eloy Bedia —que en aquel entonces era el director territorial de la Legión de Cristo en México, estaba estrenando un puesto que le heredó Luis Garza Medina— que fue el que cambió a Fernando Martínez del Cumbres Lomas Ciudad de México a Cancún.

Ese día mis padres fueron al colegio y mi padre muy molesto golpeó a Fernando Martínez, éste, de rodillas y besándole los pies, le imploró perdón argumentando que yo, la niña de ocho años, había malinterpretado todo, que lo magnifiqué, que él jamás haría algo así. A mi padre lo detuvieron entre varias personas y se fue del colegio gritándole que eso no se iba a quedar así.

Mi madre me dijo que no podía regresar a la capilla, y me explicó que lo que el padre me hacía era malo, yo no lo tenía muy claro hasta que ella me lo confirmó. Aun así, en mi cabeza siempre se mantuvo la idea de que tal vez si el padre me pedía perdón y jamás me volvía a hacer todo aquello, podría perdonarlo y ser amigos de nuevo. ¿Cómo era posible que el que tanto me había dicho que me quería me hubiera mentido de esa forma? ¿Podía ser posible que toda aquella amistad que me dijo que teníamos resultara ser una mentira? Me dolía el alma, me tiraron a muerte, el único amigo que creí tener resultó que no lo era, y no sólo eso, aparte me mintió para usarme, todo en lo que creía se desvanecía ante mis ojos.

Fue cruel levantarme al día siguiente y descubrir que el mundo no era ese lugar en donde podías cumplir tus sueños y ser feliz. ¡Qué pesar abrir los ojos y ser yo!

Los días siguientes a mi denuncia se tornaron muy dolorosos, en el colegio repentinamente me comenzaron a atacar con más agresividad que antes, ahora todos mis compañeros me decían que les daba asco tocarme, que estaba infectada y sucia, que no me acercara. Aurora Morales se encargó de que los niños me rechazaran aún más diciéndoles que yo hablé mal del padre y que eso lo había enfermado. Por su lado, Fernando Martínez ni siquiera volvió a verme a los ojos, jamás se disculpó, nunca me volvió a dirigir la palabra, como si yo no existiera. Quisiera que alguien pudiera imaginar cuánto tuvo que mentirme y engañarme para poder siquiera tocarme.

No puedo describir la soledad y la indefensión que experimenté. Quizá lo único que puedo recordar es que con cada rechazo y estigmatización llegué a sentir que me dolía la piel. Me sentí en una espiral interminable en la que revivía la maldad de Fernando Martínez sin entender qué cosa tan mala había hecho como para merecer tanto maltrato.

Al menos llegaba a casa y podía jugar con Coco, hasta que una mañana al ir a buscarlo a su cama descubrí que había muerto, no entendía cómo podía haber sucedido, era un cachorro tan sano y con tanta energía, pero tiempo después supimos que la misma gente de la privada, algún vecino o quizá los niños lo habían envenenado, el único ser que desinteresadamente me hacía compañía también me lo quitó la gente. Mi caída hacia la depresión era inevitable, no podía defenderme de tanta agresión y mi entorno no respondía a mis necesidades, no encontré contención alguna. Mis padres se reunieron en juntas de padres de familia en donde los inversionistas y benefactores dueños del colegio les repetían que esos rumores no debían de seguir repitiéndose porque afectaban el ambiente en el que su hijos se desarrollaban, no importaba la niña de ocho años violada, importaban los hijos intocables de la gente adinerada. También se reunieron con Eloy Bedia, quien se atrevió a decirle a mi padre que entendiera que el padre es hombre y que por eso debíamos perdonarlo. Así, los Legionarios de Cristo activaron su maquinaria artera, mis padres eran señalados socialmente, en Cancún la gente les decía que la puerta de la ciudad era muy grande, y que si seguían denunciando lo sucedido era mejor que se fueran.

Transcurrieron seis meses desde que denuncié a Fernando Martínez, la vida escolar era insostenible, el dolor y la somatización que sufría me tenían en un estado de depresión, con achaques y desánimo, sin energía, comía sola en los recreos, nadie me hablaba, hasta la fecha no sé cómo no me maté, ganas de morir no me faltaban. Un día unas niñas denunciaron también a Fernando Martínez, mi mamá me contó que a ellas les hacía lo mismo, que eran cuatro o más, que ahora sí sacarían al padre del colegio. Después de esa denuncia Aurora Morales y Fernando Martínez desaparecieron del colegio, al mismo tiempo, a todos nos dijeron que el padre estaba muy enfermo y que por eso se iría, había niños llorando por todo el colegio, algunos me volteaban a ver echándome la culpa de lo sucedido, señalándome o viéndome con una mirada cargada de enojo; una parte de mí descansó ese día, ese hombre se fue, lo triste es no haberme dado cuenta en aquel entonces de que su fantasma me perseguiría toda la vida.

Después de un tiempo nos regresamos a Monterrey, ya no fui más aquella niña sonriente, segura de sí misma, irreverente y atrevida, me convertí en una niña señalada, solitaria, depresiva y triste. Jamás volví a ser sociable y confiada, la gente ya me había lastimado tanto que cualquier cosa que me decían me hacía llorar, eso me hizo una víctima fácil de acoso escolar y en medio de los años noventa el personal del colegio no tenía información ni interés en aprender cómo tratar casos severos de *bullying*.

Mi mamá era la que salía conmigo y solas hacíamos cosas para que yo no pasara tanto tiempo encerrada. Me convertí en un proyecto humano que se truncó, mientras los demás crecían y cumplían sus metas y sueños yo seguía peleando por un día levantarme y no sentir ganas de morir.

Mi infancia y adolescencia se tornaron todavía más difíciles, revivía aquel círculo del abuso constantemente, en cada rechazo, en cada denostación, en cada señalamiento, nunca encontré paz para mí, había días en el colegio en los que comía en el baño para evitar que de la nada algún compañero que no tuviera ocupaciones llegara a molestrame u ofenderme. Nunca entenderé qué le hice yo de malo a toda esa gente como para que desquitara tantas cosas conmigo, venía de por sí muy lastimada, entiendo que ellos no lo sabían, pero no puede ser normal que me dijeran cosas como: "¿Por qué no te suicidas?" "Nadie te quiere, no te vamos a extrañar si te mueres". Así, sin ningún remordimiento, éramos muy niños como para tener esos despliegues de violencia y acoso.

El tiempo ayudó a dormir mi conciencia, en un cajón de mi alma guardé el motivo de la ruptura más íntima a mi estructura humana. Preferí no hablarlo más o decir que no había sido nada, que incluso tuve suerte de que no pasara algo más grave, como si una violación no fuera grave, como si tanto abuso que sufrí no hubiera significado nada, estuve tantas veces a punto de buscar la manera de morirme, pero prefería decir que no se trataba de haber sido violada, incluso durante muchos años me atreví a decir que a mí no me habían violado, que la salvé. Estuve en constante negación durante mucho tiempo.

A los 21 años me hice mamá de un pequeño precioso al que llamé Emiliano, y a los 23 me convertí en madre soltera de dos increíbles niños, el segundo llamado Emmanuel.

Era tan joven y había aprendido a soportarlo todo, mis emociones siempre fueron frágiles pero mi resistencia de acero.

Después de pasar mis veintes en la plena inconsciencia del motivo de tanto dolor, viviendo por vivir, sin entender por qué me sentía a veces tan desdichada y con ganas de morir, sin terminar de encajar socialmente, con un exmarido irresponsable e infantil que elegí y con el que tuve que lidiar y pelear la custodia de mis hijos, sin trabajo y con responsabilidades, enfrentando los problemas de la vida en aquella actualidad pero siempre reaccionando en el pasado que siempre me ha tenido presa y vulnerable, simplemente dejé el tema a un lado. Parece que quienes hemos sido maltratadas de esta manera no encontramos descanso en ningún lado, estamos como locos, con los ojos llenos de espanto, en un clamor de llanto y desesperanza.

Quizá nunca hablé del tema, pero lo escribí en poemas durante años; aunque no los escribiera pensando en Fernando Martínez o para él, el sentimiento central refleja el núcleo del abuso y esta emoción repetitiva y continua, ya que el dolor que experimentaba y por la causa que fuera siempre me llevaba a ese mismo lugar, a esa capilla en donde me despojaron de todo.

Les comparto un poco de este infierno en el que vivimos las víctimas de violación sexual infantil:

Con pedazos de mi fe te hice

Con pedazos de mi fe te hice
Con estas manos presurosas te tallé
Con los ojos cerrados te quise
Y en mis oraciones siempre te nombré

Te volví el centro de mi universo
Y todo alrededor de ti giraba
Te recito aun en mi triste verso
Y aun así no era suficiente lo que te daba

Te construí como quien construye una iglesia
En mi interior, como una piedra firme
Y de tanto que te amé me convertí en la necia
Aunque en mis peticiones jamás llegaras a oírme

Te puse en lo alto de una cima
Me abracé a tu imagen como se abraza a un santo
Me clavé tu corona que espina
Cargué tus heridas con llanto

Creí en ti como se cree en Dios
Sabiendo que eras humano

E inventé un mundo para los dos
Donde nada nos pudiera hacer daño

Y hoy sólo me abrazo a tu escultura fría
Misma que con calor te labré
Y cargo aquella culpa tan mía
Esperando el milagro de volverte a ver.

¿Quién eres?

Aun con la espesura de la noche, te veo
Van las luciérnagas dibujando tu tristura
Y me despido en el ocaso del deseo
Te digo adiós pero no lleva un olvido

Como estatua en coliseo, así te admiro
Desfachatada guapeza que delatas
Y fue en esas ausencias tan ingratas
Que me llené los lagrimales de suspiros

La tierra partida y la distancia tan larga
Hermosura labrada a cincel y pincelazo
Las manos sufridas por la piedra de carga
Que cae desmoronada pedazo por pedazo

¡Ultrajada! Te deshizo el agua que lloraba
¡Salvaje cobardía del cielo!
Pareciera que por ciegos fuiste labrada
Así desfigurada sólo inspiras miedo

Y te pregunté: ¿Quién eres? Mientras te contemplaba
Te acariciaba sin poder reconocerte
Y tú tan fría como siempre
Me recordaste que eras una simple estatua.

Para volverte a ver

Vuelvo a ese lugar oscuro
Agujero negro de mis miedos
Noches de insomnios y desvelos
Encerrada entre cuatro muros

Llego a ese infierno, mi preferido
Estoy en llamas mientras te lloro
¿Qué me hiciste? Me mata el ruido
De mis lágrimas por tu abandono

No puedo escapar, lo intento
Soy presa de mi pasado
Soy un alma en el lamento
Un pobre corazón enamorado

Y es que el amor duele desde siempre
Desde mi más íntima estructura
Duele en los pasajes de mi mente
Duele y me aniquila, es mi tortura

Vuelvo a ese lugar oscuro
Después de sentirme poderosa
Me arrastro con el cuerpo impuro
La llama apagada y mi vida desastrosa

Aquí estoy enfrente de mi propia humanidad
Perdida en los calvarios de mi piel
Aun sabiendo que me ibas a dejar
Regreso a ese lugar para volverte a ver.

En enero de 2017 nació mi última hija y la llamé Anne Michelle. Cuando la sostuve en mis brazos caí en cuenta de que era mujer y que las probabilidades de que sufriera lo que me sucedió a mí eran mayores a que si hubiera nacido hombre. Michellina removió en mí cosas que no sabía que guardaba, en una ocasión compré de manera compulsiva muñecas de los años ochenta para hacerle una colección, llené su cuarto de muñecos de peluche de películas de mi infancia, busqué hacer de su espacio un palacio de princesas en donde ella pudiera sentirse rodeada de magia, comencé a experimentar un miedo irracional a que le pasara algo que la pusiera en peligro, mi mente se retorció de pavor, esa misma emoción la traspasé a mis hijos y empecé a tener sueños cargados de terror imaginando que morían, que los perdía. Una noche soñé que estaba en medio de un remolino en donde gritaba y mis padres me veían, pero sólo se quedaban viéndome sin moverse, intentando entender qué pasaba pero sin ayudarme, mi cabeza y mi garganta explotaban, sentía que iba a desintegrarme y de pronto el torbellino paró y me acerqué a mi mamá y le pregunté: "¿No viste que estaba gritando y llorando?" En el sueño ella me respondió: "Vi que tratabas de decirme algo, pero no entendía qué".

Despues de esta caída y una depresión que me tenía con mucha ansiedad pedí ayuda y recurrí a una psicóloga.

Fue ahí donde comenzó la travesía de darme cuenta de que estaba totalmente lastimada, que me habían violado, que Fernando Martínez y los Legionarios de Cristo truncaron el proyecto de la mujer hermosa en la que me pude haber convertido y ahora sólo me ven a mí, una mujer funcional que vive en una condición inmerecida, a la mitad de mis capacidades, siempre luchando con el repetitivo bucle emocional y con la ansiedad que me carcome y se dispara con cualquier detonante por más mínimo o insignificante que sea.

Al final quedé yo, destrozada y negando mi destrozo, mientras me regodeaba en él, qué triste cargar con la miseria humana de quienes te han tratado como un bote de basura en donde pueden arrojar sus maldades y que el mundo vea pasar a la gente por esto una y otra vez sin hacer nada.

Un día, en un documental llamado *Examen de conciencia*, vi el testimonio de Miguel Ángel Hurtado, y una frase detonó mi búsqueda por saber qué había pasado con Fernando Martínez. Miguel Ángel dijo algo así: "Te dicen que los van a mandar a una casa de retiro a cuidar personas de la tercera edad, pero no, la verdad es que los reubican sin importarles que haya niños y puedan abusar de ellos".

De ahí comenzó mi búsqueda para encontrar a Fernando Martínez. Primero comencé a buscar su nombre en internet y sus asuntos con los Legionarios de Cristo, fue entonces que logré contactarme con el padre Pablo Pérez Guajardo (DEP), quien me corroboró mi propia historia, me contactó con Alberto Athié, Fernando González y José Barba, nos reunimos y durante varios meses intentamos reconstruir los hechos, la historia y entender quién era Fernando Martínez y por qué me lo encontré.

El 2 de mayo de 2019 hice una publicación en mis redes sociales y en un grupo llamado Legioleaks, en el cual estuve investigando sobre Fernando Martínez y su paradero. Descubrí que después de su paso por Cancún lo movieron al noviciado de Salamanca, España. Los Legionarios de Cristo lo pusieron en donde había más jóvenes y con acceso fácil a menores de edad en el seminario menor de Ontaneda, en el que aún deambulan los fantasmas de infancias ultrajadas por Maciel, Martínez y muchos más que destruyeron la vida de tantos y tantos niños embaucados por esa institución delincuencial y encubridora de pederastas llamada Legionarios de Cristo.

A raíz de mi denuncia pública la maquinaria institucional legionaria comenzó a moverse, una horda de legionarios, consagrados, consagradas y gente que pertenece al Regnum Christi me buscaban incansablemente por mis redes sociales, cuestionándome, ofreciéndome "ayuda", buscando información, queriendo que yo me contactara con su sistema de neutralización de casos de pederastia llamado malamente "ambientes seguros". Sin embargo, no tuve disposición de llegar a ningún tipo de acercamiento con la institución que hasta hoy no repara los daños causados por Maciel, que encubre pederastas y tiene un sistema para hacerlo, ya que fue una legión creada por un pederasta para atraer niños, primero en los seminarios y después en los colegios, donde también violó a tantos y tantos con la complicidad de otros, con el cobijo del Vaticano, que ya tenía información desde los años cuarenta, Maciel, el consentido de Juan Pablo II, el que vivía en la opulencia con dinero de los poderosos, el que inventó un culto y una religión a su persona, tantos niños que quedaron atrapados, niños que luego se convirtieron como él, niños que crecieron y después fueron capaces de defender a sus violadores, Fernando

Martínez uno de ellos. En los escuetos registros legionarios documentaron que Martínez violó niños y niñas al menos durante 50 años, pero yo sé que fueron más, tuvieron que ser más, porque de Cancún se fue a convivir con más menores de edad, y la pederastia no es una gripa que se quita.

Esos Legionarios de Cristo que surgieron de la retorcida creación de un delincuente y pederasta, un adicto desalmado, ahora querían que yo los escuchara y que eligiera llegar a un diálogo con ellos, esos a los que durante todo ese tiempo no les interesó qué fue de mí hasta el día en que me convertí en alguien incómodo a sus intereses porque salí a señalarlos por sus delitos. Sin saberlo, toda la vida me preparé para ser alguien y recordarle a Fernando Martínez que sé lo que me hizo, que se metió con la niña equivocada, que lo volvería a denunciar porque mi naturaleza es libre y no estoy dispuesta a ser su víctima eterna.

Para mi sorpresa, después de todos sus intentos incansables por destruirme, por matizarme, por acallarme, por afectarme en todas las áreas de mi vida —porque estos señores se sienten dueños del cuerpo y de la vida de sus víctimas, disponen de todo, nos usan y nos tiran como cacharros, eso somos los niños y las niñas para ellos, un negocio, un objeto—, un día comenzaron a hacer lo impensable: me entregaron a Fernando Martínez como una especie de presa, como un regalo, condenándolo y quitándole la sotana, pero jamás lo despojaron de la vida que lleva hasta hoy, pues seguirá siendo un Legionario de Cristo, con el consentimiento de Bergoglio; mejor me hubieran mandado una cuerda para colgarme en mi casa. Al parecer una víctima de violación sexual infantil sólo aspira a esto, y el Estado no se asoma ni por error, al contrario, prefiere no expresarse, mantener una postura neutral, como si violar niños y niñas no fuera digno de sublevar a cualquiera, de ponerlo a arder, de llenarlo de enojo.

La Iglesia católica comenzó a expresarse también, mantener el asunto dentro de la institución y evitar que la clase política y la sociedad actúen es parte de su trabajo para seguir gozando de esos privilegios que tiene hasta hoy; es raro que un señor de estos pise la cárcel por el delito de pederastia, mueven sus hilos para no caer en manos de la justicia, y la justicia no es un cordero inocente, ellos juegan ese juego de hacer como que están tomando cartas en el asunto, pero los compadrazgos son muy evidentes.

En el asunto de Fernando Martínez el encubrimiento llegó hasta lo más alto del poder de la Santa Sede, haciéndose cómplice, y simplemente ignorando la información que tenían siguieron exponiendo a niños y niñas con tal de guardar la imagen de la institución y por supuesto esquivar la ley, cosa que no se les dificulta por los poderes que manejan y los amigos políticos con los que cuentan en todas partes del mundo.

Y es que el problema no es la fe que profese la gente, el problema radica en la institución que usa una fe y la creencia de la gente para delinquir, para moldear conciencias, para obtener poder y volcarlo en contra de niñas y niños inocentes y sus familias al atreverse a denunciarlos por pederastas y por encubrimiento de pederastas, que el gobierno no intervenga cuando es su deber porque el Estado es el impartidor de justicia, y en el mundo real, en el mundo en donde se gobierna a un país laico y existe el derecho humano a la libertad de culto y el respeto a las garantías que tenemos como individuos, en donde existe el derecho de la infancia y el aval del artículo 4° constitucional es imposible entender que aún en este momento la injerencia de la Iglesia católica siga vigente y esté por encima de la dignidad de las personas. Una institución jamás va a ser más valiosa que la vida de una niña o niño. Es increíble que el derecho canónico tenga lugar en el entendimiento de la gente y que presuma de ser un órgano impartidor de justicia. Es conveniente para la institución ser juez y parte, pero no para la víctima; pedirles justicia a quienes callan sabiendo la verdad, resguardan pederastas y no accionan hasta que los evidencian públicamente es no solamente erróneo o confuso, es incluso disociante.

El derecho canónico *per se* en ninguna circunstancia está por encima de la jurisdicción del Estado mexicano o de la de cualquier país del mundo.

Esta manera tan conveniente en que desencajan los eventos de pederastia queriéndolos hacer ver como casos aislados y aparte haciendo creer a la gente que no están enterados, cuando ellos documetan todo, poseen un sistema de control de daños y neutralización de las víctimas; esta manera de comenzar de cero siempre que se hace pública una denuncia, y querer convencer a la víctima y a su familia de que ellos quieren justicia y que harán lo posible para obtenerla, es su manera de embaucar a las víctimas y ganar tiempo con la argucia del famoso derecho canónico para evitar la denuncia a las autoridades. Lo más lejano a la justicia es pretender creer que un castigo para un pederasta, sus cómplices y encubridores es perder la cédula profesional. Tomando en cuenta que en el caso en donde presumen que se hizo justicia "castigan" únicamente al violador y utilizan la historia del delincuente solitario y que evadan sus reponsabilidades delincuenciales los cómplices y encubridores, no sólo el Estado mexicano omite el castigo a estos individuos por sus conveniencias políticas y económicas, tampoco la misma Iglesia católica castiga a todos los culpables, por el contrario, los justifica diciendo que obedecían órdenes, como si ellos no fuesen adultos sino otras víctimas más, borrando así a las verdaderas víctimas que son los niños y niñas que hasta hoy siguen en estado de vulnerabilidad.

¿Qué somos las víctimas para la Iglesia católica más allá de un estorbo? Les molestamos tanto porque consideran que les dañamos su imagen, no creen que los pederastas que resguardan bajo el poderío institucional para que jamás paguen por sus delitos les dañan la imagen. Para ellos es una contrariedad que los niños y las niñas un día hayamos alzado la voz para exigirles justicia por asesinarnos la infancia.

Y es que no se trata de destruir a la Iglesia católica, de ofender las creencias de la sociedad ni estigmatizar las religiones. Se trata de derechos humanos, de derechos de la infancia, de validar el Estado de derecho, de que nada esté por encima de la ley ni de la vida de una niña o un niño. Se trata de justica y paz, porque mientras no exista justicia no habrá paz. Que no se detengan las voces y que nadie apague el espíritu de denuncia de una sociedad que clama tener una vida digna.

Que quienes nos hablen de valores y se atreven a darnos cátedra de moral, adoctrinarnos bajo sus dogmas, establecer lo que es bueno o malo, condenar homosexuales, parejas divorciadas, señalar mujeres por expresar su feminismo y condenar el aborto no sean esos que jamás se responsabilizan de las violaciones que cometen hacia los menores.

El sistema de encubrimiento que crearon para ocultarlos y resguardarlos logró que muchos escapen de la justicia y jamás paguen por sus delitos ni hagan frente a sus deudas con nuestra sociedad. Esos que posan y se denominan institución para gozar de privilegios y recibir reconocimientos pero se desarticulan y aíslan cuando entre ellos sale un pederasta, sin embargo, se desmarcan públicamente argumentando que no todos son así, pero a su vez implementan todos un sistema que le encubre y remueve a él y a quienes fueron sus cómplices y encubridores.

Que no nos duerman en el letargo de la impunidad y en el olvido de la indiferencia e indolencia hacia los más indefensos de nuestra especie.

Tuvieron que pasar años para caer en cuenta que Fernando Martínez ni siquiera me eligió por algún motivo, sino porque podía, porque estaba a la mano y le pareció fácil. No supe qué hacer con la verdad, con la insignificancia de ser una más del montón. Siempre busqué darle razón a mi sufrimiento, encontrarle un significado o una misión, hasta que lo entendí: lo que me pasó no fue por ser yo, sólo me pasó a mí.

Aún recuerdo cómo me mataron a los ocho años, cómo me fui para nunca más volver: me dije adiós en la capilla en donde me violaban mientras me decían que no era algo malo porque Dios nos estaba viendo. Me despedí de mi infancia el día que descubrí la maldad humana vestida de sacerdote.

Si pudiera te haría de nuevo

Si pudiera te haría de nuevo
Te pondría un vestido con calcetas
Te peinaría con moños en tus coletas
Dejaría que jugaras eternamente a las muñecas

Construiría contigo castillos en la arena
Te mojarías bajo la lluvia y brincarías en los charcos
Contarías los pétalos de las flores
Jamás conocerías lo que es una pena

Te llevaría a recolectar estrellas
A soñar despierta recostada en el mar
A coleccionar conchitas bellas
A cansarnos de tanto bailar

Jugarías a ser artista
Llenarías de risas los momentos
Y te borraría del camino las pistas
De que en el futuro encararías tormentos

Si pudiera te haría de nuevo
Haría un espacio entre tu mundo y el dolor
Te cantaría en el oído y luego
Te reconstruiría nuevamente en el amor.

Tienes que pensar que no fuiste tú, te pasó a ti.

Ana Lucía Salazar Garza. Cantante y conductora de radio y televisión. Escritora de poesía. Conferencista en temas relacionados con víctimas de pederastia clerical. Víctima de pederastia clerical. Mexicana, de Monterrey, Nuevo León. Feminista.

Conquista legionaria de Monterrey
Auge y ¿caída? de un imperio

Cristina Sada Salinas

Aparecen los legionarios como "salvadores", *just in time*

Un día a principios de la década de los setenta un hombre tocó la puerta de una residencia de San Pedro Garza García para pedir ayuda porque su automóvil se averió. Este suceso marcó el inicio de una larga amistad entre el patriarca de esa residencia, hombre de profunda tradición católica y excelente posición económica —típica de ese municipio nuevoleonés—, y el conductor del vehículo, uno de los primeros sacerdotes de la Legión de Cristo que llegaban para conquistar el área metropolitana de Monterrey.

Gracias a las excelentes relaciones de aquel buen samaritano con la élite empresarial, esa amistad se materializó rápidamente en apoyos muy generosos de capital y en donaciones de terrenos sobre los cuales se edificaron algunos de los principales colegios e instalaciones de la Legión en esta ciudad, considerada por muchos como "la capital legionaria" de México, o quizá, del mundo.

Los terrenos de los tres principales colegios legionarios de San Pedro suman, según el periodista Raúl Olmos, 165 mil metros cuadrados,[1] en zonas donde hoy el metro cuadrado está valuado en alrededor de mil 500 dólares. O sea que en total la Legión posee, sólo en esos tres predios, un total de 247 millones 500 mil dólares.

Elena Sada, hija de aquel buen ciudadano que auxilió al sacerdote, escribió recientemente el libro *Ave Negra. La historia de una mujer que sobrevivió al reino de Marcial Maciel* (Madre Editorial, 2020).[2] Ella contó esta anécdota en uno de los seis testimonios[3] que recogí entre personas de clase media-alta y alta de San Pedro Garza García para enriquecer con voces diversas este texto que esboza la evolución que la percepción de la figura de Maciel ha sufrido a lo largo de los años ante los ojos de la élite sampetrina,[4] antes, durante y después de las revelaciones sobre las decenas de crímenes de pederastia perpetrados por el *padre fundador* y otros miembros de la Legión.

El encuentro entre el papá de Elena y el sacerdote se dio en un momento clave para la historia de la presencia legionaria en Nuevo León: las clases altas estaban urgidas de opciones educativas de calidad con orientación católica para sus vástagos, en una histórica coyuntura en la que los sacerdotes jesuitas —que habían sido fundamentales en la educación de los hijos de esa élite, por su influencia en el Instituto Tecnológico y de Estudios Superiores de Monterrey (el Tec)— estaban en retirada por haber osado cambiar su enfoque hacia la educación y trabajo comunitario con sectores empobrecidos del país. A partir de ese momento se radicalizaron a tal grado que fueron expulsados no sólo del Tec, sino de la ciudad, bajo serias acusaciones —no siempre infundadas— de apoyar la lucha armada que en aquellos años emergió de muchos grupos estudiantiles del país.

En 1969, como reflujo de los sucesos del 2 de octubre del año anterior en Tlatelolco, en muchas ciudades estallaron movilizaciones estudiantiles, obreras y campesinas, las cuales en Monterrey tendrían entre sus más sorprendentes manifestaciones un paro de labores convocado por estudiantes del Tec, que fue secundado por numerosos maestros. Esto provocó que el Consejo de la institución, encabezado por el prócer empresarial Eugenio Garza Sada, pusiera el dedo acusador sobre la Compañía de Jesús. Gabriela Recio Cavazos nos cuenta en su libro *Eugenio Garza Sada, ideas, acción, legado* que don Eugenio

estaba convencido de que detrás de las movilizaciones y de las posturas radicales que habían realizado los estudiantes, estaba un grupo de sacerdotes jesuitas. Años atrás, a petición de algunos miembros del

Consejo, que propusieron que los estudiantes debían tener algún tipo de guía moral y espiritual, se invitó a la Compañía de Jesús a hacer labor en el Tecnológico. A regañadientes, don Eugenio accedió, pues creía que el Tecnológico debía estar alejado de las órdenes religiosas así como de la política. Pero como la mayoría de los consejeros estaban a favor de la medida, aceptó; no sin antes decirles que un día se iban a arrepentir de haber tomado esa decisión. Y ese momento había llegado [...] Fue así que después de reuniones y discusiones con el Consejo, don Eugenio decidió que los jesuitas debían abandonar el Tecnológico de Monterrey. En 1970 el último profesor jesuita dejaría el Instituto y la orden abandonaría la casa que les fue construida en la colonia Caracol.[5]

El historiador Jean Meyer apunta que esta expulsión se debió a lo que las familias pudientes regiomontanas consideraron una *traición de clase*[6] de los jesuitas el apostar por una práctica y una teología vistas como contrarias a los intereses del sistema capitalista imperante y, por tanto, de la sociedad en su conjunto. Eran los años álgidos de la Guerra Fría.

Ante este escenario, la llegada de la Legión de Cristo a esta capital industrial fue vista como providencial: se iba una congregación sospechosa de "guerrillerismo"[7] —que enarbolaba "la opción preferencial por los pobres", uno de los postulados centrales de la teología de la liberación—, mientras llegaba una congregación novedosa que defendía un ideario religioso y político mucho más acorde a la mentalidad capitalista y empresarial regia: el ideario que algunos "enterados" llaman "teología de la prosperidad".

La teología de la liberación fue definida por su principal teórico, el sacerdote peruano Gustavo Gutiérrez, como una reflexión que busca no solamente teorizar sobre la fe católica mediante una lectura actualizada de los Evangelios, sino que pretende rescatar la misión de la Iglesia: acompañar a las masas de los menos privilegiados en su lucha por "la construcción de una nueva sociedad justa y fraternal mediante [...] el amor que libera".[8] En contraste, el conjunto de ideas y tendencias que conforman la "teología de la prosperidad" cuenta entre sus características la de avalar bíblicamente la economía de libre mercado y la prosperidad material individual y social[9] con fundamento en Marcos 10:29-30: "Jesús respondió: 'Les aseguro que el que haya dejado casa, hermanos y hermanas, madre y padre, hijos o campos por mí y por la Buena Noticia, desde ahora, en este mundo, recibirá el ciento por uno en casas, hermanos y hermanas, madres, hijos, campos, en medio de las persecuciones; y en el mundo futuro recibirá la Vida eterna' ".[10]

O sea que si apoyas a la prosperidad de la Legión, además de aumentar tu prestigio social, tu fortuna se multiplicará al cien por uno; lo cual, en países con una acuciante desigualdad social como el nuestro, significa que a cambio de compartir una parte de tus numerosos recursos se te ofrece la liberación de cualquier sentimiento de culpa, y por lo tanto, de cualquier cargo de conciencia sobre la necesidad de reestructurar el sistema socioeconómico que te permite obtener enormes fortunas y privilegios. Así, dentro de la visión legionaria queda descartada la otra sentencia bíblica que dice que "es más fácil que un camello pase por el ojo de una aguja, que un rico entre en el Reino de los Cielos" (Mateo 19:23-24).[11]

Un aspecto poco analizado de la "teología de la prosperidad" en su versión legionaria es el claro racismo que opera en la conformación de sus filas sacerdotales. A lo que llamo "servicios espirituales de élite", y a las costumbres tales como invitar a sacerdotes a comer, y que esos mismos curas oficien bautizos, primeras comuniones y bodas, se agrega el "atractivo" de que en su mayoría esos sacerdotes han sido reclutados entre familias descendientes de europeos blancos, "rubios y guapos", que aunque no provengan de la élite, por lo menos se le parecen. Unos sacerdotes que educan, otros empresarios que aportan, pero todo queda en la misma familia de fenotipo "europeo". Esto es evidente para quienes crecimos en el San Pedro previo a la llegada de la Legión y que fuimos educados y nos relacionamos con religiosas y sacerdotes surgidos del pueblo, en su mayoría de piel morena.

Los testimonios que aquí cito nos hablan en primera persona del impacto que ese fenómeno social tuvo en vidas particulares que se vieron profundamente influidas por el carisma y poderío de un hombre que, avalado por las máximas autoridades de la Iglesia católica a nivel mundial, estuvo cerca de ser elevado a los altares, pero que terminó como el personaje que desencadenó una de las peores crisis de credibilidad que esa Iglesia ha tenido en sus siglos de historia institucional.

¿Cómo cambió la percepción de la élite sampetrina a raíz del conocimiento de los cientos de casos de pederastia cometidos por Maciel y otros miembros de la Legión?[12] Ésta es la pregunta central que intentamos responder al recoger tales vivencias íntimas y profundamente humanas.

Educación legionaria: socialización conveniente

Como en cualquier historia, en la relación de la élite sampetrina con la Legión de Cristo y Marcial Maciel no hay sólo blancos y negros, sino una multitud de matices que debemos tener en cuenta para entender el fenómeno en toda su complejidad.

La oportuna ideología legionaria que afirma los valores capitalistas desde una particular lectura de los Evangelios no fue la única motivación para que la élite sampetrina acogiera con entusiasmo el establecimiento de esta orden religiosa en la ciudad y mantuviera el culto a la personalidad de Maciel.

Considero que un elemento central para que hasta nuestros días la Legión siga teniendo amplia aceptación es sin duda su oferta educativa para hijas e hijos de las clases más favorecidas, o las que aspiran a serlo. Esta aceptación tiene tres pilares: que los colegios sean dirigidos y manejados por una orden religiosa que cuenta con el beneplácito del Vaticano, en especial bajo el pontificado de Juan Pablo II; que sean bilingües con énfasis en mucho deporte y "aceptable" nivel académico, y, por último, que los años ahí invertidos tengan como resultado el que las y los estudiantes se relacionen con sus pares de forma "conveniente".

En este sentido fue fundamental incorporar a la órbita legionaria a las clases medias-altas aspiracionales, a través de ofrecer la posibilidad de que ellos y sus hijos puedan convivir con las clases altas fundadoras, ya sea en retiros, eventos de caridad, misas y reuniones sociales exclusivas. Además, el ingreso en estos colegios —con la inicial alta aportación y las posteriores colegiaturas— garantiza que niñas y niños serán educados bajo la misma ideología de los futuros directores y presidentes de las más importantes empresas de la región y del país. Como premio adicional, se provoca la convivencia amistosa con herederos de las grandes fortunas, a lo que se suma la aspiración a posibles enlaces matrimoniales que se dan con mucha facilidad por la costumbre de iniciar en la temprana adolescencia los encuentros —siempre bajo la supervisión de adultos— entre jóvenes de ambos sexos, ya que éstos no se generan en los colegios, pues en su gran mayoría aún mantienen la segregación por géneros.

Los padres aspiracionales buscan convertirse en altos ejecutivos de las empresas, por lo que ven con buenos ojos el sistema jerárquico legionario, por considerarlo similar al escalafón de ascensos dentro de las empresas, en el que se valora mucho el no cuestionar las estructuras socioeconómicas y se premia la obediencia a los superiores. La Legión enseña a las alumnas a que aprendan a obedecer, para que un día sean "buenas esposas" sometidas a las expectativas y disciplina impuestas por su marido, mientras que a los muchachos se les premia por tener liderazgo, siempre y cuando aprendan a respetar sin cuestionar las ideologías con las que se rigen las empresas, lo que facilita el ascenso en los puestos corporativos.

Así, el ingreso a estos colegios está en gran parte motivado por esta socialización conveniente. Muchas otras consideraciones, incluida la historia delictiva del *fundador* y otros miembros de la Legión, pasa a un muy lejano segundo término.

Martha, otra de mis entrevistadas, lo expresa así:

> Yo pienso que actualmente los papás hacen caso omiso de eso [los delitos de Marcial Maciel] porque siguen tratando de mantener el estatus social que da de alguna manera que estén estudiando con los amiguitos de fulanita y la hija de mi amiga, y la hija de no sé quién. Es mantener el mismo círculo de amistades y de la sociedad. Los errores que tuvo el padre Maciel no creo que influyan en que si van a meter a un niño al colegio o no.

Según mi propia experiencia como copropietaria de un colegio privado en San Pedro Garza García, San Roberto International School (Nord Anglia Education School), y según los testimonios de mis entrevistados, la preferencia que siguen teniendo hoy en día muchas familias sampetrinas por los colegios de la Legión deja en un plano secundario el aspecto académico, en aras de esa búsqueda de contactos y socialización, y claro, de una educación acorde a las creencias y prácticas religiosas apegadas a la tradición familiar y social de este entorno. Para quienes en cambio buscan la excelencia académica y una educación laica, está, entre otros, el Colegio Americano (American School Foundation), en el que no se imparte ninguna educación religiosa, o bien los Colegios San Roberto, los cuales tienen clases de religión no obligatorias, pues se respeta la diversidad de todos los credos y creencias.

Esta oferta tiene sentido en un medio social que por tradición se mantiene en círculos muy cerrados de socialización. Generalmente los matrimonios se dan entre parejas pertenecientes al mismo círculo de amistades que se formó en la escuela, y que permanecerá a lo largo de toda la vida. Es una socialización similar a la de las centenarias costumbres de la nobleza europea, donde casarte con un plebeyo no es bien visto.

Bernardo se refiere así a las personas que escogen para sus hijos las instituciones educativas legionarias:

> Es la misma gente que sigue yendo a los mismos restaurantes, que sigue no abriéndose al mundo que evoluciona. Siguen en situaciones muy tradicionales. Siguen yendo a comer todos los domingos al bufet del Casino y al Campestre el sábado. En mi familia tengo gente que piensa igual que como pensaban hace 50 años y está bien para ellos porque veo que no sufren, que son felices y van a Disneylandia y regresan y se van al Irlandés y llevan a los niños y luego van ahí a rezar con los padres si se van de retiro. Son gente feliz. Es la misma gente que va a un restaurante y dice "ya no conozco a nadie, no quiero estar aquí", o, "¿quiénes son estas personas que están pretendiendo pertenecer al Campestre comprando una acción ahora?, no se nos vaya a pegar la chusma".

La clase alta sampetrina, como toda élite, se maneja por lo que llamo cónclaves, que si bien conozco, me son ajenos debido a las decisiones que he tomado en mi vida. Sin embargo en ese medio nací y crecí y buena parte de mi familia y allegados se mueven en esos ambientes. Por ejemplo, como madre de dos exalumnas de un colegio legionario, el muy conocido CECVAC (Centro de Educación y Cultura del Valle), no asisto a las reuniones de mamás de exalumnas; como tampoco frecuento los cónclaves del Casino Monterrey o el Club Industrial, y mucho menos del Club Campestre, en el que hoy la acción cuesta por lo menos tres millones de dólares anuales y cuyo pago no garantiza el ingreso, pues el aspirante tiene que pasar por la aprobación de un comité que decidirá si la persona es "digna" o no de ser admitida. La élite se junta con la élite. La élite viaja con la élite por Europa y Nueva York, y así obtienen muchos beneficios estratégicos: intercambio de propiedades o invitaciones a visitarlas, compartir hospedaje en hermosas mansiones y castillos de Europa y aprovechar enlaces de bodas espléndidas donde te relacionas con tus iguales y logras establecer, así sea brevemente, nuevos contactos con muy interesantes relaciones potenciales.

Esta forma de forjar relaciones propicia un fuerte sentido de identidad y pertenencia. Dice Elena:

Es curioso porque a los cultos muchas veces son atraídas gentes que se sienten muy solas, que no tienen comunidad, y en nuestros casos fuimos atraídas porque era un grupo en el que nuestras familias confiaban. Los cultos atraen muchas veces a gentes con carencias afectivas, y yo creo que en la Legión no necesariamente pasó eso, porque de muchas compañeras que yo tuve, aunque sí había algunas muy carentes afectivamente, la gran mayoría no estaba en esa situación. Creo que nos sentimos atraídas no por necesidad de un grupo, sino porque ya formábamos parte de ese grupo, porque nuestras familias ya formaban parte de ese grupo; porque a los cultos entras o naces en ellos y yo siento que ya nací en él. Para mi mamá, Maciel era como un héroe, un par de veces vino a la casa, se hizo parte de lo que vivíamos; entonces no era un grupo aparte, era parte de lo mismo, era parte de nuestra escuela, era parte de nuestra identidad como familia y como estudiantes.

En algunos casos la Legión puede ser un refugio cuando estás lastimado, pues ofrece darte un sentido de vida espiritualmente superior; pero siempre la Legión de Cristo ofrece lo que podemos llamar legitimación y reforzamiento de los valores y pautas sociales de la élite.

Considero necesario un apunte muy importante que me ofreció Elena, con el que explica un factor relevante para que Maciel se haya ganado la confianza y el respeto social: el apoyo incondicional del papa Juan Pablo II.

Conforme fueron pasando los años la Legión tomó mucho poder y renombre y el culmen, la cúspide de esta reputación y poder, fue cuando Juan Pablo II invitó al padre Maciel a hacer su recorrido por México [en 1993]. Ahí ganó más la confianza de la grey católica. El padre Maciel organizó muchos de los eventos para el Papa, y así se aseguró de que la grey estuviera presente en todos estos eventos en que él apareció como segundo protagonista. Hay una foto donde salen los dos en el altar. Lo acompañó a todo el viaje y estuvieron a la par en todo. Eso lo presentó a él como un guía y tuvo la oportunidad de invitar a todos los líderes. Así, los que dudaban, aunque no estaban de acuerdo con muchas de las formas, a la mejor aún así acabaron por confiar en él. Maciel se ganó mucho, mucho, a Juan Pablo II. Cuando estaba yo estudiando en Roma me tocó acompañar a un bienhechor de la Legión, y cuando me presenté ante Juan Pablo II como consagrada de Regnum Christi, el Papa me tomó de las manos, me vio a los ojos y me dijo: "Yo amo mucho a tu fundador". Eso lo escucharon los bienhechores que estaban al lado de mí. Entonces, en cuanto a la élite, no es que estuvieran en contra o a favor sino que todo fue un proceso.

INFANCIAS LEGIONARIAS. DE LA FELICIDAD A LA CULPA

"Dios siempre escoge a los peores instrumentos"

En la mayoría de estos testimonios el recuerdo de la infancia transcurrida en los colegios legionarios es agradable y feliz, como el de cualquier persona que ha crecido en medio de un ambiente sano y amoroso. La estela que Maciel dejó en su obra educativa no fue sólo de oscuridad y dolor, sino que tuvo y tiene aspectos luminosos, como todas las obras humanas que son por naturaleza complejas y a veces contradictorias.

En primer lugar habrá que tener en cuenta que los colegios legionarios están separados por géneros, lo que a mi parecer propicia formas particulares de relacionarse y se presta a que se establezcan vínculos afectivos muy profundos de niñas con niñas y niños varones con niños varones, pues sus intereses son más afines que con los del sexo opuesto a esas tempranas edades, lo cual refuerza un contexto de formación en la fe. "Era como ser *boy scout* pero religioso", sintetiza *Bernardo* para describir esta experiencia.

> De chiquillo era una percepción muy linda porque los Legionarios de Cristo en toda su organización ofrecían mucha unión entre los chavos. En esa época, siendo uno tan inocente, es muy emocionante irte a un rancho con todos tus amigos de retiro espiritual y estar con los sacerdotes que hacen bromas. Era como ser *boy scout* pero religioso. Era muy bonito. La verdad no vi ningún indicio de abusos sexuales ni de ese tipo de escándalos en ese momento. Desde el principio de mi vida los conocía y tenía una visión muy positiva de ellos. Fui muy feliz en su sistema durante mucho tiempo y tengo muchos amigos que vienen del Irlandés y del CECVAC y han sido gentes felices, con una estructura tradicional, la que les corresponde por el lugar en el que nacieron. No hay razón para que la tengan que cambiar.

Incluso entre quienes tuvieron experiencias traumáticas en su paso por el universo educativo legionario, como Dinorah Cantú, quien llegó a ser parte de Regnum Christi —brazo laico de la Legión—, permanecen evocaciones muy positivas, sobre todo en cuanto al trabajo espiritual: "Yo me iba a misiones y me la pasaba en el pueblo, iba cuatro veces al año y estaba feliz con la gente escuchando sus historias, tratando de entender a México".

Elena Sada, dentro de su testimonio teñido de dolorosos recuerdos, también tiene memorias hermosas:

Entré en cuarto de primaria al CECVAC. Lo que recuerdo es que se nos trabajaba a nivel individual y tuve una experiencia muy hermosa ahí; no puedo decir que todo fue malo. Éramos un grupo muy alegre de niñas que veníamos de todos los colegios y de repente nos metían a una escuela nuevecita con jardines, con muy buenas maestras, y claro, estábamos muy contentas. Y las consagradas yo recuerdo que en ocasiones se me acercaron y me dijeron que yo era especial, me suscitaban confianza, me hacían sentir especial.

Lo que los padres de familia ignorábamos era el escrutinio cuidadoso que las "misses" hacían de las dotes y personalidad de nuestros hijos, ya que si bien sabíamos que algunos alumnos o alumnas excepcionalmente tomaban los votos, ignorábamos que los espacios educativos, misas y retiros eran también convenientes oportunidades para reclutar a potenciales consagradas y consagrados, a futuras "misses" y a candidatos al sacerdocio. Lo que ignoran los padres de familia cuando se les dice que la Legión inculca el liderazgo es que también estos liderazgos son conseguidos mediante el sometimiento total a los superiores, quienes representan ni más ni menos que la voluntad de Dios mismo, como nos dice Elena:

En Barcelona estuve mucho en contacto con Maciel. Pasaba también temporadas en Madrid y en Roma, donde estaba el centro de formación de las consagradas, y en uno de esos encuentros el padre Maciel me dijo que si en verdad quería ser generosa que me consagrara. Para mí él era un enviado de Dios. Había una total identificación entre el padre Maciel y la voluntad de Dios. Sus palabras eran la voluntad de Dios. Él, por su santidad, tenía clarividencia de lo que Dios podía querer y sentir. Se te decía: "Tú tienes vocación hasta que un director te diga que no la tienes, porque ellos representan la voluntad de Dios". Entonces el padre Maciel me movía mucho el tapete porque "él lo ve todo", "él lo sabe todo", y pensaba: "Yo quiero ser generosa y en realidad siempre he querido salvar al mundo, entonces pues ¿por qué no?" Me quedé en Roma y a los pocos meses me consagré. Mi visión de él era de una idolatría disfrazada de total confianza en que él representaba la voluntad de Dios, y que era un hombre santo de la Iglesia amado por el Papa.

Y agrega:

Estuve en el Regnum Christi 18 años y después cinco años en Roma, y casi dos de prácticas apostólicas en España en una escuela. Durante todo ese tiempo siempre tuve muchas dudas de que "¿por qué estoy aquí si yo no tengo vocación, si yo nunca quise consagrarme?" Y cada vez que tenías dudas te pedían que le escribieras al padre Maciel, y él te escribía una carta diciéndote que "es tu egoísmo el que habla", que "la voluntad de Dios está muy clara", y que yo lo que tenía que hacer era concentrarme más en extender el Reino de Cristo.

"Dios siempre escoge a los peores instrumentos", le dijeron las consagradas a Dinorah:

Es la historia de "híncate, y mira lo que hizo Jesús por ti y ve la cruz, y ve las llagas, nadie te ama como Él". Y eso a mí me costaba mucho. Yo que me sentía muy mal por ser quien soy, por lo que hice. ¿Me podían amar de tal manera que murieran por mí? ¿Cómo es posible que me tenga tanto amor? Yo tenía 15 años, era mi pubertad, mi rebeldía, sin saber qué hacer, y al final ellas [las consagradas] también estaban replicando lo que a ellas les dijeron. Entre más meses pasaban, más te insistían en que se trataba de que "Dios siempre escoge a los peores instrumentos" para que no quede duda de que es Él y su grandeza quienes están actuando, y si te va bien, "entre mejor te vaya es porque eres peor tú como instrumento y más grande Dios, tú no eres nadie". Te van aniquilando tu sentido de identidad y tu autoestima por completo, tú no eres nadie. Fueron muchos años, fue mucho dolor. Lo que más me duele es que las consagradas vieron cómo sufría. Me veían llorar porque siempre he sido muy apasionada y hablaba del amor de Dios y lo que tenemos que hacer. Siempre lloraba, me la pasaba llorando en público. Lloraba y lloraba. ¿En algún momento cómo fue que alguien no pensó?: "Esto no está bien, algo le falta, aunque sea apasionada mira cómo está sufriendo, hay algo más". No pasó. Entre más culpable te sientas, más te quieren. Ésa es mi historia. No me tocó en lo particular ningún tipo de abuso físico que yo recuerde, ni de alguien que yo recuerde; siento que fue más un abuso espiritual, y sí, una tortura emocional, psicológica. Fue muy violento, muy violento. Pensaban genuinamente que te tenías que destruir a ti misma para que Dios saliera.

Yo no dudo en calificar como manipulación extrema este terrible proceso de destrucción del ego. Si bien el ego puede llegar a hacer mucho daño cuando es excesivo, de lo que nos hablan estos testimonios es del extremo contrario, de la virtual aniquilación de la dignidad humana, de convertir a las personas, mediante la culpa, en dúctiles y sumisos que no pueden cuestionar las órdenes superiores porque los acondicionan para desconfiar de sus propios juicios y sentimientos. Es por eso que no tienen futuro en la estructura legionaria las personalidades consideradas "rebeldes".

Yo me incorporé —comenta *Sofía*— al primer y segundo grado [del Regnum Christi], y el tema que te manejaban desde el inicio en las "direcciones espirituales" era el sentimiento de culpa, de que te ibas a condenar si no cumplías. Tenías que confesarte cada 15 días e ir a un retiro al mes, y además tenías que dedicarle tiempo para trabajar consiguiendo gente que se incorporara al movimiento. Te van induciendo y te van diciendo que no puedes ser egoísta ante un llamado de Dios y que "¿cómo negarlo si te llama para ese camino?" Me pasaba días pensando: "¿Y cómo le voy a hacer yo para vestirme como monja, o sea, cómo voy a aguantar que ellas y no yo me escojan la ropa?" Sí, yo pensaba en esas pendejadas. Hasta después de seis días de retiro voy y le toco la puerta a mi mejor amiga: "Güey, no puedo más con esta angustia", y ella contestó: "Güey, yo también estoy igual". Claro que no éramos el perfil. Al final del día no les convenía un perfil rebelde, contestón, cuestionador; entonces ya con eso ellos mismos facilitaron nuestra salida del retiro y de considerarnos candidatas a ser consagradas: "Tú no tienes vocación, no te preocupes", nos dijeron.

Esta "metodología pedagógica" basada en el sometimiento y la culpabilidad no es de ninguna manera "educación de calidad" como la que promete la Legión, pues estas prácticas abusivas son parte integral de ese sistema que no educa en la libertad, el raciocinio y la

¿reflexión?, que no enaltece la seguridad que cada quien tiene dentro de sí, sino todo lo contrario, busca "quebrar" voluntades y resaltar inseguridades, incluso mediante la exaltación de los prejuicios y la condena de los comportamientos propios de niñas, niños y adolescentes, como *Sandra* nos cuenta:

> Yo estuve desde kínder en el CECVAC. Nunca me gustó cómo manejaban la religión porque era de una manera forzada. Sabían perfectamente quién era cada quien y cuando me orientaban hasta cierto punto me trataban de forzar a ser una consagrada, que me fuera a "dar un año". Te dicen que si traes la falda arriba de la rodilla es pecado y te enseñan la religión de una manera exagerada. Te dicen que todo es malo, que los niños no te iban a querer, que no iban a querer una esposa que fumara o una novia que tomara o trajera minifalda, que se desvelara si salía. Entonces era como satanizar cosas que haces normalmente a cierta edad. Te instalan culpabilidad y a ciertas niñas que no tienen el carácter fuerte les quitan su seguridad.

Y cuando vivir bajo tanta presión provoca crisis y las consagradas o estudiantes dudan de su vocación o incluso cuestionan su pertenencia a la Legión, nos narra Elena Sada que la congregación cuenta con áreas de "atención psicológica" en las que son sometidas a supuestas terapias.

> Son terapias muy superficiales, como de *damage control*, de "no hay nada equivocado de la Legión, eres tú la que no tienes la fortaleza para vivir esta vida. Estás pasando por un momento muy difícil, entonces estas pastillas te ayudan y de ahí vamos viendo". Es algo muy duro, porque la verdad es que todo esto como que te va quebrando y en esos momentos dudas mucho de tu seguridad, de tu propia creencia, de tu propia habilidad para hacer un juicio de lo que te están diciendo. Tus dudas de la vocación las convierten en "egoísmo" y tu deseo de tener un juicio lo presentan como rebeldía, falta de santidad. Esto es así desde que una es chiquita.

Así es como, de las hermosas experiencias infantiles en el ambiente educativo y formativo legionario, se pasa a un sistema de opresión que si bien y por fortuna no replica en toda su gravedad los comportamientos criminales que caracterizaron las patologías del *padre fundador*, sí recurre, como hemos visto, a métodos crueles y degradantes para obtener sus fines de control.

Quienes nos regalaron su testimonio han aquilatado el impacto que en sus vidas tuvo el pasar por estas experiencias, una vez que, tras ser reveladas las atrocidades de Marcial Maciel, emprendieron su camino personal de reflexión, y en los casos más graves, de sanación de sus heridas anímicas y psicológicas.

La verdad salva.

MARCIAL MACIEL Y LA ÉLITE:
DE LA VENERACIÓN A LA DECEPCIÓN

Aunque no me sorprende, no deja de parecerme interesante que en todos los casos las personas que entrevisté sufrieron un cambio radical en su opinión sobre Marcial Maciel y los Legionarios de Cristo, a partir de conocer los hechos delictivos del *padre fundador* y de otros miembros de la congregación. ¿Cómo es que de una veneración casi total en muchos de los casos, se pasó a la decepción y el distanciamiento?

Considero muy valioso que estas personas hayan accedido a contarnos cómo fue ese cambio de percepción y lo que supuso en sufrimiento y largos procesos de sanación interior, de superación de años de un severo adoctrinamiento que tenía como elemento central la certeza en la santidad de Marcial Maciel.

Dinorah explica muy bien en qué consistía este adoctrinamiento salpicado de anécdotas moralizadoras, y el impacto que en ella causaban:

> Las consagradas nos ponían a estudiar las acusaciones contra Maciel en la que llamaban "la época de la gran bendición", de 1950 a 1959, donde fue el primer set de acusaciones, que es la primera vez que lo separan de la Iglesia para investigarlo desde el Vaticano. Lo estudiábamos desde la perspectiva de un santo que ha tenido que pasar por

muchas acusaciones y calumnias. Por eso le llamaban "el periodo de la gran bendición", porque se suponía que limpiaron su nombre y que él en ese momento se forjó en la adversidad. Después de eso lo mandaron a vivir a Madrid y nos contaban que iba de puerta en puerta juntando fondos para la Iglesia, y que en una puerta un señor le escupió en la mano cuando le estaba pidiendo —ahora esto ya me suena muy caricaturesco—, y que volvió a tocarle y le dijo: "Está bien, esto es para mí, ¿pero qué me puedes apoyar para la Iglesia?" Puras historias fantásticas. Y si mal no recuerdo, en el periodo de esos tres años juntó suficientes fondos para construir el seminario de Salamanca. Así creó la orden con mayor número de vocaciones en el mundo. También nos contaron [durante un viaje a Michoacán] que el padre Maciel se fue hincado desde un puente hasta una iglesia y la Virgen le concedió un deseo; entonces ahí vamos todas a hacer la manda igual que el padre Maciel, sobre un terreno de tierra con piedras bajo el sol; se nos quemaron las rodillas y no podíamos ni doblarlas, se nos reventaron, pero llegamos a la iglesia hincadas. Tuvimos que estar todas en cama y en el dispensario en Cotija no tenían medicinas; estábamos con sábila poniéndonos en las rodillas; éramos muchas, más de 20, en esa situación. Y me acuerdo que lo que yo pedí en ese momento, el milagro que yo quería era que Dios me ayudara y me diera la fuerza para ser santa porque sentía que nunca iba a poder yo hacer lo que tenía que hacer. Así de mal me sentía, que el milagro que quería era: "Ayúdame a ser santa porque yo no tengo las herramientas para dejar de ofenderte".

Maciel presentado como un hombre perseguido por su santidad era un argumento central en el guión de este adoctrinamiento. Dice Elena:

Siempre durante mi consagración tuve esa visión de Maciel como un santo, un hombre vidente, y también un hombre perseguido, porque todos los santos de la Iglesia han sido perseguidos por la misma Iglesia y desde afuera, porque si te pones a ver la vida de cada uno de los santos fundadores, todos tuvieron sus momentos de ser perseguidos. Entonces toda la información sobre los abusos, los crímenes, la poníamos dentro de un marco mental en el cual él necesitaba ser probado y pasar por todo este tipo de críticas. Incluso a quienes ya estaban consagrados se les prohibía prestarse a leer todas esas "difamaciones".

Lo que Dinorah refiere como "el periodo de la gran bendición" es de suma importancia para entender la historia y naturaleza del personaje que llegó a ser Marcial Maciel, ya que desde el inicio de su trayectoria usó la recaudación de fondos monetarios para la Iglesia como forma de evadir ser sancionado por sus crímenes, tal como lo menciona el periodista Jason Berry en su libro *Las finanzas secretas de la Iglesia*: "Recaudando las mayores donaciones de la Iglesia moderna, Maciel utilizaba la religión para hacer dinero comprando protección en el Vaticano para evitar que su vida secreta se descubriera. Durante la mayor parte de su vida le funcionó".[13]

Solamente una de mis entrevistadas, *Sandra*, me contó cómo al ser ella una niña muy perceptiva, desde muy pequeña tuvo la intuición de que Maciel no era de fiar, y aunque no lo sabía formular más tarde confirmaría que su percepción era correcta:

Hacia el padre Maciel yo siempre sentí un rechazo absoluto, absoluto. Me caía muy mal, muy gordo que nos lo trataran de imponer. Era idolatrar a alguien, y sin embargo dentro de la misma religión te decían que no podías adorar a nadie más que a Dios. Me daba una vibra horrible este señor. Nos hacían hacerle unas pancartas de bienvenida y en lugar de tener clases teníamos que salir y ponernos en fila por todo el colegio por donde el padre Maciel pasaría. Y cuando iba pasando, todas aplaudíamos. "¡El padre Maciel!" Yo nunca había visto tanta euforia ni por los Beatles. Volteaba a ver a las de al lado o a las de atrás y me decía: "No voy a hacer esto". Porque no me creía la vida del padre Maciel. Nunca me imaginé que abusara de niños, pero siempre en mi mente lo veía —y esto es súper chistoso— como a un señor pervertidor o pervertido, no sé por qué. Cuando supe de los abusos sí cambió mi percepción sobre él en el sentido de que dije: "Tengo razón, antes era duda o intuición, ahora lo comprobé: qué razón tenía". Ahora me siento segura de ese sentimiento.

Aunque al final todos mis entrevistados aceptarían que Maciel fue un criminal serial, es también verdad que el eficiente adoctrinamiento y culto a su personalidad les impidió que esa aceptación fuera inmediata y a algunos les llevó mucho tiempo pasar de la veneración a la decepción, como cuenta *Martha*:

> Antes de que se sacara al aire todo respecto al padre Maciel mi opinión era lógicamente de una persona muy venerada, muy respetada. Me tocó verlo de lejos en una ocasión. Se le arrodillaban, besaban su mano. Yo lo tomaba como un gran hombre y por supuesto no se sabía absolutamente nada. Cuando yo me entero de eso curiosamente estaba manejando, lo estaba escuchando en la radio y al principio dije: "No, no, eso no puede ser, son noticias falsas". Y ya conforme pasó el tiempo me fui dando cuenta de que era una realidad. La verdad es que yo sí batallé mucho para aceptarla. Batallé porque no lo podía creer, porque fue un contraste de verdad muy fuerte. Mi sentimiento lógicamente es de decepción, desencanto que se puede sentir cuando tú esperas mucho; una desesperanza muy grande y una tristeza, porque me di cuenta cómo iba a afectar a tanta gente que creyó en él.

Es increíble para mí que después de estas revelaciones haya personas que sigan siendo católicas. Estoy lejos de pretender que se retracten de lo aprendido bajo esa religión que tiene enseñanzas llenas de sabiduría; más bien me pregunto por qué se sigue confiando en una institución que por tantos años protegió y cobijó las conductas ilícitas del *fundador*.

Sofía nos cuenta cómo fue que llegó a alejarse incluso del catolicismo:

> Cuando yo estaba en el Regnum Christi a mí me tocaron las primeras "calumnias". Te contestaban siempre [las consagradas]: "Por sus frutos los conoceréis, ve las obras como Mano Amiga, ve el Teletón, ve el noviciado, ve que el colegio de padrecitos en Roma es de la Legión. Por sus frutos los conoceréis. El demonio no va entrar en eso, no hagas caso, siempre vamos a tener tentaciones del diablo porque estamos evangelizando al mundo, estamos salvando al mundo y

salvando vidas". Nos enteramos [de los delitos del *fundador*] cuando todavía estaba vivo y supe que mandaron a Maciel a una vida de penitencia y no sé qué madres, pero ahí seguía. Y claro, me empecé a alejar naturalmente. Tengo paz interior hasta cierto punto cuando ya sale la noticia y razono que si el líder atenta contra eso, mientras que a mí me exigen tanto para crear un camino de santidad —porque era esa la exigencia—, entonces dices: "El camino a la santidad es otro. Si tú Maciel saliste con eso y me exigías tanto, adiós, no te respeto; tú me exiges esto y aquello que me cuesta mucho hacerlo, que trabajo todos los días para ser mejor persona, y tú sales quitándote la sotana para violar a un niño, entonces soy más santa yo sin hacer nada". Y me alejé de la Iglesia incluso completamente.

Desde su visión de publicista, *Bernardo* analiza a la Legión como si se tratara de una marca comercial que ha traicionado sus propios valores:

Los valores que los legionarios promueven se me hacen muy puros y muy lindos. Y los llegas a respetar. El problema es que estos valores al final van atados a una marca que es una autoridad moral, y cuando una autoridad moral empieza a romperse desde adentro y ellos mismos empiezan a quebrar sus propios valores y no ser fieles a su propia marca —para la cual se supone que lo que importa es el amor, la tolerancia, la familia—, entonces todo se empieza a deformar, a tergiversarse la marca. Ahí es donde yo empiezo a no compartir ya los ideales de los legionarios, porque al momento de ellos sentirse dioses que imponen una moral que ellos mismos no cumplen, caen en la hipocresía. Cuando me entero de todas las violaciones que han hecho, llego a la conclusión de que esos mismos valores que ellos pregonan, ellos mismos los han tergiversado, por lo que pierden completamente la autoridad y veracidad. La marca se cae. Si la cabeza, el *fundador*, que es quien instituyó estos valores, es el primordial depredador de la misma institución y de los valores de la marca, pues a mí me hace pensar que no podemos valorizar la marca de nuevo. Es decir, la marca se cae al cien por ciento, la organización se desmorona. Para mí la Legión es una institución podrida. Estoy muy feliz por que esté cayendo definitivamente. Maciel para mí es una persona sin valor. La muerte que tuvo fue muy digna para lo que se merecía.

Elena, por su parte, propone esta explicación de por qué imperó la incredulidad de la élite sampetrina respecto a los crímenes de Maciel:

> Yo creo que dentro de la élite de Monterrey la percepción que había de la Legión sobre los posibles acosos o abusos por parte de ésta era de incredulidad. Porque obviamente se cultivó muy bien lo que es el sentido de confianza hacia el líder del culto, que es Marcial Maciel. Y Maciel se supo rodear de gente que supo vender muy bien el mensaje. Y a mí me tocó ser una de ellas. Entonces nosotros presentábamos una faceta de lo que era la Legión y el movimiento, cuando en realidad no se presentaban muchas otras facetas que daban a ver no sólo los abusos, sino también las opresiones, las injusticias y los crímenes dentro de la Legión. Yo creo que acá pasó eso, que la élite vio nada más un aspecto y no creyó en las acusaciones.

Más adelante, Elena narra el largo proceso de su cambio de percepción sobre Maciel durante su salida de la organización:

> Ha sido un proceso muy largo. Cuando salí no dediqué mucho tiempo a pensar en Maciel o en el Regnum Christi. Durante esta etapa yo seguía muy programada. Me tardé como 10 años en desprogramarme. Fue un proceso muy, muy lento, con mucha terapia y mucho dolor. Acabé mudándome a Nueva York. Visitaba Monterrey pero no quería acercarme a nadie. No sabía yo si era traidora, si no era traidora, si era víctima o si era agresora. Fue una época sumamente difícil. Cuando me dicen que los legionarios están cambiando desde dentro digo: "¡Es imposible, si casi todos los que salimos nos tardamos como 10 años en desprogramarnos!" Y cuando empecé a tener más claridad, fue cuando empecé a hablar con otras compañeras que habían salido y entre nosotras pudimos comentar cosas que no nos habían parecido de la Legión y del padre Maciel. Adentro no podíamos hablar de nada de esto entre nosotras, y además no sabíamos quién iba a delatar, en quién podíamos confiar y en quién no. Estoy hablando de 2004, 2005, 2006,

en que sale la noticia de la familia que él estaba albergando y manteniendo y demás. Yo lo creo totalmente porque empiezo a conectar, a atar cabos con comentarios que hacía y su énfasis tan sexual del padre Maciel, todas sus cartas sobre la abstinencia, en sus conferencias. Entonces ya ahí empezamos a decir que "a lo mejor él no era verdaderamente un santo". Y me metí a internet y empecé a leer todo, el artículo del 97; apenas empecé a leer todos los testimonios de los años cincuenta. Estoy hablando de 2006, que fue cuando salió la noticia de sus familias y fue cuando lo pusieron a él en el destierro, entre comillas. Entonces, obviamente ahí pues ya como que yo misma, por mi terapia, empecé a darme cuenta de que necesitaba aclararme. Estuve mucho en línea y contacté a mucha gente que aún estaba adentro, otra afuera, a toda la gente que se me vino a la cabeza que podía estar enojada conmigo por haberla introducido al Regnum Christi.

POR QUÉ SIGUEN EN BOGA LOS COLEGIOS LEGIONARIOS

Supongamos que se hubiera sabido con toda certeza que el Jesús que murió por nosotros para el perdón de nuestros pecados, amén de operar milagros y de haber resucitado al tercer día, también hubiera acostumbrado durante su vida en la tierra a abusar de niños, mentir, mantener escondidas al menos a dos esposas, abusar sexualmente de sus propios hijos pequeños, además de ser usuario de drogas duras. ¿Hubiera prosperado la fe cristiana hasta encumbrarse como la Iglesia imperial, apostólica y romana? ¿Podríamos tener fe en lo que enseñó Jesús y en esa Iglesia que según la tradición católica él fundó con la famosa frase "Tú eres Pedro, y sobre esta piedra edificaré mi iglesia"? (Mateo 16:18).

Me atrevo a lanzar esta provocación porque no me parece exagerada, pues en el tema que nos ocupa estamos hablando de que el *fundador* fue un violador de niños, un fornicador en términos teológicos; un polígamo y un drogadicto que a pesar de todo ello fue cobijado y protegido con celo por el Vaticano y por el papa Juan Pablo II hasta el día de su muerte. Entonces, ¿cómo es que sigue prosperado y encumbrándose la institución de los Legionarios de Cristo a

113

lo largo y ancho del mundo? ¿La "obra" se salva de las aberraciones de su fundador?

Al parecer muchos padres y madres de familia responderían positivamente a esta última pregunta, pues los colegios de la Legión siguen en boga, llenos de niños y jóvenes de las clases medias-altas y altas.

"Todo sigue igual", nos dice *Martha*:

> Los colegios siguen. No he visto que algunas personas hayan sacado a sus hijos de la institución por conocer los abusos cometidos por Maciel; no me ha tocado a mí experimentarlo o percibirlo. Todo siguió igual, como si nada, eso no les hizo mella. Siento que se fue el padre Maciel y que la gente siguió su vida sin poner atención a eso. Tal vez prioricen el estatus social.

Bernardo, por su parte, comparte nuestro asombro ante el hecho de que a pesar de las evidencias contra el *fundador* y la Legión "todo siga igual":

> Lo que no puedo entender es cómo amigos míos y gente que me rodea puede bloquear su cerebro de tal manera que hoy en día tienen a sus hijos en colegios de la Legión, en escuelas en donde —no quiero decir que los van a violar porque sería muy idiota de mi parte— los mismos valores de la institución fueron destrozados por el jerarca que los falseó, que los impuso pero no los cumplió. ¿Cómo es posible que gente que se supone tiene criterio amplio siga emocionada de que sus hijos estén ahí, y se siga obteniendo un estatus al tener a tus hijos ahí? Yo en mi vida ni a un perro lo metería a estudiar en el CECVAC o en el Irlandés.

Elena encuentra una explicación en la ignorancia de las personas y lanza una afirmación tremenda:

> Sobre las escuelas legionarias, ¿por qué continúan con tanto auge? Por ignorancia, es mera ignorancia. Y es mucho confort de la clase social alta, de cierta élite, poner a sus niños ahí simplemente porque hay otras

élites involucradas en esas escuelas. Yo jamás mandaría a uno de mis hijos a un colegio de la Legión porque su economía es una economía centralizada y el dinero de las colegiaturas va a un monto centralizado del que se están pagando extorsiones, como vimos por la investigación de Jason Berry.[14] Esas colegiaturas son para contribuir a ese círculo de crímenes. Segundo, yo no mandaría a mis hijos a colegios legionarios porque no son los mejores colegios académicamente. ¿Y por qué digo esto?, porque en esa economía centralizada no se les paga a los maestros como se les paga en otros colegios privados, y por lo tanto no están contratando y reteniendo a los mejores maestros y maestras, y los que se quedan lo hacen por lealtad. Yo me preguntaría, ¿lealtad a quién, a qué sistema y a qué filosofía?

CONCLUSIÓN

En este breve espacio fui fiel a la voz de personas cercanas a la congregación de los Legionarios de Cristo, ya sea por haber sido simplemente alumnos en sus colegios, o por haberse involucrado profundamente en el Regnum Christi, ofrendando en algunos casos muchos años de su juventud para expandir el imperio de Marcial Maciel con la noble idea de salvar a la humanidad mediante la propagación y la práctica continua de la fe católica leal al papado.

Es importante resaltar que ninguno de estos testimonios es de una víctima que haya sido abusada sexualmente por Maciel o algún otro miembro de la congregación, pero queda claro que, fuera de alegres experiencias de la infancia que la mayoría narró, los entrevistados despertaron finalmente al hecho de que estuvieron bajo una organización muy cercana a una secta, cuyo fin principal era, más que la educación de los alumnos, la expansión de un imperio. Quienes más se acercaron al círculo íntimo, más daño sufrieron, e incluso terminaron reclutando a nuevas víctimas, lo cual recuerda mucho las pautas de acción de la secta NXIVM.

A pesar de todo, el prestigio de los colegios legionarios se mantiene porque los actuales padres de familia se sienten cómodos con una oferta que va más allá de lo educativo, al ofrecer a su mercado permanecer en sus zonas de confort social y religioso —no oses cuestionarte nada—. El rendimiento de la inversión que los padres de familia hacen puede llegar a convertirse en millones de dólares de "ganancia" a mediano o largo plazo, si es que una chica se enamora del hijo de un potentado, o viceversa. Aun para las familias pudientes, la posibilidad de unir sus fortunas con otros empresarios de su talla a través de matrimonios es muy satisfactorio, ya que incluso abre oportunidades de nuevos negocios, donde ambas familias se ven beneficiadas. Por otro lado, si el futuro cónyuge de clase media alta se casa con un heredero de fuerte fortuna, este matrimonio puede ser visto incluso con beneplácito, si el chico tiene potencial e inteligencia para ayudar al suegro en sus múltiples negocios. Si la chica de clase media se convierte en la esposa, muchas veces es muy bienvenida, ya que está formada en valores de la tradición católica —con todo el sometimiento que se espera de parte de la mujer—, y generalmente es bastante más manejable que una heredera de fuerte fortuna. ¿Cómo renunciar ella a su nuevo estatus, aun si dejara de ser feliz?

De todos los entrevistados, considero que la aseveración más desgarradora es la de Elena Sada, cuando aludió a la investigación de los reporteros Jason Berry y Gerald Jenner,[15] en la que se afirma que las colegiaturas de los colegios legionarios se van a una cuenta centralizada internacional desde la cual el dinero es empleado para un "círculo de crímenes", que incluyen el pago de sobornos a la alta jerarquía vaticana, con la finalidad de impedir que los delitos de los sacerdotes legionarios se conozcan y así queden impunes.

Cómo negar este enorme encubrimiento, cuando recientemente, por primera vez en su historia, la misma directiva legionaria dio a conocer una lista, supuestamente exhaustiva, de los cientos de abusos cometidos por sus sacerdotes. Sí, pero aún así se atreven a admitir públicamente que un alto número de estos criminales sigue en funciones dentro de su organización, sin siquiera mencionar que hayan merecido pena alguna. Esta declaración es una caricatura minimizada de esta terrible conducta dentro de la institución y de su forma de encubrirla. Tan es así, que el número de víctimas y victimarios reconocidos por la Legión no es creíble ni siquiera para el presidente de la Conferencia del Episcopado Mexicano, monseñor Rogelio Cabrera.[16]

Cierro con algunas preguntas para los actuales colaboradores católicos cristianos de esta organización.

¿Es necesario mantenerse cerca de los legionarios? ¿No hay otras formas de vivir su catolicismo y su caridad cristiana? ¿Es cómodo para su conciencia colaborar con el equivalente a un grupo del crimen organizado?

No dudo de sus intenciones. Pero si supiéramos que quienes manejan la Cruz Roja utilizaran los donativos para sobornos y encubrir crímenes que costaran vidas, ¿seguirían apoyando a esa institución?

Romper con nuestras creencias y acondicionamientos es un reto. Considero que tener fe en la predicación de Jesucristo, plasmada en los Evangelios, implica romper con el *statu quo* a favor del forastero, de la mujer adúltera y del prójimo. ¿Acaso no son nuestros prójimos los cientos o miles de niños y niñas abusados por el *fundador* y los sacerdotes legionarios? ¿Continuaremos del lado no sólo de los cómplices de Marcial Maciel, sino de los actuales encubridores? ¿Queremos estar del lado de los niños humillados, abusados, violados? ¿Tomaremos partido por quienes sufrieron abuso psicológico y prácticamente esclavitud?

Ésta es una muy breve narrativa de por qué la Legión de Cristo en la ciudad metropolitana de Monterrey continúa en auge.

Los más grandes imperios han caído.

En el siglo XXI la mentira es rápidamente desnudada y las murallas construidas alrededor de la protección de las clases más pudientes se desmorona, y las nuevas generaciones no son manipulables con facilidad.

A quienes esperan justicia probablemente no alcancen a verla, pero si sobrevivimos como humanidad, ésta tendrá que llegar. Una nueva humanidad no puede sustentarse en la institucionalidad que hizo posible a Marcial Maciel y los Legionarios de Cristo.

NOTAS

[1] Raúl Olmos, *El imperio financiero de los Legionarios de Cristo*, México, Grijalbo, 2015.

2 Elena Sada, *Ave negra. La historia de una mujer que sobrevivió al reino de Marcial Maciel*, México, Madre Editorial, 2020.

3 Todas las citas de los testimonios exclusivos para este capítulo provienen de las transcripciones de las entrevistas que la autora realizó a seis informantes. Cuando los nombres aparecen en letra cursiva se trata de seudónimos, a petición del entrevistado.

4 *Sampetrino/a* es el gentilicio de los habitantes del municipio de San Pedro Garza García. Consultado en https://www.excelsior.com.mx/nacional/san-pedro-garza-garcia-el-municipio-mas-caro-de-mexico/1282698.

5 Gabriela Recio Cavazos, *Eugenio Garza Sada, ideas, acción, legado*, Monterrey, Editorial Font, 2016.

6 Jean Meyer, "Entre la Cruz y la Espada", *Nexos*, 1° de diciembre de 1981. Consultado en https://www.nexos.com.mx/?p=3966.

7 Fricasé / El abogado del pueblo, "Golpes bajos", *El Norte*, 26 de mayo de 1997.

8 Gustavo Gutiérrez, *Teología de la liberación. Perspectivas*, 7a. ed., España, Ediciones Sígueme, 1975, pp. 40-41.

9 Leopoldo Cervantes-Ortiz, "La llamada 'teología de la prosperidad': un análisis introductorio y crítico", 2008. Disponible en https://www.academia.edu/15062891/La_llamada_teolog%C3%ADa_de_la_prosperidad_un_an%C3%A1lisis_introductorio_y_cr%C3%Adtico_2008, y "Los banqueros de Dios, de Martín Ocaña, una inmersión en la llamada teología de la prosperidad", 2003. Disponible en https://www.academia.edu/15038484/Los_banqueros_de_Dios_de_Mart%C3%ADn_Oca%C3%B1a_una_inmersi%C3%B3n_en_la_llamada_teolog%C3%ADa_de_la_prosperidad_2003_.

10 Biblia del Vaticano en línea. Disponible en http://www.vatican.va/archive/ESL0506/__PVC.HTM.

11 *Idem.*

12 "Legionarios de Cristo admiten 173 casos de pederastia." Disponible en https://www.dw.com/es/legionarios-de-cristo-admiten-173-casos-de-pederastia/a-51770074.

13 Jason Berry, *Las finanzas secretas de la Iglesia*, México, Debate, 2011, p. 229.

14 Gerald Jenner y Jason Berry, *El legionario de Cristo*, Plaza y Janés, 2007, y *Votos de silencio: abuso del poder en el papado de Juan Pablo II*, Plaza y Janés, 2004.

15 *Idem.*

16 "El arzobispo de Monterrey, Rogelio Cabrera, consideró que existe la sospecha de que el reporte no contenga los datos completos de los abusos sexuales." Disponible en https://protect-us.mimecast.com/s/bNHIC-YEMxVhLALVO7t0h9C6?domain=elfinanciero.com.mx/.

Cristina Sada Salinas. Graduada con honores en la licenciatura en Artes por la University of Texas en Austin, Estados Unidos, especializándose en psicología en 1972. Candidata ciudadana al Senado por Nuevo León, mediante la Coalición Movimiento Progresista en 2012. Autora de *Perfume y pólvora. Vida y memorias de una campaña sin fin* (2013). Cofundadora y expresidenta del Consejo de Administración del Instituto San Roberto, Idea, S.C., empresa creadora de los prestigiados colegios San Roberto en Monterrey, Nuevo León. A partir de su candidatura en 2012 se ha destacado por su activismo en diversas causas sociales, como la lucha contra la pederastia clerical, el rescate del medio ambiente, feminicidios y derechos humanos, entre otras; así como en su papel de comunicadora a través de las redes sociales. Organizadora del primer foro a nivel mundial sobre pederastia clerical, titulado Spes Viva, derechos de la infancia ante la pederastia clerical en 2018. Presidenta de Spes Viva, A.C., derechos de la infancia. Es miembro del consejo del organismo Empresarios Pro-4T.

Norberto Rivera: marcado por el encubrimiento

Una cronología

Mónica Uribe

El lema del escudo de Norberto, cardenal Rivera Carrera, es *Lumen Gentium* (luz de las gentes), en referencia a Cristo como luz del mundo. En vista de la gestión del exarzobispo primado de México, dicho lema parece un despropósito frente a las múltiples evidencias del encubrimiento que hizo de los casos de depredación sexual que solapó en Tehuacán y en la Ciudad de México. Rivera no vislumbró que encubrir tales delitos constituye un delito más. Por ello, él mismo es infractor de la ley, tanto civil como eclesiástica.

Desde los aspectos económicos hasta su relación con las élites, la opacidad fue uno de los rasgos preeminentes de la carrera episcopal de Rivera Carrera. Ocultó la comisión de delitos graves por parte de miembros de su presbiterio, demeritando enormemente el prestigio del catolicismo en la capital y en todo el país. Hoy al clero católico se le ve con sospecha y desdén a causa de los delitos cometidos por algunos presbíteros que mancharon a la institución.

El cardenal Rivera ignoró a su grey, especialmente a quienes fueron víctimas del acoso y del abuso sexual por parte de agentes pastorales bajo su responsabilidad. Encubrió, desde que fue obispo de Tehuacán, a varios sacerdotes, obispos y fundadores de congregaciones religiosas cuya conducta fue deleznable, merecedora de sanciones civiles y eclesiásticas, léase cárcel y la reducción al estado laical, respectivamente. Aunque el cardenal admitió la existencia de 15 casos de pederastia y abuso sexual, mismos que dijo haber remitido a las autoridades de la Santa Sede, no los hizo del conocimiento de las autoridades civiles.[1] ¿Por qué? ¿*Esprit de corps*?, ¿protección de imagen?, ¿simpatías particulares?, ¿pudor?, ¿miedo?, ¿lealtad a sus benefactores? Lo que haya sido, Rivera apuesta al olvido.

Hombre polémico, su trayectoria refleja una personalidad fría, calculadora, orientada al éxito. La suerte le sonrió y supo utilizarla para llegar a su meta. El caso de la canonización de Juan Diego y cómo logró hacerse del control directo de la Basílica de Guadalupe (y sus recursos) evidencian la capacidad de intriga de Rivera.

Supo plegarse en el momento conveniente y olvidarse de quienes ya no podían serle útiles. Dicen que el nuncio Girolamo Prigione se arrepintió de haberlo apoyado;[2] a la postre, el arzobispo de México maltrató a algunos de los amigos del nuncio —como el abad de la Basílica de Guadalupe, Guillermo Schulenburg— y no apoyó las pretensiones de Prigione para ocupar la Secretaría de Estado en la Santa Sede. Por contra, Rivera cultivó la amistad de Marcial Maciel, incondicional del nuncio, en detrimento de otras congregaciones religiosas, a las que obstaculizaba e ignoraba. Maciel siempre estuvo presto a poner los inmensos recursos de su legión a las órdenes e intereses de Rivera, lo que explica por qué lo defendió hasta que fue imposible hacerlo, dadas las evidencias irrefutables de la doble vida de Maciel.

Dentro de la jerarquía, Rivera tuvo una estrecha relación con los otros cuatro pupilos de Prigione: Juan Sandoval, arzobispo de Guadalajara; Emilio Berlie, arzobispo de Yucatán; Onésimo Cepeda, obispo de Ecatepec, y Javier Lozano, cardenal emérito que tuvo a su cargo el Pontificio Consejo para la Salud. Con el resto de los obispos estuvo enfrentado o no tuvo relación; dentro del Episcopado sólo es aceptado por los obispos que él mismo promovió. Curiosamente, sus dos antecesores en la sede primada, Miguel Darío Miranda y Ernesto Corripio, fueron presidentes de la Conferencia del Episcopado Mexicano (CEM). En cambio, Norberto Rivera nunca logró presidirla y ni siquiera formó parte del Consejo de Presidencia, aunque sí de algunas comisiones.

Faltaba más: Rivera se apropió del círculo de amistades de Prigione, conformado por empresarios, políticos y algunas personalidades de los medios de comunicación: Carlos Slim, Olegario Vázquez

Raña, Alfonso Romo y Miguel Alemán Velasco y un número importante de políticos de diversas filiaciones. Quizá el único empresario que apoyó a Rivera como fiel católico fue Lorenzo Servitje: siempre reconoció su autoridad y lo apoyó incluso en la defensa de Marcial Maciel, según consignaron decenas de trabajos periodísticos.

Políticamente, Norberto Rivera mostró una singular sagacidad. Pragmático, entabló una relación positiva con los dos primeros jefes de gobierno electos en la Ciudad de México, miembros del Partido de la Revolución Democrática: Cuauhtémoc Cárdenas y Andrés Manuel López Obrador, con quien se dice aún mantiene una amistad cercana.[3]

Convivió con cuatro presidentes de la República; con Felipe Calderón tuvo una relación relativamente cordial; cercana y cordial con Vicente Fox (a pesar de los errores diplomáticos de la expareja presidencial); distante cordial con Ernesto Zedillo, y variable con Enrique Peña Nieto; aunque con este último hubo cercanía al principio, la iniciativa presidencial para legalizar la adopción de menores por parte de parejas homosexuales y el matrimonio igualitario fue el punto de inflexión que derivó en una creciente distancia entre ambos.

Tras el fallecimiento de Juan Pablo II, Rivera se topó con situaciones que no supo sortear de manera adecuada. Su influencia y poder comenzaron un lento decrecimiento. El deterioro inició realmente con las denuncias sobre el caso del hoy fallecido Nicolás Aguilar, sacerdote pederasta de la diócesis de Tehuacán que Rivera envió a Los Ángeles bajo el ala protectora del cardenal Roger Mahony.[4]

Los casi 22 años y medio de gobierno del cardenal Rivera en la Ciudad de México dejaron un saldo negativo. En 1995, según datos del INEGI cuando Rivera llegó a la sede, 92% de los capitalinos se declaraba católico. En 2018 esa cifra descendió a 80.2%, a resultas del desencanto y la decepción de los fieles frente a la conducta de sus pastores. Desafortunadamente, la tendencia es a generalizar. Se responsabiliza a la institución cuando los delitos son cometidos por personas; pero la jerarquía de la Iglesia encubrió a los delincuentes y eso constituye un agravio mayúsculo. ¿Por qué en una institución que insiste en ser el camino para la salvación mediante códigos éticos rígidos e incluso cuenta con una moralidad sexual sumamente estricta se cometen delitos que atentan precisamente contra sus valores? ¿Por qué las autoridades eclesiásticas se empeñaron en ocultar los abusos, en justificar a los delincuentes, y evitar los daños a la imagen institucional a costa de las víctimas? Si bien el papa Francisco ha tomado cartas en el asunto, crece la cultura de la denuncia y los casos de abuso sexual se derivan por oficio a las autoridades civiles, queda mucho por hacer, en especial en el ámbito de la prevención, que incluye conocer el estado de salud mental de los candidatos a las órdenes sagradas.

Las cuatro evidencias del fracaso de la gestión de Rivera al frente de la Arquidiócesis Primada de México son: la falta de liderazgo pastoral que llevó a la profundización de la crisis del catolicismo en la Ciudad de México en un contexto de creciente oferta religiosa, el manejo inadecuado de las denuncias de abusos sexuales dentro de las dos circunscripciones que ha presidido, su adhesión a la teología de la prosperidad antagónica a una pastoral popular, así como la lejanía que ha mantenido con Benedicto XVI y Francisco. Indudablemente, sobresale el tema del encubrimiento de los delitos de índole sexual.

Sin embargo, se le reconocen dos cosas importantes: mantuvo incólume la integridad territorial de la arquidiócesis y se posicionó como un actor sociopolítico relevante cuyas opiniones en diversos temas —filtradas a través del semanario *Desde la fe*— sí tuvieron un peso político específico, tanto que logró frenar algunas iniciativas legales a favor de los derechos reproductivos y de los grupos LGTBI, incidiendo con ello en las políticas públicas.

* * *

La exposición pública de los abusos sexuales cometidos por sacerdotes fue el tiro de gracia que contribuyó al mayor descrédito de la Iglesia en el mundo.[5] Es natural que en medio de la globalización y la prevalencia de las comunicaciones instantáneas, la Iglesia católica sea vulnerable. Las redes sociales funcionan como caja de resonancia inmediata de las denuncias de pederastia y pedofilia eclesiales, sean verídicas o no, que la mayoría lo son.

A lo anterior se añade el crecimiento en redes de las teorías de la conspiración, muchas de las cuales presentan a la Iglesia católica como una suerte de institución demoniaca. Sobra decir que esto es herencia de la leyenda negra, a veces muy injusta, sobre la Iglesia católica. Visto lo visto, hay algo de razón cuando se habla de pederastia, y eso explica el prejuicio y la preocupación de que detrás de cada cura existe un potencial depredador sexual.

México presenta un escenario particular debido a los vaivenes de la relación Iglesia-Estado. Resulta irónico que los problemas internos de la Iglesia católica quedaran exhibidos una vez conseguido el reconocimiento jurídico. Antes de 1992 los casos de abuso sexual se hallaban contenidos dentro de la institución. Había rumores, sí, pero no eran del dominio popular. Es probable que la jerarquía católica confiara excesivamente en que los fieles no abrirían el tema a la opinión pública. No contaron con que la evolución de la sociedad y la paulatina apropiación de los derechos humanos, particularmente de las mujeres y de los grupos vulnerables, tanto en el ámbito institucional como en el personal, estimularían la cultura de la denuncia. Pero si el abuso sexual es un pecado para la moral católica, ¿por qué no sancionarlo abiertamente en conjunción con la autoridad civil?

* * *

Una de las estrategias de contención de Rivera fue la estructuración de un sistema de información y relaciones públicas muy eficiente, que fue central para garantizar la impunidad. *Desde la fe* se volvió un referente todos los domingos y lunes para conocer las posiciones del clero, aunque el semanario en realidad sólo reflejaba la posición del cardenal primado, en los medios se tomaba como la opinión de la Iglesia en su conjunto. Este constructo mediático se logró gracias a la ayuda de Marcial Maciel, quien puso a disposición de Rivera a un equipo que ideó la estrategia de medios. En menos de tres años, el cardenal tuvo un aparato de comunicación perfectamente funcional a sus intereses.

Rivera tuvo otros logros, como el impulso a las pastorales penitenciaria y de minusválidos, la modernización de la Universidad

Pontificia, la reapertura de la Antigua Basílica de Guadalupe, el fomento al ecumenismo, tres visitas papales (dos de Juan Pablo II y una de Francisco), la organización del VI Encuentro Mundial de las Familias y la canonización de Juan Diego. Pero el tema de los abusos sexuales nubla el resto de sus acciones. Su gran pecado fue negar las evidencias palmarias en este rubro, en lugar de resolver y reparar.

La gran pregunta, insisto, es para qué el cardenal Rivera puso en jaque su apostolado en la Ciudad de México. ¿No era más sencillo reconocer los abusos y combatirlos que enfrentar las críticas por la incongruencia entre el discurso y los hechos, el fracaso de la Iglesia católica frente a las nuevas denominaciones, y por supuesto, enfrentar el descrédito y la ira social por su postura ante delitos que él no cometió —sólo encubrió—, que trascienden el ámbito eclesiástico, porque son conductas penadas por la justicia civil? ¿Por qué asumió tantos riesgos? Sólo puede entenderse si partimos de la idea de que el cardenal Rivera se sintió en todo momento apoyado por la élite política y económica nacionales, y arropado por las autoridades vaticanas, al menos hasta 2013. En su lógica, si Maciel había logrado salir indemne siendo apenas un presbítero, él, un cardenal, podía salir impune.

Al mismo tiempo que Rivera, muchos obispos, sobre todo en Estados Unidos, enfrentaban la emergencia de innumerables casos de pederastia y abuso sexual.[6] En esos casos, las diócesis han buscado resarcir económicamente a las víctimas antes de llegar a los tribunales civiles. Pero el daño moral y emocional está hecho. Un alma no puede tasarse en metálico y menos cuando pone en entredicho la congruencia de la Iglesia con la doctrina que predica. La solución de los obispos estadounidenses fue pagar millones de dólares a las víctimas, pero ello resulta imposible para iglesias pobres. Por eso el enorme temor del clero mexicano —y de cualquier organización— a que los casos de pederastia sean conocidos públicamente. Aparte de evidenciar la corrupción y las redes de poder internas, la reparación económica es difícil, lo que implica que necesariamente los casos pasen al ámbito de la justicia civil y, lo peor, se conviertan en materia penal.

Los casos de abuso sexual en la Iglesia aparecen por doquier. La visita papal de 2018 a Chile fue un fracaso para Francisco porque estuvo plagada de quejas por el pésimo manejo de los casos de pede-rastia —especialmente el caso de Fernando Karadima (el "Maciel chileno")— por la Conferencia episcopal. En Francia el cardenal de Lyon, Phillippe Barbarin, fue condenado a seis meses de prisión en 2019 por el delito de encubrimiento. Aunque no pisó la cárcel, presentó su dimisión. El cardenal George Pell, arzobispo emérito de Sidney y exprefecto de Economía de la Santa Sede, fue condenado por abuso sexual y estuvo encarcelado desde febrero de 2019 hasta abril de 2020, cuando fue exonerado por el supremo tribunal.

A diferencia de Pell y Barbarin, Norberto Rivera no ha enfrentado a la justicia por encubrimiento, apenas ha sido testigo en indagatorias en Los Ángeles y ante la Procuraduría General de la República (PGR). Negar los hechos y su responsabilidad en ellos fue la táctica para defender la integridad de la Iglesia. Refleja la lógica de quien busca preservar el *statu quo* de la institución mediante el encubrimiento de delitos. Lo hizo por razones institucionales y personales.

Denunciar los hechos a las autoridades civiles habría significado aceptar la responsabilidad y quizá, en caso extremo, pagar los platos rotos por delitos que directamente no cometió. Norberto Rivera no está dispuesto a enfrentar la justicia, prefiere soportar el desprecio social, mientras sigue contando con la amistad y protección de la élite y de aquellos fieles que pondrían las manos al fuego por él, que los hay. Apostó al olvido, pero éste no ha llegado.

A finales de 2018 la casa del cardenal fue asaltada, con el saldo de un vigilante muerto y uno de los maleantes herido, hoy preso en el Reclusorio Sur de la Ciudad de México. La investigación reveló que los asaltantes sabían que se trataba de la casa de Rivera y que su propósito era robar el domicilio pero no atacar a su dueño.[7] Ello habla de una falta de respeto a su investidura.

Una encuesta de 2007 de Parametría[8] acerca del cardenal Rivera nos da una idea de la percepción que de él se tenía a la mitad de su gestión. La encuesta aplicada a un universo de mil 200 personas fue levantada a nivel nacional en viviendas del 8 al 11 de junio de 2007. Lo más relevante de los resultados es que 66% de los mexicanos había oído hablar de él, y de ese total, 37% tenía una opinión regular, 21% francamente mala y 34% tenía una opinión positiva. La opinión regular y negativa (58%) respondía a la percepción de que se trataba de un obispo político más que de un líder religioso. En 2007 la imagen de Rivera no pasaba por su mejor momento; 10 años después su imagen era mucho peor en el imaginario popular, a juzgar por el trato que le daba la opinión pública.

En las siguientes páginas me propongo hacer una primera aproximación de las distintas etapas de la trayectoria del arzobispo emérito, tomando como variable independiente el tema de los abusos sexuales.

* * *

PRIMER PERIODO, 1985-1995. DE TEHUACÁN A MÉXICO. EL PRIMER ENCUBRIMIENTO

Norberto Rivera fue designado obispo por el papa Juan Pablo II en noviembre de 1985; tomó posesión de la diócesis de Tehuacán en diciembre de ese año. Su principal promotor fue el arzobispo de Durango, Antonio López Aviña, prelado sumamente conservador que lo apoyó para que estudiara en Roma, donde fue ordenado sacerdote en 1966. Tuvo que ser en extremo dócil y consecuente con López Aviña, cuyas tendencias autoritarias hacían difícil la convivencia. La paciencia rindió frutos, López Aviña recomendó a Rivera para el Episcopado con el beneplácito del delegado apostólico Prigione.

A diferencia de otros prelados contemporáneos suyos, Rivera nunca tuvo la tentación de vincularse a la opción preferencial por los pobres o a causas populares; por el contrario, prefería relacionarse con personas adineradas y controlaba a los párrocos que se salían de la línea conservadora marcada por el arzobispo, especialmente en la zona rural de Durango. Antes de ser obispo fue maestro en el seminario de Durango y en la Universidad Pontificia; fue responsable diocesano del Movimiento Familiar Cristiano y de la Acción Católica Mexicana (ACM).[9]

La misma docilidad mostrada a López Aviña fue desplegada con Girolamo Prigione, quien quedó muy satisfecho con la forma en que Rivera cerró el Seminario Regional del Sureste (Seresure) en 1990, tras 21 años de actividades para la formación de sacerdotes con un fuerte acento en la cuestión social. Rivera tenía experiencia en cómo desactivar teólogos de la liberación y demás grupos "insurrectos": se hizo del control de la dirección del seminario, despidió a los profesores "progresistas" y finalmente lo cerró, con la consternación de alumnos, maestros (como Gonzalo Hallo del Salto, fraile agustino ecuatoriano que se enfrentó a Rivera y terminó deportado en 1992) y de los obispos que dependían de ese seminario, como Arturo Lona (Tehuantepec) y Samuel Ruiz, entre otros.[10]

A Rivera le estallaron las denuncias contra Nicolás Aguilar por abuso sexual a 60 menores de edad en la Sierra Negra de Puebla.[11] De la pederastia de Aguilar se sabía desde antes de la llegada de Rivera a Tehuacán, pero las denuncias se hicieron formalmente en 1988. En ese momento, el obispo intentó convencer a los padres de las víctimas de que no denunciaran los hechos ante las autoridades judiciales, prometiéndoles ayuda psicológica para los niños. La ayuda nunca llegó, pero el obispo envió a Aguilar a Los Ángeles, California, donde fue recibido por el arzobispo Roger Mahony, quien asegura que Rivera nunca le advirtió sobre las razones del traslado. En Los Ángeles, Aguilar fue acusado de abusar sexualmente de 26 niños y en 1989 estaba de vuelta en México. Rivera siguió protegiéndolo: en 1995 oficiaba en la diócesis de Tehuacán, año en el que abusó de Joaquín Aguilar, uno de los casos más conocidos. Actualmente, Joaquín Aguilar es representante en México de la Red de Sobrevivientes de Abuso Sexual por Sacerdotes (SNAP, por sus siglas en inglés) y ha seguido luchando por obtener justicia. Algunas de las demandas siguen abiertas, otras ya prescribieron. Nicolás Aguilar ya murió.

Otro testimonio de la época de Tehuacán apareció en la revista *Emeequis* en 2006. En una entrevista realizada a un "padre Pedro", sacerdote de la diócesis de Tehuacán cuya identidad no se reveló para evitar venganzas, éste presentó una grabación en la que dialogaba con su obispo, Norberto Rivera, acerca del caso de un sacerdote homosexual que había abusado de un niño. El diálogo es el siguiente:

"Señor obispo, siguiendo lo que a conciencia me dicta mi responsabilidad, vengo a decirle que uno de nuestros sacerdotes, el sacerdote Lorenzo, ha abusado sexualmente de un niño de la comunidad. El niño me lo ha dicho."

Rivera apenas se inmuta. Responde con molestia: *"Me preocupan más ustedes, los padres marxistas que andan regando la teología de la liberación, que los padres homosexuales o pederastas"*. El sacerdote, que había comunicado la confesión de la víctima de abuso sexual, todavía alcanzó, con voz baja, a responderle: "Cómo es posible que le parezca más preocupante una ideología que el respeto y la dignidad de ese niño […] ahora entiendo por qué tiene a su alrededor a tales personas".[12]

En esta declaración queda al descubierto, sin ambages, la auténtica preocupación de Rivera, muy a tono con las directrices de Juan Pablo II.

Segundo periodo, 1995-1998.
Arzobispo primado y triunfante

Una vez en la Arquidiócesis Primada de México, Rivera cambió profundamente. De ser un obispo poco conocido, con apenas 10 años de experiencia episcopal, saltó a la Arquidiócesis Primada, sede cardenalicia y asiento del templo más importante del país y, quizá, del continente.

Esos primeros tres años fueron de experimentación, bajo el ala protectora del ya nuncio apostólico Prigione. Inicialmente, Rivera no fue bien recibido por el presbiterio local; le antecedía la fama de conservador y represor por el episodio del Seresure. Segundo, causaba inquietud su vinculación a la teología de la prosperidad y daba la impresión de que sería el capellán de las élites. Tercero, se le veía una inclinación conservadora, si no abiertamente priista, en una ciudad que ya desde entonces mostraba su inclinación por la izquierda. Cuarto, la llegada de Rivera implicaba la absoluta victoria del nuncio, lo que determinaba la correlación de fuerzas dentro de la Iglesia: el grupo nacionalista se veía cada vez más mermado con la salida del cardenal Corripio y de varios obispos ajenos a la influencia de Prigione. El candidato natural a la sede de México había sido el arzobispo Sergio Obeso Rivera, de Xalapa, presidente del Episcopado de 1982 a 1988, quien gozaba de la simpatía de la jerarquía y el clero, pero no del nuncio.

En los primeros tres años al frente de la Arquidiócesis Primada Rivera logró desarticular la oposición en su contra, se desembarazó del abad Schulenburg y cambió el estatuto jurídico de la Basílica de Guadalupe, que de colegiata —casi una cocatedral con autonomía financiera— pasó a rectoría, lo que daba al arzobispo la potestad de disponer de los ingresos del santuario. La forma en que Rivera procedió en contra de Schulenburg fue inusitada: filtró a medios una entrevista del abad negando la veracidad de la existencia de Juan Diego publicada en una revista marginal, *Ixtus*, que provocó la ira popular. También usó sus facultades para reducir a otro grupo de presbíteros leales al cardenal Corripio. Tal es el caso de Mario Ángel Flores, quien primero se enfrentó a Rivera y posteriormente fue cooptado en el más estricto sentido político de la palabra. Hoy es rector de la Universidad Pontificia de México.

Paralelamente, Rivera empezó a relacionarse más a fondo con la sociabilidad del nuncio en la Ciudad de México, pero ahora tuvo acceso a los magnates de los medios de comunicación (las familias Ealy Ortiz, Vázquez Raña, Azcárraga, Salinas Pliego, etc., y alguna que otra personalidad de la farándula) y a otros personajes políticos que a la postre le resultarían muy convenientes.[13]

Es en esta etapa que las primeras informaciones públicas sobre Marcial Maciel empezaron a ser conocidas. El artículo de Jason Berry publicado en *The Hartford Courant* en marzo de 1997 sobre los abusos sexuales de Maciel no afectó al arzobispo de México, pues aparte del apoyo del nuncio contaba con el del cardenal Angelo Sodano, secretario de Estado, del cardenal colombiano Alfonso López Trujillo, presidente del Pontificio Consejo para la Familia y el valedor de Norberto, y de Juan Pablo II mismo. Pero en corto, Rivera estaba alteradísimo. En diversos textos, Alberto Athié refiere cómo lo trató Rivera cuando le expuso el tema de la pederastia de Maciel.

Lo que sí afectó públicamente a Rivera fue el enfrentamiento con el reportero Salvador Guerrero Chiprés de *La Jornada*, quien lo cuestionó acerca de los artículos publicados en abril de 1997 por ese diario relativos a las denuncias en contra de Maciel por pederastia. Rivera respondió acusando al reportero de ser pagado para enlodar al fundador de los Legionarios. Esto sucedió el 11 de mayo de 1997.[14] Al día siguiente, Canal 40 transmitió un programa sobre los abusos sexuales de Maciel. Antes, Rivera buscó frenar la transmisión y, de acuerdo con los registros periodísticos de la época y posteriores, presionó a varios empresarios, entre ellos Alfonso Romo, Lorenzo Servitje y Carlos Slim, para que boicotearan al canal, suspendiendo los contratos de publicidad. Hasta Liébano Sáenz, entonces secretario particular de Ernesto Zedillo, intervino para frenar la emisión.[15] Precisamente por la preponderancia del tema de Maciel y la protección de la que gozaba Rivera, el asunto de Nicolás Aguilar pasó desapercibido en la prensa nacional.

Por esa época hubo un desencuentro con el gobierno federal. A mediados de octubre de 1996, durante una homilía, Norberto Rivera llamó a la desobediencia civil por la ineptitud del gobierno, contraviniendo la legislación vigente. Esto causó un gran revuelo en la clase política, incluso una de las últimas declaraciones del líder de la Confederación de Trabajadores de México (CTM), Fidel Velázquez, fue para criticar al clero político. Rivera fue públicamente amonestado por las autoridades de la Secretaría de Gobernación en octubre de 1996.[16] Desde entonces su relación pública con el priismo se vio un tanto disminuida, pero nunca fue segada.

En esta etapa Rivera podría ser considerado un obispo eficiente, pero con una imagen interna regular; en la Santa Sede advertían que su insensibilidad política podría traer quebraderos de cabeza con el gobierno. Rivera corrigió el rumbo parcialmente y se enfocó durante 1997 a ser más consistente con las líneas establecidas en Roma. Bajó la crítica al gobierno, no se metió en temas polémicos, se mantuvo más centrado en los cambios que venían para él y en delinear su estrategia frente al nuevo nuncio, Justo Mullor, que llegó en otoño de 1997. Gracias a las presiones gubernamentales, presentadas por Norberto Rivera y sus compañeros del club de Roma, en la Santa Sede, Mullor dejó México antes de las elecciones del 2000.

Esta coyuntura finalizó en febrero de 1998, cuando Rivera fue creado cardenal por Juan Pablo II. No hubo sorpresa en su nominación, misma que tampoco causó revuelo a nivel nacional.[17]

Un aspecto relevante de esta primera etapa fue el apoyo que Marcial Maciel brindó al nuevo primado para fabricarle una imagen. Norberto Rivera tuvo a su disposición no sólo recursos técnicos y financieros de la Universidad Anáhuac, sino que el propio Maciel dispuso que 70 personas vinculadas a los legionarios bien cualificados en medios apoyaran la creación de un aparato de comunicación social para apuntalar la imagen del arzobispo. El encargado de materializar este proyecto fue Héctor Fernández Rousselón, quien sería el primer vocero de Rivera. Personaje muy joven y extraño, se encargaba de las relaciones públicas del cardenal. Si bien dejó su encargo al parecer distanciado de los legionarios y de Rivera. Se volvió a saber de él por estar involucrado en operaciones sospechosas del caso Panama Papers, lo que ha llevado a cuestionarse si fue operador en el lavado de dinero de Maciel o de los legionarios.[18] Después de Fernández Rousselón, asumió la coordinación de comunicación social otro legionario, Alfonso Navarro, con un perfil más discreto que el anterior. Posteriormente ocupó el cargo Hugo Valdemar, un sacerdote diocesano que terminó de consolidar el aparato de prensa.

TERCER PERIODO, 1998-2005. EL ARZOBISPO BAJO SOSPECHA

En esta época, el cenit del poder del cardenal Rivera, podemos ver tres temas importantes: el primero, la canonización de Juan Diego; el segundo, las visitas papales, y el tercero, el uso económico de la imagen guadalupana. Hubo un cuarto tema que en ese momento no fue tan visible: la denuncia por pederastia de unos de sus obispos auxiliares, Luis Fletes Santana.

Respecto de la canonización de Juan Diego, el argumento de un grupo de historiadores era que no había evidencia empírica de la existencia de Juan Diego, aunque cabía la posibilidad de que hubiese habido una aparición mariana. Ésa fue la posición inicial de David Brading y Manuel Olimón. El primero, en el libro *The*

Mexican Phoenix, publicado en 2001, sostenía que no había pruebas sobre la existencia de Juan Diego; el segundo, en su libro *La búsqueda de Juan Diego*, ponía de relieve la ausencia de pruebas históricas objetivas sobre la existencia del indio vidente y daba cuenta de las comunicaciones a la Santa Sede para evitar que la falta de historicidad del personaje provocara una crisis de credibilidad de la Iglesia, en virtud de las reglas de la canonización que no aplican a la beatificación. Si bien contra Brading no pudo hacer mayor cosa, Rivera emprendió una encarnizada campaña para aplastar cualquier cuestionamiento por parte del clero concerniente a la canonización, léase enfiló sus baterías contra Olimón. Incluso llegó a decir que quien no creyera en Juan Diego ni en las apariciones marianas estaba excomulgado en automático, aunque técnicamente ningún católico está obligado a creer en apariciones. Todo este episodio está relatado de forma magistral por el sacerdote estadounidense Stafford Poole en su libro *The Guadalupan Controversies*, publicado en 2008. Victoria pírrica, porque al final de cuentas el culto a Juan Diego no ha penetrado entre los fieles.

El segundo punto fue que logró dos visitas de Juan Pablo II, en enero de 1999 y en agosto de 2002. La primera tuvo como motivo la firma de la exhortación apostólica postsinodal *Ecclesia in America*, producto del Sínodo de los Obispos de cara al Jubileo 2000. En cuanto al cardenal primado, fue criticado por la comercialización que propició la visita papal.

En 2002 el pontífice, ya en un estado lamentable, vino específicamente para la canonización de Juan Diego. Se consideró como un triunfo del cardenal Rivera, en vista de que Juan Pablo II ya había venido a México cuatro veces, que Vicente Fox y Marta Sahagún le disgustaban por su comportamiento en Roma el año anterior y que la altura de la Ciudad de México no era propicia para una persona de su edad con la salud quebrantada.

Las finanzas arquidiocesanas se supeditaron a las relaciones públicas. Políticamente, Rivera logró una excelente relación con el jefe de gobierno, Andrés Manuel López Obrador, tanto que se le adjudicaron terrenos de la ciudad para la construcción de la Plaza Mariana. También tenía una excelente relación con Carlos Slim, quien le financió dicha plaza comercial y lo apoyó para construir las criptas y osarios de la Villa, que generaron pingües ganancias al arzobispado. También estuvieron los negocios del *copyright* de la imagen guadalupana con la empresa Viotrán y la agencia de viajes, entre otras fuentes secundarias de financiamiento. ¿Qué pasó con todo lo obtenido? Sólo Rivera y sus allegados lo saben realmente. Lo que sí es que en la prensa nacional aparecían cada vez más notas relacionadas con el enriquecimiento del cardenal Rivera y su modo de vida ostentoso.[19]

A pesar de que la influencia de los legionarios llegó a Los Pinos de la mano de la "pareja presidencial", lo que también benefició a Rivera, las denuncias continuaron. En abril de 2002 Televisa transmitió el testimonio de las principales víctimas de Maciel y a finales de ese mismo año se dio el llamado "Chiquihuitazo", cuando TV Azteca logró hacerse de CNI Canal 40 con el apoyo presidencial.

Había otro caso latente: el de Luis Fletes Santana, a quien Rivera promovió como obispo auxiliar de México. En 2004 se acusó a Fletes de pederastia, hecho comprobado internamente. Por tratarse de un obispo, la mediación con la familia de la víctima se hizo en la Secretaría de Gobernación.[20] Fletes pudo esquivar el juicio canónico porque la parte acusadora se desistió gracias a un acuerdo extrajudicial. Así, el caso no pasó a la Santa Sede y tampoco a la autoridad civil. Fletes estuvo en Roma dos años, fue reaceptado en la arquidiócesis y en 2007 regresó a Roma. En 2010 apareció en las exequias del obispo de Aguascalientes, de donde fue sacado a empellones por el cardenal Sandoval. A partir de 2009 su nombre no aparece en las listas de la CEM. La intervención gubernamental indica la influencia adquirida por Rivera. Fletes sigue desaparecido y su caso no forma parte de los mencionados por Rivera en 2017.

Este periodo acabó con la muerte de Juan Pablo II a principios de abril de 2005. Poco antes, frente al creciente escándalo provocado por las investigaciones y el juicio exigido en contra de Marcial Maciel, éste tomó la decisión de dejar la dirección del instituto. Rivera, pese a ello, lo seguía apoyando. ¿Cómo no, si en noviembre de 2004 Juan Pablo II en persona acudió a los festejos por el sexagésimo aniversario de la ordenación de Maciel?[21]

Cuarto periodo, 2005-2013. Cardenal en soledad

La muerte del papa Wojtyla destapó muchísimas cosas, entre ellas los casos de pederastia. Una de las primeras acciones de Benedicto XVI fue tomar cartas en el asunto sobre Maciel, lo que esta vez sí que afectó a Rivera. Durante su encargo como prefecto de la Congregación de la Doctrina de la Fe, Joseph Ratzinger fue testigo de la red de complicidades de algunos obispos mexicanos y Maciel en el Vaticano. Sabía perfectamente cómo el secretario del Papa, monseñor Stanislaw Dziwisz, era colmado de "regalos" en metálico (dinero que se usó en parte, según se sabe, para financiar al sindicato polaco Solidaridad) por ciertos prelados mexicanos y también tenía a la mano un expediente sobre Maciel, por y a pesar de la cercanía ideológica de éste con Juan Pablo II. En abril de 2005 el arzobispo Charles Scicluna inició la investigación pontificia sobre Maciel; en 2006 dictaminó que éste tendría que recluirse para dedicar el resto de su vida a la penitencia y oración, sin volver a oficiar públicamente. En atención a su edad, no se prosiguió el juicio. Maciel hizo caso omiso, buscó garantizarse el apoyo de la Legión y se fue a vivir a Florida con su amante y la hija de ambos. Falleció en enero de 2008. Rivera siguió defendiéndolo, asegurando que no lo habían condenado, sino sólo invitado a retirarse a la vida privada.[22]

En 2007 se presentó la denuncia en contra del párroco de San Agustín Tlalpan, Carlos López Valdés, por pederastia y abuso sexual de Jesús Romero Colín. Los hechos habían ocurrido en 1994, cuando Romero Colín tenía 11 años. Este caso fue documentado en el cortometraje *Agnus Dei: Cordero de Dios*, realizado en 2010 por Alejandra Sánchez. En agosto de 2016 López Valdés fue arrestado por abuso sexual de menores y pornografía en Jiutepec, Morelos. El caso fue muy sonado por la presión ejercida por el cardenal Rivera a favor del sacerdote pedófilo, obstaculizando así las investigaciones y la impartición de justicia. Hoy López Valdés purga una condena de 63 años en el Reclusorio Oriente de la Ciudad de México.[23]

También en 2007 Rivera tuvo que declarar ante la justicia estadounidense por el caso de Nicolás Aguilar. Al respecto, Rivera no tuvo empacho en utilizar sus contactos en el gobierno para intentar librarse de engorros judiciales. Por órdenes de Carlos Abascal, entonces secretario de Gobernación, el Instituto Nacional de Migración casi detiene en septiembre de 2006 al dirigente de la SNAP, Eric Barragán, y a los abogados defensores de Joaquín Aguilar: Jeffrey Anderson, Vance Owen, Michael G. Finnegan y David Clohessy, durante una conferencia de prensa, cuando anunciaban el citatorio al cardenal Rivera por la justicia californiana.[24]

Los apoyos en Roma disminuían. Los contactos adquiridos a través de Maciel empezaron a ser mal vistos en el Vaticano. El cardenal Sodano, tan solícito con los prelados mexicanos, fue sustituido por el cardenal Tarsicio Bertone en septiembre de 2006. El cardenal Alfonso López Trujillo falleció en 2009. Javier Lozano Barragán se quedó aislado como prefecto del Pontificio Consejo para la Pastoral de los Agentes Sanitarios, así que Rivera viajaba con frecuencia a Roma para establecer vínculos con la nueva camarilla papal. No contaba con la animadversión de Benedicto XVI ni con que el nuevo presidente de la CEM y posteriormente de la Conferencia Episcopal Latinoamericana (Celam), el arzobispo de Tlalnepantla, Carlos Aguiar, asumía un papel protagónico en Roma. Entre Rivera y su futuro sucesor nunca hubo buena química, según testimonios cercanos.

Por otra parte, si bien Rivera había logrado que miembros de su camarilla llegaran a la dignidad episcopal, este grupo era secundario en la CEM; su relación con el clero regular era mala, a excepción de los Legionarios de Cristo que se hallaban tratando de sobrevivir a la justa defenestración de su fundador. En materia política, Rivera seguía siendo un referente gracias al aparato de comunicación social que había construido y a las relaciones que había establecido con empresarios y medios, pero la relación con lo político disminuyó. El retorno del Partido Revolucionario Institucional (PRI) no le favorecía, pero trató de congraciarse con Enrique Peña Nieto consiguiendo la nulidad matrimonial de su futura esposa, Angélica Rivera.

Resultó bastante sugerente el hecho de que en la visita papal de marzo de 2012 a Guanajuato —bastión panista— la figura de Rivera quedara eclipsada frente al presidente del Episcopado, Carlos Aguiar, y el arzobispo de León, José Guadalupe Martín Rábago. Parecía claro que Rivera no estaba entre los obispos mexicanos cercanos al pontífice alemán y es posible que los cuatro candidatos presidenciales (Peña, AMLO, Josefina Vázquez Mota y Gabriel Quadri) presentes en la celebración eucarística cayeran en cuenta de la debilidad de Rivera dentro de la jerarquía.

En suma, esta etapa fue el inicio del declive de Rivera; la insatisfacción del clero y los fieles de la ciudad eran palpables, su imagen estaba bastante deteriorada por las acusaciones de encubrimiento a pederastas, por su modo de vida y constante intervención en política directamente o a través de *Desde la fe*.

La renuncia de Benedicto XVI afectó aún más la imagen de Rivera, a quien en lo personal la información filtrada en el primer *vatileaks* no le afectaba; sin embargo, el grupo en el Vaticano que lo protegía sí se vio comprometido. En todo caso, Rivera acabó por ser mal visto en Roma, en México y en el resto de América.

QUINTO PERIODO, 2013-2018. CARDENAL EN DECLIVE

Con la elección del papa Francisco la situación de los prelados identificados con las prioridades de Juan Pablo II empezó a ser precaria. El giro que el nuevo pontífice dio hacia los temas socioeconómicos, como el modelo de desarrollo, el cuidado del ambiente y la atención de grupos periféricos fue un golpe para los obispos vinculados a la teología de la prosperidad y fijados en la moral sexual. Los cardenales electores del cónclave de marzo de 2013 no imaginaron que Jorge Mario Bergoglio traería consigo un cambio de discurso, que si bien no afecta el dogma ni la tradición, modificó el discurso del pecado (sexual). El combate a la pederastia en las filas de la Iglesia es central en el pontificado de Francisco. La llamada "cumbre antipederastia", efectuada en el Vaticano en febrero de 2019, arrojó una serie de líneas de acción para construir un entramado institucional antiabuso sexual. Las dos medidas más importantes fueron la abolición del secreto pontificio en casos de abuso y violencia sexual así como pornografía, para colaborar con las autoridades judiciales en las investigaciones, y la obligatoriedad de la denuncia de los casos de abuso a las autoridades civiles.

Con respecto al cardenal Rivera, el papa Francisco ha sido directo: no le gusta su estilo y lo considera un prelado carrerista, como a otros prelados mexicanos.[25] De ello da cuenta el discurso del pontífice en la catedral primada de México el 13 de febrero de 2016.

> La Iglesia no necesita de la oscuridad para trabajar. Vigilen para que sus miradas no se cubran de las penumbras de la niebla de la mundanidad; no se dejen corromper por el materialismo trivial ni por las ilusiones seductoras de los acuerdos debajo de la mesa; no pongan su confianza en los "carros y caballos" de los faraones actuales [...] No pierdan, entonces, tiempo y energías en las cosas secundarias, en las habladurías e intrigas, en los vanos proyectos de carrera, en los vacíos planes de hegemonía, en los infecundos clubs de intereses o de consorterías. No se dejen arrastrar por las murmuraciones y las maledicencias [...] es necesario para nosotros, pastores, superar la tentación de la distancia —y dejo a cada uno de ustedes que haga el catálogo de las distancias que pueden existir en esta Conferencia Episcopal; no las conozco, pero superar la tentación de la distancia— y del clericalismo, de la frialdad y de la indiferencia, del comportamiento triunfal y de la autorreferencialidad. Guadalupe nos enseña que Dios es familiar, cercano, en su rostro, que la proximidad y la condescendencia, ese agacharse y acercarse, pueden más que la fuerza, que cualquier tipo de fuerza [Francisco, Encuentro con los obispos de México, 13 de febrero de 2016].

La visita papal a la Ciudad de México fue menos celebrada que en ocasiones anteriores; corrieron los rumores de que el cardenal Rivera puso nulo empeño en la recepción papal por el enfrentamiento que tenía con los miembros de la presidencia del Episcopado Mexicano, especialmente con el cardenal Francisco Robles, de Guadalajara, y también con el entonces arzobispo Aguiar, quien se rumoraba que sería el siguiente primado. Sin embargo, las caras visibles del conflicto fueron el secretario de la CEM, Eugenio Lira, y el nuncio apostólico Cristophe Pierre, a quienes se les acusó de manipular la visita en detrimento de Rivera.[26]

De una reunión que tuvo con los periodistas de la fuente eclesiástica en vísperas de "jubilarse" en diciembre de 2016, se supo que

Rivera dijo que jamás había encubierto a nadie en los 15 casos de pederastia que había investigado, que envió los casos al Vaticano y que ahí habían dictaminado y absuelto.[27] Pero Rivera no dio aviso a las autoridades civiles competentes, lo que fundamentó la denuncia presentada por Alberto Athié y José Barba ante la PGR el 2 de junio de 2017, cinco días antes de que se cumpliera el plazo canónico para que el cardenal presentara su renuncia al Papa.

De entonces hasta el 7 de diciembre de ese año, cuando, según se dice, el mismo Rivera filtró la noticia de la designación de Aguiar para sucederlo, toda la información en torno suyo se centró en el papel que jugó en la protección de sacerdotes pederastas.

Dos años después de su salida de la arquidiócesis, Rivera sigue viviendo en la Ciudad de México; hasta donde se sabe, la denuncia interpuesta en 2017 sigue pendiente en la Fiscalía Especial para los Delitos de Violencia contra las Mujeres y Trata de Personas. La opacidad persiste. Rivera no fue luz de su grey.

NOTAS

[1] "Cardenal Rivera no denunció 15 casos de pederastia que conocía: Athié", *Aristegui Noticias*, 6 de julio de 2017. Consultado en https://aristeguinoticias.com/0607/mexico/cardenal-rivera-no-denuncio-15-casos-de-pederastia-que-conocia-athie/.

[2] Este comentario me lo hizo de manera personal Armando López Campa, quien fuera director general de Asuntos Religiosos de la Secretaría de Gobernación entre 1995 y 1997. Según lo referido, Girolamo Prigione le dijo personalmente a López Campa que se arrepentía de haber impulsado a Rivera para la sede primada.

[3] "AMLO es padrino de bautizo de la hija del empresario Miguel Rincón", *Milenio*, 17 de marzo de 2019. Consultado en https://www.milenio.com/politica/amlo-apadrina-hijo-miguel-rincon-cuernavaca. Norberto Rivera ofició el bautismo. Miguel Rincón Arredondo hace parte del grupo de hijos de empresarios amigos del cardenal Rivera como Olegario Vázquez Aldir, Ricardo Salinas Pliego, Carlos Hank González y Miguel Alemán Magnani.

[4] A finales de 2006 el arzobispo de Los Ángeles, el cardenal Roger Mahony, acordó pagar 60 millones de dólares para resolver 45 de los más de 500 casos

pendientes de abuso sexual cometido por sacerdotes. A Aguilar se le acusó en Estados Unidos de haber abusado de 26 niños. A ello habría que sumarle los 86 casos de Puebla.

5 El libro de Frederic Martel, *Sodoma*, publicado en 2019, da cuenta de las redes de complicidad intraeclesiales, especialmente del llamado *lobby gay*.

6 El sitio web BishopsAccountability.org presenta una lista de casos de abuso sexual en cada una de las diócesis de Estados Unidos. Ojalá existiera algo así de documentado para México.

7 David Vela, "Ataque a la casa de Norberto Rivera fue por robo: PGJ", *El Financiero*, 1º de noviembre de 2018. Consultado en https://www.elfinanciero.com.mx/nacional/ataque-a-la-casa-de-norberto-rivera-por-robo-pgj.

8 Parametría, "Carta paramétrica. Cardenal Norberto Rivera Carrera: ¿un pastor religioso o un líder político?", junio de 2007. Disponible en http://www.parametria.com.mx/carta_parametrica.php?cp=4074.

9 Luis León, Jonathan Nácar, María Idalia Gómez y Juan Carlos Rodríguez, "Norberto, adiós al capellán de las élites", *Eje Central*, 3 de diciembre de 2017. Consultado en http://www.ejecentral.com.mx/norberto-rivera-adios-al-capellan-de-las-elites/.

10 "La historia oscura de Norberto Rivera en la diócesis de Tehuacán", *Diario Cambio*, 27 de junio de 2016. Consultado en https://www.diariocambio.com.mx/2016/secciones/metropolis/item/16787-la-historia-oscura-de-norberto-rivera-en-la-diocesis-de-tehuacan.

11 Sanjuana Martínez, "Norberto Rivera supo todo y protegió al pederasta Nicolás Aguilar Rivera", *La Jornada*, 13 de noviembre de 2006. Consultado en https://www.jornada.com.mx/2006/11/13/index.php?article=012n1pol&section=politica.

12 "Infidencias de un padre que denunció abusos ante Rivera Carrera", *Emeequis*, 26 de septiembre de 2006. Consultado en https://elsenderocontraelfraude2006.blogspot.com/2006/09/domingo-septiembre-24-2006-las.html?m=0. Las cursivas son mías.

13 Me consta, porque lo vi personalmente, que en la primavera de 1997, antes de las primeras elecciones a la jefatura de Gobierno del Distrito Federal, Girolamo Prigione invitó a comer a la sede de la nunciatura al ingeniero Cuauhtémoc Cárdenas y al entonces arzobispo primado.

14 Jenaro Villamil, "La sombra de la pederastia acompañará a Norberto Rivera", *Proceso*, 13 de junio de 2017. Consultado en https://www.proceso.com.mx/490907/la-sombra-la-pederastia-acompanara-a-norberto-rivera.

15 Ciro Gómez Leyva, "Maciel: La operación censura. Crónica del boicot a Canal 40", *Nexos*, 1º de julio de 2010. Consultado en https://www.nexos.com.mx/?p=13792. Véase también Mónica Uribe, "Zedillo y la Legión

de Cristo", *El Cotidiano* 172, abril de 2012, México, UAM-Azcapotzalco, pp. 82-87.

[16] *Cf.* el capítulo referente a la relación con Norberto Rivera en A. López Campa, *Andanzas de Armando López Campa. A 25 años de la reforma constitucional en materia eclesiástica. Conversaciones con Mónica Uribe* México, edición personal, 2018.

[17] María Luisa Aspe Armella, "Norberto Rivera, cardenal", *Proceso*, 24 de enero de 1998. Consultado en https://www.proceso.com.mx/177349/norberto-rivera-cardenal-no-1108.

[18] *Cf.* "Legionario de Cristo, exvocero del cardenal Rivera, en #PanamaPapers", *Zócalo.* Consultado en http://www.zocalo.com.mx/new_site/articulo/legionario-de-cristo-exvocero-del-cardenal-rivera-en-panamapapers-146236905.

[19] Uribe, *op. cit.*

[20] Eugenia Jiménez Cáliz, "Defensores de pederastas: así encubren los pecados de la Iglesia católica", *Newsweek en español*, 10 de marzo de 2019. Consultado en https://newsweekespanol.com.

[21] Frederic Martel, *Sodoma. Poder y escándalo en el Vaticano*, Barcelona, Roca, 2018, pp. 276-277.

[22] Jesús Rodríguez, *La confesión. Las extrañas andanzas de Marcial Maciel y otros misterios de la Legión de Cristo*, Barcelona, Debate, 2011.

[23] "El álbum de fotos del cura pederasta", *La Silla Rota*, 7 de noviembre de 2018. Consultado en https://lasillarota.com/carlos-lopez-sacerdote-violacion-pornografia-infantil-fotos-pederasta/210621.

[24] "Norberto, ¿fuero de facto?", *La Jornada*, 21 de septiembre de 2006. Consultado en https://www.jornada.com.mx/2006/09/21/index.php?section=opinion&article=002a1edi.

[25] Teo Uckerman, "México: el Papa conoce los jugosos negocios del cardenal Rivera", *Santa & Pecadora*, 2 de octubre de 2015. Consultado en http://santaipecadora.blogspot.mx/2015/10/mexico-el-papa-conoce-los-jugosos.html#more.

[26] Teo Uckerman, "La doble cara del cardenal Rivera y la salida del nuncio Pierre", *Santa & Pecadora*, 12 de marzo de 2017. Consultado en https://santaipecadora.blogspot.com/2016/03/la-doble-cara-del-cardenal-rivera-y-la.html.

[27] "Cardenal Rivera no denunció 15 casos de pederastia que conocía: Athié", *Aristegui Noticias*, 6 de julio de 2017. Consultado en https://aristeguinoticias.com/undefined/mexico/cardenal-rivera-no-denuncio-15-casos-de-pederastia-que-conocia-athie/?jwsource=cl.

REFERENCIAS BIBLIOGRÁFICAS Y HEMEROGRÁFICAS

"AMLO es padrino de bautizo de la hija del empresario Miguel Rincón", *Milenio*, 17 de marzo de 2019. Consultado el 30 de enero de 2020 en https://www.milenio.com/politica/amlo-apadrina-hijo-miguel-rincon-cuernavaca.

Barranco, B., *Norberto Rivera, el pastor del poder*, México, Grijalbo, 2017.

Campa, H., "Cómo perdieron Schulenburg y Prigione", *Proceso* 736, 8 de diciembre de 1990. Consultado el 7 de diciembre de 2019 en http://hemeroteca.proceso.com.mx/?page_id=278958&a-51dc26366d99bb5fa29cea4747565fec=156196.

"Cardenal Rivera no denunció 15 casos de pederastia que conocía: Athié", *Aristegui Noticias*, 6 de julio de 2017. Consultado el 15 de diciembre de 2019 en https://aristeguinoticias.com/0607/mexico/cardenal-rivera-no-denuncio-15-casos-de-pederastia-que-conocia-athie/.

Código de Derecho Canónico, edición bilingüe, Valencia, EDICEP, 1983.

"El álbum de fotos del cura pederasta", *La Silla Rota*, 7 de noviembre de 2018. Consultado el 1º de abril de 2020 en https://lasillarota.com/carlos-lopez-sacerdote-violacion-pornografia-infantil-fotos-pederasta/210621.

Francisco, Encuentro con los obispos de México. Discurso en la catedral de México, 13 de febrero de 2016. Consultado el 17 de febrero de 2020 en http://w2.vatican.va/content/francesco/es/speeches/2016/february/documents/papa-francesco_20160213_messico-vescovi.html.

Gómez Leyva, C., "Maciel: La operación censura. Crónica del boicot a Canal 40", *Nexos*, 1º de julio de 2010. Consultado el 15 de marzo de 2020 en https://www.nexos.com.mx/?p=13792.

González Ruiz, E., "Norberto Rivera: Abuso y complicidad", *Contra la derecha*, 24 de diciembre de 2006. Consultado el 29 de diciembre de 2019 en http://contra-la-derecha.blogspot.mx/2006/12/la-historia-de-norberto-rivera.html.

Gutiérrez, A., y R. Vera, "El cardenal Rivera y la bendición a Vázquez Raña. Slim, Alemán...", *Proceso* 1923, 11 de septiembre de

2013. Consultado el 4 de abril de 2020 en http://www.proceso. com.mx/352493/el-cardenal-rivera-y-la-bendicion-a-slim-vaz-quez-rana-aleman.

"Infidencias de un padre que denunció abusos ante Rivera Carrera", *Emeequis*, 26 de septiembre de 2006. Consultado el 20 de marzo de 2020 en https://elsenderocontraelfraude2006.blogspot. com/2006/09/domingo-septiembre-24-2006-las.html?m=0.

Jiménez Cáliz, E., "Defensores de pederastas: así encubren los pecados de la Iglesia católica", *Newsweek en español*, 10 de marzo de 2019. Consultado el 10 de enero de 2020 en https://newswee-kespanol.com.

"La historia oscura de Norberto Rivera en la diócesis de Tehuacán", *Diario Cambio*, 27 de junio de 2016. Consultado el 2 de febrero de 2020 en https://www.diariocambio.com. mx/2016/secciones/metropolis/item/16787-la-historia-os-cura-de-norberto-rivera-en-la-diocesis-de-tehuacan.

"Legionario de Cristo, exvocero del cardenal Rivera, en #Panama-Papers", *Zócalo*. Consultado el 29 de marzo de 2020 en http:// www.zocalo.com.mx/new_site/articulo/legionario-de-cris-to-exvocero-del-cardenal-rivera-en-panamapapers-146236905.

León, L., *et al.*, "Norberto, adiós al capellán de las élites", *Eje Central*, 3 de diciembre de 2017. Consultado el 28 de diciembre de 2019 en http://www.ejecentral.com.mx/norberto-rivera-adios-al-ca-pellan-de-las-elites/.

López Campa, A., *Andanzas de Armando López Campa. A 25 años de la reforma constitucional en materia eclesiástica. Conversaciones con Mónica Uribe*, México, edición personal, 2018.

Martel, F., *Sodoma. Poder y escándalo en el Vaticano*, Barcelona, Roca, 2018.

Martínez, S., "Norberto Rivera supo todo y protegió al pederasta Nicolás Aguilar Rivera", *La Jornada*, 13 de noviembre de 2006. Consultado el 25 de marzo de 2020 en https://www.jorna-da.com.mx/2006/11/13/index.php?article=012n1pol&sec-tion=politica.

"Norberto, ¿fuero de facto?", *La Jornada*, 21 de septiembre de 2006. Consultado el 1° de abril de 2020 en https://www.jornada.com.mx/2006/09/21/index.php?section=opinion&article=002a1edi.

Parametría, "Carta paramétrica. Cardenal Norberto Rivera Carrera: ¿un pastor religioso o un líder político?", junio de 2007. Consultado el 27 de marzo de 2020 en http://www.parametria. com.mx/carta_parametrica.php?cp=4074.

Poole, S., *The Guadalupan Controversies in Mexico*, California, Stanford University Press, 2006.

Rodríguez, J., *La confesión. Las extrañas andanzas de Marcial Maciel y otros misterios de la Legión de Cristo*, Barcelona, Debate, 2011.

Román, J. A., y D. Aponte, "La visita papal no tiene precio", *La Jornada*, 20 de enero de 1999. Consultado el 27 de marzo de 2020 en http://www.jornada.unam.mx/1999/01/20/desata.html.

Senado de la República, "De la Sen. María Soledad Luévano Cantú, del Grupo Parlamentario Morena, con proyecto de decreto por el que se reforman, adicionan y derogan diversas disposiciones de la Ley de Asociaciones Religiosas y Culto Público", 11 de diciembre de 2019. Consultado el 30 de marzo de 2020 en https://www.senado.gob.mx/64/gaceta_del_senado/documento/103131.

Uckerman, T., "La doble cara del cardenal Rivera y la salida del nuncio Pierre", *Santa & Pecadora*, 12 de marzo de 2016. Consultado el 10 de febrero de 2020 en https://santaipecadora.blogspot. com/2016/03/la-doble-cara-del-cardenal-rivera-y-la.html.

——, "El ocaso de la era del oscuro cardenal Norberto Rivera Carrera y la crisis de la arquidiócesis primada", *Santa & Pecadora*, 28 de diciembre de 2015. Consultado el 11 de febrero de 2020 en http://santaipecadora.blogspot.mx/2014/12/el-ocaso-de-la-era-del-oscuro-cardenal.html.

——, "México: el Papa conoce los jugosos negocios del cardenal Rivera", *Santa & Pecadora*, 2 de octubre de 2015. Consultado el 10 de febrero de 2020 en http://santaipecadora. blogspot.mx/2015/10/mexico-el-papa-conoce-los-jugosos. html#more.

Uribe, M., "Zedillo y la Legión de Cristo", *El Cotidiano* 172, abril de 2012, México, UAM-Azcapotzalco, pp. 82-87.

Vela, D., "Ataque a la casa de Norberto Rivera fue por robo: PGJ", *El Financiero*, 1º de noviembre de 2018. Consultado el 15 de enero de 2020 en https://www.elfinanciero.com.mx/nacional/ataque-a-la-casa-de-norberto-rivera-por-robo-pgj.

Vera, R., "El cardenal y su pandilla", *Proceso* 1607, 19 de agosto de 2007. Consultado el 18 de enero de 2020 en http://www.proceso.com.mx/92068.

——, "Norberto Rivera se deslinda", *Proceso* 1607, 19 de agosto de 2007. Consultado el 17 de diciembre de 2019 en http://www.proceso.com.mx/92068.

Villamil, J., "La sombra de la pederastia acompañará a Norberto Rivera", *Proceso*, 13 de junio de 2017. Consultado el 10 de diciembre de 2019 en https://www.proceso.com.mx/490907/la-sombra-la-pederastia-acompanara-a-norberto-rivera.

Mónica Uribe. Nació en la Ciudad de México en 1966. Politóloga, maestra y doctoranda en Historia por la Universidad Iberoamericana de la Ciudad de México, donde también ha sido docente. Especialista en relaciones Iglesia-Estado e historia contemporánea de la Iglesia católica en México. Ejerció asesoría política en el Ejecutivo Federal y en el Congreso de la Unión. Ha publicado diversos artículos en revistas especializadas en análisis de coyuntura y participó en obras colectivas como *The Cambridge Dictionary of Christianity* y *Norberto Rivera; el pastor del poder*, coordinado por Bernardo Barranco. En 2019 publicó el libro *El dolor de Acteal 1997-2014*.

Colabora semanalmente desde hace varios años como analista política en el programa de Eduardo Ruiz Healy en TeleFórmula y en el programa de análisis El Rapidín, conducido por Tere Vale.

Es miembro de la Comisión para el Estudio de la Historia de las Iglesias en América Latina y el Caribe (CEHILA) y del Instituto Nacional de Administración Pública (INAP).

Una mirada desde el interior

Daniel Portillo Trevizo

INTRODUCCIÓN

Hace varios años que se ha hablado y escrito sobre los abusos sexuales cometidos en la Iglesia católica, sin duda una crisis gravísima que ha golpeado la credibilidad de la feligresía. Los esfuerzos implementados parecen ser minúsculos y distanciados. Resulta incomprensible pensar que han pasado al menos cuatro décadas y la herida del abuso y la impunidad siguen presentes en la historia y en la vida de las víctimas y sobrevivientes. Además, no se puede permanecer indiferente a la desilusión de algunas personas al encontrarse con herméticas estructuras, en donde resulta inconcebible la justicia.

Es evidente que el protagonismo de la lucha contra los abusos sexuales lo tienen las víctimas y los sobrevivientes, aunque ingenuamente se pretenda remitirlo a la jerarquía. Aunque le compete a ésta la implementación de normas cautelares, le corresponde a todo el cuerpo eclesial la lucha por una cultura y ética de prevención. Incluso la reforma eclesial que los últimos pontífices han llevado a cabo ha sido fruto del rompimiento del silencio de aquellas personas que habían sido maltratadas. Dicho en otras palabras: la prevención es un principio eclesial, no jerárquico.

Consecuentemente, el proceso de justicia hacia las víctimas es parte del esfuerzo de muchos actores, visibles e invisibles, entre los cuales se encuentra un considerable número de sobrevivientes.

La historia constata su esfuerzo por oponerse a las estructuras de corrupción y abuso. Lamentablemente, algunos de estos actores, "reformadores anónimos", por obvias razones, ya no se encuentran dentro de nuestra Iglesia. Sin embargo, sería oportuno no olvidar a aquellos que lucharon contra todos los antivalores y delitos que se suscitaban al interior.

No podemos descontextualizar que dentro de la institucionalización de los derechos de los niños tanto la Iglesia como la sociedad misma y el resto de las instituciones seculares están aprendiendo y luchando por defenderlos. Este capítulo no representa un esfuerzo apologético a favor de la Iglesia, sino el reconocimiento desde el interior de aquello que, lamentablemente, han sido nuestros errores sistémicos. Soy consciente de que no basta con señalar el mal cometido si no se tiene una pronta disposición para ser parte de la solución. Por otro lado, la estrategia del "chivo expiatorio" puede eliminar o minimizar la responsabilidad de todos los involucrados. Con dicha estrategia me refiero a señalar que los abusos se cometen sólo dentro de la Iglesia católica, olvidando, descartando o minimizando la diversidad de los ambientes en donde dichos delitos se perpetran.

Somos conscientes de que este terrible delito difícilmente podrá ser desterrado con esfuerzos parciales. La prevención del abuso no funciona con intereses particulares, sino bajo un espíritu colegial, transversal, interinstitucional e interdisciplinar. Si este delicado esfuerzo no crea y establece sinergias con un frente común, experimenta la frustrada metástasis de situaciones que laceran y vulneran la dignidad de los niños, niñas y adolescentes. De tal manera que toda aspiración preventiva deberá manejar siempre un empeño colaborativo en el que se coloque la dignidad de los menores de edad como valor central que permita la nutrida acción en cada una de las ciencias e instituciones colaborativas.

La protección del abuso sexual nos hace ciudadanos de un mundo preventivo, sin visa ni bandera. En esta hodierna prevención no se distinguen las razas, las religiones, las instituciones, los colores, las indumentarias, los atuendos y las insignias. Los idiomas se unifican y la comunicación se hace unísona, de manera que cualquier aislado intento, paralelo al diálogo y a las acciones conjuntas, resulta un parcial y pequeño esfuerzo sin un impacto de trascendencia. La prevención es como una composición polifónica en la que se articulan diferentes voces (instituciones, religiones, personas, políticos, asociaciones civiles, ciudadanos), en donde cada instrumento se hace necesario dentro de la armoniosa melodía. Esta armoniosa melodía rompe el silencio del encubrimiento, de la complicidad y de la impunidad.

La imagen de la composición polifónica es la idea de todo aquello que es intrínsecamente relacional, que no se cierra en sí mismo. De otra manera, los esfuerzos individuales resultan la Babel de la prevención, es decir, un mercado de ilusiones de menudeo que no generan una colegialidad de esfuerzos, sino la incapacidad de diálogo por un bien común mayor. La prevención no es un concierto de solistas, no resulta una pieza de moda, ni tampoco obedece a ciertas leyes actuales, por el contrario, contiene una belleza particular, una belleza de protección hacia la que debería tender la sociedad dispuesta a proteger a los niños y adolescentes. Esta línea melódica de la prevención resulta más global y relacional por la sumatoria de esfuerzos claros y precisos a favor de la protección. Más aún, la belleza polifónica de la prevención, por su naturaleza y fisonomía orquestal, podrá aceptar todas las variantes que sean capaces de custodiar la dignidad, la integridad y la seguridad de los niños.

Sin embargo, a pesar de los esfuerzos preventivos que las distintas instituciones están implementando —como la Iglesia misma—, resultan evidentes, por un lado, las tendencias contrarias que aminoran los esfuerzos para prevenir los abusos. El capítulo pretende hacer una valoración hacia dentro y desde dentro de la Iglesia, consciente de que la presente publicación ha puesto en el blanco a la Iglesia católica. Así pues, en el primer apartado se pondrán a consideración las diversas reacciones que, dentro de la estructura eclesial, no han favorecido al tratamiento adecuado de los casos de abuso sexual. Se señalarán los "sindicatos" de la prevención que, tomando una postura unívoca de actuación, no han favorecido el diálogo y la colaboración. También, en un segundo momento, se centrará la atención en el desarrollo de las cinco fases que han estado presentes en el ciclo del abuso.

LOS "PARTIDOS" OPOSITORES EN EL TRABAJO PREVENTIVO
DENTRO DE LA IGLESIA CATÓLICA

La defensa de los niños, las niñas y los adolescentes es un componente vital de cualquier sociedad que determina en gran parte la calidad de vida, y contribuye a que la existencia humana sea digna o indigna. La protección infantil debería ser una alta prioridad para la sociedad y, obviamente, para la Iglesia. Además, con fundamento en la Convención sobre los Derechos del Niño y otros tratados internacionales, todos los menores de edad tienen el derecho a ser protegidos contra cualquier daño. El papa Francisco, en su discurso a los participantes en el congreso sobre la dignidad del menor en el mundo digital, celebrado en Roma en octubre de 2017, señalaba:

> El reconocimiento y la defensa de la dignidad de la persona humana es el principio y el fundamento de todo orden social y político legítimo, y la Iglesia ha reconocido la Declaración Universal de los Derechos del Hombre [1948] como "una piedra miliar en el camino del progreso moral de la humanidad". En la misma línea, conscientes de que los niños son los primeros que han de recibir atención y protección, la Santa Sede saludó positivamente la Declaración de los Derechos del Niño [1959] y se adhirió a la correspondiente Convención [1990] y a los dos Protocolos facultativos [2001]. La dignidad y los derechos de los niños deben ser protegidos por los ordenamientos jurídicos como bienes extremadamente valiosos para toda la familia humana.[1]

Sin embargo, aun con la afiliación a dichas declaraciones, la Iglesia en algunos contextos particulares ha cometido algunos atropellos hacia los derechos de los niños. En la fiesta de los Santos Inocentes, el papa Francisco escribió una carta a todos los obispos en la que les manifestaba el dolor y la impotencia frente a este delito atroz. Reiteraba, una vez más, que el principio de "tolerancia cero" debe tener como base la natural comprensión de los derechos de la infancia. A su vez, impulsaba para tener el coraje de implementar todos los esfuerzos necesarios para que este tipo de delitos no vuelva a ocurrir:

Personas que tenían a su cargo el cuidado de esos pequeños han destrozado su dignidad. Esto lo lamentamos profundamente y pedimos perdón. Nos unimos al dolor de las víctimas y a su vez lloramos el pecado. El pecado por lo sucedido, el pecado de omisión de asistencia, el pecado de ocultar y negar, el pecado del abuso de poder [...] Tomemos el coraje necesario para implementar todas las medidas necesarias y proteger en todo la vida de nuestros niños, para que tales crímenes no se repitan más. Asumamos clara y lealmente la consigna "tolerancia cero" en este asunto.[2]

A pesar del malestar generalizado que se encuentra dentro de la institución por los delitos cometidos, no han faltado, con el paso del tiempo, algunas tendencias que se han evidenciado como respuestas alternas. Dichas tendencias, cada vez más arraigadas, se van configurando como una especie de partidos dentro de la lucha contra los abusos sexuales en la Iglesia. Sin duda, parecieran tener una función de sindicato, es decir, como si fueran una agrupación de personas que tiene como objetivo proteger algunos intereses de los asociados. Las preguntas obligadas a este punto serían: ¿Cuál es la motivación de su defensa? ¿Cuáles son los intereses que defienden? ¿Dentro de dichos intereses a defender se encuentra la víctima? Las respuestas a dichos cuestionamientos serán clave para entender si la lucha resulta genuina o narcisista. No por estar con las víctimas significa que se está del lado de ellas. En la práctica se puede ver que incluso algunas instituciones pueden servirse de las mismas víctimas y obtener ciertos beneficios, incluso económicos.

Las heterogéneas acciones, que la Iglesia católica ha emprendido frente a los escándalos y a las denuncias civiles, han puesto en evidencia desde las más leales acciones hasta las más mezquinas reacciones. Los medios de comunicación se han propuesto como objetivo examinar si aquello que se encuentra dentro de un discurso eclesial desciende a la realidad. Asimismo, resulta una tarea continua de observación constatar de qué lado se encuentra la Iglesia en la comisión de un delito. La doctora Valentina Alazraki, periodista mexicana con una amplia experiencia de casi medio siglo en los viajes papales, en su extraordinaria conferencia dentro de la cumbre convocada por el papa Francisco con los presidentes de las conferencias episcopales de todo el mundo, les advertía:

> Si ustedes están en contra de los abusadores y de los encubridores, estamos del mismo lado. Podemos ser aliados, no enemigos. Les ayudaremos a encontrar las manzanas podridas y a vencer las resistencias para apartarlas de las sanas.
>
> Pero si ustedes no se deciden de manera radical a estar del lado de los niños, de las mamás, de las familias, de la sociedad civil, tienen razón en tenernos miedo, porque los periodistas, que queremos el bien común, seremos sus peores enemigos.
>
> [...] Los periodistas sabemos que los abusos no están circunscritos a la Iglesia católica, pero tienen que entender que con ustedes tenemos que ser más rigurosos que con los demás, por su propio rol moral.
>
> [...] Creo que deberían tomar conciencia de que cuanto más encubran, cuanto más sean como avestruces, cuanto menos informen a los medios y, por lo tanto, a los fieles y a la opinión pública, más grande será el escándalo. Si alguien tiene un cáncer no se curará escondiendo el cáncer a sus familiares o amigos, no será el silencio el que lo haga sanar, serán los tratamientos más indicados los que eventualmente evitarán las metástasis y lograrán la curación.[3]

La Iglesia católica, en los orígenes con su inexperta respuesta (y en algunos casos al día de hoy), se ha visto afectada en su credibilidad institucional, sobre todo cuando se ha puesto de relieve la equivocada motivación para la ejecución de las acciones contra los delitos sexuales. De tal manera que los escándalos mediáticos han resultado la estrategia de frente al encubrimiento o a la inauténtica motivación. La decana de los reporteros vaticanos, en su citada intervención ante los presidentes de las conferencias episcopales, cuestionaba: "Háganse una pregunta: ¿Son ustedes enemigos de los abusadores y de los encubridores tanto como lo somos nosotros? Nosotros hemos elegido de qué lado estar. ¿Ustedes, lo han hecho de verdad, o sólo de palabra?"[4] Por lo tanto, dentro de esta crisis eclesial han existido algunos evidentes partidos, entre los cuales se encuentra el de los agresores sexuales y encubridores, que han custodiado sus propios intereses.

Favorablemente, los medios de comunicación, que habiendo elegido estar del lado de la verdad han tomado como inflexible misión vulnerar los ambientes eclesiales "adiáforos", es decir, aquellos con una marcada indiferencia al margen de un juicio moral. Dicho término podría entenderse, de manera sintética, como una incapacidad para distinguir la complejidad moral en una situación de abuso como del mismo encubrimiento. La adiáfora implica, sobre todo, una actitud de indiferencia hacia lo que acontece en el mundo, como un cierto entumecimiento moral que inmediatamente podríamos entender desde los delitos sexuales y el encubrimiento.

Además del partido de los abusadores y encubridores existe un sector, quizá mayoritario, y que podríamos denominar el "sindicato de los coprofílicos intra y extra eclesiales". Considérese esta agrupación como aquélla conformada por personas que, dentro y al límite del ambiente eclesial, generan disturbio y confusión por los comentarios que realizan. Sus afirmaciones no pretenden favorecer ningún clima preventivo, sino que sus juicios lacerantes sólo están en función de afectar la buena fama y el derecho a la confidencialidad de los involucrados. Este sindicato, mediante sus juicios afilados, puede llegar a calumniar, mentir, generar intrigas o difamaciones. No suelen ser sujetos amantes de la verdad y de la justicia, sólo son sembradores de la cizaña de la buena fama de las personas y, por qué no decirlo también, de la misma institución. Mediante el "síndrome del camaleón", aparentan mostrarse cercanos a los involucrados, cuando en realidad su finalidad es la obtención de datos, que pueden después alterar en sus retorcidas conversaciones. Los coprofílicos revictimizan, utilizan el dolor para fines perversos, no favorecen la prevención, porque su motivación no es otra más que acabar con la buena fama de los afectados y atentar contra los derechos de protección de datos e intimidad. En algunos casos su motivación sólo tiene una búsqueda económica. Hacen de las víctimas su propio negocio.

Posteriormente, con el brote de las instituciones eclesiales a favor de la protección de la niñez, se ha detonado otro tipo de reacciones. Resulta una constante, por ejemplo, la patológica devaluación de personas y organizaciones eclesiales y seculares. Sorprende cómo es posible que en la mayoría de los territorios nacionales las víctimas y sobrevivientes no hayan podido establecer lazos que favorezcan la protección y la búsqueda conjunta de canales de justicia. Las tendencias y la interpretación de los hechos se presentan con una versatilidad que en ocasiones incapacita al diálogo. Entre la población de las víctimas y sobrevivientes se encuentran aquellos que han decidido irse de la Iglesia, como aquellos que han optado por permanecer en ella. Hay quienes no quieren denunciar a las autoridades civiles, como aquellos que se encuentran decididos a que se les haga justicia. También se encuentran aquellos anhelantes de la restauración integral del daño cometido, como aquellos que no están listos para salir de la dinámica del abuso. A este último sector se le podría denominar "víctimas por oficio", es decir, la resistencia de aquellas personas a romper los ciclos del abuso. En esta carrera victimal, las personas extienden por variadas motivaciones su "visado" del dolor. Se presentan como ciudadanos del abuso, en donde su herida existencial se expone como una dictadura absoluta. Sin embargo, ya sean las víctimas o sobrevivientes católicos o ateos, violentos o pasivos, impunes o promotores de la justicia, sobrevivientes o "víctimas por oficio", uno de los constantes rasgos es la incapacidad, entre esta población, para establecer mutuos acuerdos que favorezcan los derechos que han sido violentados dentro de la Iglesia. De tal manera que también en la población de víctimas y sobrevivientes es común encontrar algunos partidos que no favorecen la contención de sus miembros.

En fin, ya sea por el partido tanto de los abusadores como de los encubridores, tanto de los coprofílicos como de las víctimas por oficio, la prevención del abuso sexual infantil resulta una tarea de poco interés. El común denominador de estos cuatro sindicatos es que su actuar está en función de sí mismos. Ninguna de estas cuatro agrupaciones está en disposición de colaborar en un proceso de búsqueda de la justicia para la víctima. Sin duda, la Iglesia ha emprendido un camino bajo la "tolerancia cero", no obstante, este tipo de oposiciones, que podrían estar incluso en otros ambientes, resultan una muralla impenetrable.

Ahora bien, en un segundo momento, considero importante conducir al lector a un cierto cronograma de abuso, en el cual la víctima podría estar inmersa. No es sólo una conducta sexual inapropiada lo que ha acaecido, sino un ciclo de abuso que sería importante dimensionar.

LOS DAÑOS EN EL CICLO DEL ABUSO

Como ya se señaló, el fenómeno de los abusos sexuales no es sólo una conducta abusiva de índole sexual, sino que en el fondo se remonta a una tendencia abusiva, no necesariamente asociada siempre al ejercicio de la genitalidad, puesto que incluso puede manifestarse en cualquier otro ámbito de las relaciones interpersonales y pastorales. En la medida en que tales expresiones no sexuales pueden ser más fácilmente detectadas en el ciclo del abuso, se podrá presumir de la posible presencia de una conducta sexual. Ahora bien, el acto sexual perpetrado hacia un menor de edad no acaece, por lo general, de manera espontánea o impulsiva. El abusador comienza el entramado del abuso —que deberá prolongarse en el tiempo, aunque las conductas sexuales ya no se realicen— con una franca actitud seductora. Insisto en que el abuso comienza con la discreta pero permanente seducción que su agresor realiza hacia la víctima. Los intereses más altos dentro de la hipoteca del abuso resultan aquellos no sexuales, puesto que laceran la confianza, la estabilidad psicológica y relacional.

Así pues, en el primer peldaño del ciclo del abuso están contenidas las acciones no sexuales. La dinámica genital del abuso necesita de un ejercicio seductor que anestesie a la víctima. Además, la modalidad de conquista pareciera ser muy simple y generalmente la misma: busca obtener la confianza y la estima de la víctima llegando a ser para ella una "persona mítica". El abusador comienza a pasar mucho tiempo con la víctima, llega a ser su mejor amigo, la escucha y le da consejos, la defiende cuando llega a pasar una cosa desagradable. La relación continúa creciendo hasta cuando se desarrolla una fuerte dependencia del niño hacia el adulto. En la estrategia del agresor no sólo es importante obtener su confianza, sino también ganar su silencio. El hecho de que el menor de edad no espere la transgresión sexual del agresor y no entienda en el momento lo que está ocurriendo, le impide reaccionar, resistirse o protestar de forma inmediata.

Una vez narcotizada la confianza de la víctima, el agresor se encamina hacia el segundo paso dentro de este aterrador ciclo: el abuso sexual. Este segundo nivel del ciclo del abuso, aunque pareciera extraño, generalmente es aquel que sucede en un corto tiempo, en comparación con los otros cuatro.

El ciclo del abuso no sólo encuentra su complejidad en la comisión del acto delictivo, sino en el capítulo más siniestro: el encubrimiento. En el centro de dicho ciclo, este dinamismo perverso a nivel institucional intenta bloquear o negar que una realidad delictiva ocurra. Podría considerarse, dentro de este tormentoso trayecto de abuso, el nivel más delicado. Ya no sólo es un sujeto quien abusa sexualmente de un menor, sino una institución que lo permite o, al menos, lo tolera o lo silencia. Silencios que resultan más culpables que los mismos actos perversos.

Toda falta de un miembro de una institución es incómoda, también para el sistema, incluso, puede ser señal de un problema subyacente a nivel institucional. Por lo tanto, no tiene sentido concentrar toda la atención en el culpable o en el autor material del delito, sino que también es necesario ponerse en otra lógica. Dicha lógica consiste en ser consciente de que la responsabilidad es también de la institución eclesial, de la cual el agresor y la víctima son integrantes y miembros activos. El encubrimiento resulta un delito más grave, puesto que ya no sólo la víctima se ha visto vulnerada por el abuso sexual cometido por un adulto, sino que el mismo delito ha sido respaldado (minimizado, negado, evadido) por la institución. Dicha delictiva acción institucional genera una revictimización para la persona. Se produce otro abuso sobre otro abuso, una especie de colaboración en la ley del silencio, casi mafiosa, entre abusadores que ni siquiera necesitan ponerse de acuerdo pues se lanzan espontáneamente a defender a los suyos. Y una capa de silencio enorme y terrible cae sobre aquel del que se ha abusado por partida doble.

En el protagonismo de esta acción ya no sólo se encuentran la víctima y el agresor, sino que el abuso en este momento exige ampliar su territorio geográfico. Son colonos de este nivel aquellos que tienen la responsabilidad, por su cargo como pastores de una Iglesia o de otra comunidad de fieles y realizan actos de omisión; mismos que, teniendo la tarea de velar por la justicia hacia la víctima y la diligencia necesaria para protegerla, ocultan los hechos.

No está por demás dejar claro que los atropellos más revictimizantes y patológicamente más traumatizantes para las víctimas se encuentran en este rubro. Para una víctima de abuso sexual y sus familiares resulta altamente frustrante ser parte de una institución eclesial que no es capaz de velar por sus derechos. Distintos testimonios de víctimas evidencian la lucha interna por intentar permanecer, pese a la traición de la confianza cometida por la Iglesia. Así lo narraba la admirable mujer irlandesa, M. Collins:

> Todavía sigo forcejeando por recuperar la confianza y el respeto que una vez tuve por la Iglesia católica. Me entristece no haber vuelto aún a ser una católica plenamente practicante. No fue mi abusador quien me arrebató mi religión, sino la Iglesia misma. No soy la única. Las víctimas y sus familiares han experimentado un alejamiento respecto a la Iglesia debido al modo en que se respondió y se gestionó su reclamación, y no tanto como consecuencia directa del abuso en sí.[5]

Lamentablemente, no sólo se traiciona a las víctimas con el encubrimiento, sino también con la impunidad. Entiéndase dicho término como la cuarta acción del ciclo del abuso. La traición a las víctimas es, al mismo tiempo, una grave lesión a la confianza en los representantes de la Iglesia, a quienes, por su oficio, les corresponde configurar su autoridad sobre una base ética.

El mayor daño causado a las víctimas y a la comunidad, que deberá remediarse, es el dolor por la confianza defraudada, particularmente en los casos donde la Iglesia debió haber ejercido una pena y no lo hizo. La impunidad, por un lado, exceptúa al agresor de su respectivo castigo por el delito cometido; por otro lado, niega a las víctimas su derecho a ser reparadas. Los atropellos cometidos hacia este sector más vulnerable resultan obvios cuando el objeto de protección es el delincuente.

La remoción de los agresores sexuales dentro de la Iglesia representaba la traición a la confianza en la justicia que la Iglesia debía administrarles. Además, con esta omisión se perdía toda esperanza en la Iglesia como protectora de los niños y promotora de sus derechos. La sola remoción del clérigo infractor era una flagrante exposición de otros niños y personas vulnerables a su inapropiado comportamiento sexual. Sin duda, en el doloroso camino de la Iglesia frente a esta crisis han existido algunos becarios de la impunidad que durante años construyeron su propio imperio eclesial, en el cual las víctimas eran incapaces de aspirar a la justicia. Así pues, en algunas diócesis los fieles experimentaron la traición de su Iglesia, tanto por ocultar la gravedad del problema y encubrirla como por dejar impunes estos delitos y, por lo tanto, dejar indefensos a los niños.

Por si fuera poco, aún es posible llegar a un quinto y último daño, dentro de esta propuesta cíclica, dirigido hacia las víctimas: la "disarmonía" institucional. Particularmente, esta dinámica consiste en una crónica devaluación de las mismas instancias que trabajan por evitar los abusos sexuales de los niños, niñas y adolescentes y defender su dignidad. Esta patológica devaluación institucional resulta cuestionante para cualquier víctima. Más aún, esta delirante acción hace que las personas que buscan justicia difícilmente puedan confiar en alguna instancia. Terminan por sentirse usadas para un fin ajeno a aquel de alcanzar justicia por el delito cometido contra ellas.

Sin duda, este nivel evidencia los alcances patológicos de narcisismo que cualquier institución y sus miembros pueden tener en el supuesto servicio por las víctimas, incluida la Iglesia católica. De tal manera que dicho fenómeno se convierte en una patética subasta de la prevención e intervención del abuso. Debe quedar claro que cualquier institución, eclesial o secular, que tenga como objetivo y misión la protección de los niños puede quedar en entredicho cuando no es capaz de estrechar lazos de unión y vínculos interinstitucionales. En la prevención del abuso sexual de menores no hay lugar para los *free-lance*, es decir, aquellos que trabajan solos e independientes, me refiero a los autosuficientes, aquellos que no tienen nada que aprender de los demás y que no están dispuestos a colaborar con nadie.

En síntesis, no existe un único camino y momento de abuso. Por desgracia, esta patológica acción puede llegar a tener una larga vida, atravesando paulatinamente por los dañinos niveles que agravan más el abuso. En conjunto, se podría visualizar cómo aquel perverso acto que comienza con una seductora acción no sexual poco a poco va involucrando a más personas, así como perpetrando cada vez más sus niveles de intrusión. De tal manera que lo que comienza siendo una experiencia de pareja (la diada entre agresor y víctima) termina siendo una siniestra orgía, con mayores niveles de invasión y con una nutrida colusión de sujetos.

LA PREVENCIÓN ES UN COMPROMISO Y RESPONSABILIDAD DE TODOS

Dentro de la Iglesia católica hay víctimas y verdugos; encubridores y descubridores; traumas y curaciones. En la Iglesia hay signos de profundo pecado, crimen y culpa, de enfermedades que amenazan la vida y de evidente fracaso humano e institucional y, al mismo tiempo, hay personas que reconocen la culpa y que trabajan por cambios fundamentales. Sostener y poner de relieve sólo uno de estos dos polos resulta peligroso, enfermizo y poco objetivo.

La prevención del abuso sexual en la Iglesia es más que la implementación de un código de conducta, de un protocolo de prevención o de una ruta de acción. La prevención del abuso se encuentra alojada en la más amplia cultura del Buen Trato. Decirnos "creyentes" sería constatar que nuestra fe se traduce en ser promotores del cuidado y la seguridad de los niños, niñas y adolescentes; en mantener la esperanza de formar en la Iglesia relaciones sanas que dignifiquen, maduren y consoliden la historia de cada persona que la conforma; en implementar una cultura de denuncia y de búsqueda de la justicia con lineamientos claros, que no revictimizan y con la debida supervisión de que estos terribles delitos son perseguidos y sentenciados.

Sin embargo, no puedo afirmar que sólo soy católico, también soy mexicano, ciudadano de un país que ocupa el primer lugar en este atroz delito, donde más de 5.4 millones de casos se reportan al año, donde una de cada cuatro niñas y uno de cada seis niños son abusados, la mayoría de ellos en el contexto familiar. En México la tasa de violación de niños y niñas es de mil 764 por cada 100 mil; por cada

159

mil casos de abuso sexual a menores de edad sólo se denuncian 100. De éstos, únicamente 10 van a juicio y después sólo un caso llega a condena. Según los datos recientes de 2020 otorgados por la Secretaría de Gobernación, 155 personas al día son violentadas. Por desgracia los casos de abuso sexual en el contexto familiar, por cuestión de confinamiento por el covid-19, se han agravado excesivamente en nuestra sociedad mexicana.[6]

Los datos apenas mencionados no están en función de desviar la mirada del lector, sino de ampliarla. La prevención del abuso sexual de niños no puede ser selectiva, no sólo se trata de acusar y obligar a la Iglesia católica a que tome con seriedad este doloroso asunto que ha cobrado la vida de víctimas; se trata de construir en todas nuestras instituciones ambientes seguros para los niños e impulsar sistemas judiciales en donde los abusadores paguen por los delitos cometidos. Los depredadores no sólo son "sagrados" sino también profanos, con estereotipar esta perversión sexual e identificarla sólo con los clérigos católicos no hacemos justicia a los miles de víctimas sexuales que padecen la indefensión en los límites de su casa, escuela, gimnasio y, sobre todo, en los escenarios digitales. La prevención del abuso sexual es un compromiso y una responsabilidad de todos.

Notas

[1] Consultado el 20 de noviembre de 2020 en http://www.vatican.va/content/francesco/es/speeches/2017/october/documents/papa-francesco_20171006_congresso-child dignity-digitalworld.html..

[2] Consultado el 20 de noviembre de 2020 en http://www.vatican.va/content/francesco/es/letters/2016/documents/papa-francesco_20 1612 28_santi-innocenti.html.

[3] Valentina Alazraki, ponencia en el encuentro "La protección de los menores en la Iglesia", Ciudad del Vaticano, 21-24 de febrero de 2019. Consultado el 10 de noviembre de 2020 en http://www.vatican.va/ resources/resources_alazraki-protezioneminori_20190223_sp.html.

[4] *Idem.*

[5] M. Collins, "Silencio roto: Las víctimas", *Concilium* 3/306, 2004, p. 21.

[6] "El confinamiento por la pandemia de covid-19 agudizó el abuso sexual infantil en México", Infobae, 12 de noviembre de 2020. Consultado el

23 de noviembre de 2020 en https://www.infobae.com/america/mexi-co/2020/11/12/el-confinamiento-por-la-pandemia-de-covid-19-agudi-zo-el-abuso-sexual-infantil-en-mexico/.

Daniel Portillo Trevizo. Sacerdote de la arquidiócesis de Chi-huahua. Estudió la licenciatura en Teología Espiritual y la espe-cialización en Formación Sacerdotal en la Pontificia Universidad Gregoriana de Roma. Doctor en Teología por la Universidad Pon-tificia de México. Más tarde, obtuvo el grado de maestro y doctor en Psicoanálisis por la Universidad Intercontinental. Actualmente es director del Centro de Investigación y Forma-ción Interdisciplinar para la Protección del Menor y director del Consejo Latinoamericano de Ceprome. Profesor de tiempo completo de teología, formación y psicología en la Universidad Pontificia de México y en la Pontificia Universidad Gregoria-na en Roma. Es miembro de la Comisión Internacional de Pro-tección de Menores de la orden de los Agustinos Recoletos. Sus líneas de investigación son la formación sacerdotal, la prevención del abuso sexual de menores dentro de la Iglesia y la integra-ción de la teología espiritual y la psicología. Cuenta con varias publicaciones nacionales e internacionales sobre el tema de la prevención de los abusos sexuales en la Iglesia católica.

Pederastia en iglesias evangélicas: un primer acercamiento

Leopoldo Cervantes-Ortiz

> La violación, la explotación, la tortura, el arrebatar arbitrariamente la libertad del cuerpo humano, son graves atentados contra el derecho dado al hombre en la creación, siendo además estos actos, como todos los atentados contra la vida natural, objeto de castigo más tarde o más temprano. La violación es el uso de un cuerpo extraño para los propios fines logrado en virtud de una fuerza injusta, especialmente en el terreno sexual.
>
> DIETRICH BONHOEFFER, *Ética*

UN AMBIENTE REFRACTARIO A LA ACCIÓN DE LA "JUSTICIA SECULAR"

Sin la notoriedad o la atención mediática que se otorga a lo sucedido en el ámbito católico-romano, los casos de abuso sexual hacia menores (u otras personas) por parte de pastores u otros dirigentes evangélicos también son una realidad preocupante, aun cuando forma parte de una problemática social estructural y multifactorial, y es en su mayoría perpetrado por personas cercanas y de confianza: padres, parientes cercanos, maestros, líderes religiosos.[1] No necesariamente aparece en el horizonte de estas iglesias como una situación crítica de importancia, aunque como se ha demostrado para el caso de Chile, ha estado presente desde hace algún tiempo, en especial ante el aumento de la población que confiesa la fe evangélica en las últimas décadas hasta llegar a 16.4%.[2] En ese país, en un lapso que va de 2007 a 2019, se contabilizaron 25 condenas de pastores bajo diversas acusaciones, que incluyen abuso, violación, estupro y encubrimiento.[3]

En Brasil, Australia y Estados Unidos también ha habido controversias similares: en el segundo país un informe de 2017 mostró que entre 1908 y 2015 la Iglesia anglicana recibió más de mil denuncias de abusos contra menores.[4] En Estados Unidos se condenó en 2018 a los Testigos de Jehová por encubrimiento.[5] Allí se ha superado la creencia de que sólo en la Iglesia católica se presentaba este problema, especialmente en la franja más conservadora del protestantismo:

> Desde hace mucho tiempo, las iglesias evangélicas se han distanciado de la crisis de abuso sexual que ha consumido a la Iglesia católica. Muchos bautistas del sur han desestimado el abuso sexual por ser un problema ocasionado por el "Hollywood corrupto" o "la teología liberal". Sin embargo, llegó la hora de la verdad.
>
> Alrededor de cuatrocientos líderes bautistas del sur, desde pastores juveniles hasta altos ministros, se han declarado culpables o han sido sentenciados por delitos sexuales contra más de setecientas víctimas desde 1998, según una investigación reciente de *The Houston Chronicle* y *The San Antonio Express-News*.[6]

En Holanda el servicio de ayuda a las víctimas católicas sumaba mil 500 denuncias por pederastia en escuelas, internados, hogares de acogida e iglesias, mientras se daba a conocer la primera contra integrantes del clero protestante.[7] Eso en 2010, pues un año después se supo que entre 10 mil y 20 mil menores fueron víctimas de abuso desde 1945. La comisión creada para investigar los casos estuvo presidida por el exministro Wim Deetman, de religión protestante.[8] En ese país se produjo un documental de casi dos horas sobre las acusaciones de abuso de infantil en comunidades de los Testigos de Jehová, en el que se afirma la existencia de 300 casos.[9] Por otro lado, desde hace más de 25 años se ha señalado que la ausencia de autocrítica y de controles internos de muchas iglesias ha conducido a la intervención del gobierno, algo imposible en otros tiempos, con el fin de proteger los derechos ciudadanos. Peter Mosgofian y George Ohlschlager escribieron: "Los problemas generalizados de mala conducta sexual pueden convertirse en el Waterloo de la Iglesia en Occidente. Si ésta no pone un freno y toma el control efectivo sobre sus ministros y consejeros equivocados, el Estado tomará control de la Iglesia y aplicará severos castigos sobre los violadores y sobre la Iglesia en general. La integridad moral que fortalece nuestro testimonio cristiano también se perderá".[10] La obra pionera de estos autores abarca puntualmente tres áreas que las iglesias han descuidado sobremanera: la relación entre el abuso cometido en la sociedad y en la Iglesia, las políticas internas de manejo de estos problemas, así como la terapia de recuperación para las víctimas.

A principios de 2020, en Venezuela se conoció la historia de un líder juvenil de 25 años junto con un adolescente de 17, quienes, al parecer, abusaron de alrededor de 10 menores de entre 10 y 16 años. Según la información que ha circulado, se trata de Sergio Manuel Monsalve, de la Iglesia Evangélica Jesucristo en San Cristóbal, provincia de Táchira, quien utilizaba un "aceite milagroso" para inducir a los menores a llevar a cabo prácticas lascivas, además de que violó a dos de ellos. Las violaciones aparentemente ocurrían en los encuentros nocturnos que tenían como motivo las "vigilias espirituales".[11] Asimismo, en las indagatorias se averiguó que Monsalve violó a quien después sería su cómplice.[12] Una de las predecibles reacciones ante el hecho delictivo fue la de un líder evangélico regional: "El presidente del capítulo del estado occidental del Táchira del Consejo Evangélico de Venezuela, pastor Otto Rodríguez, admitió que el incidente le generó un 'grave daño' a la imagen de esa Iglesia, y sostuvo que 'por una persona que cometa un error de eso, no se puede tildar a toda una institución' ".[13]

En opinión del activista Fernando Pereira, fundador de los Centros Comunitarios de Aprendizaje (Cecodap), dedicado a la protección de niños y adolescentes, "el caso ocurrido en San Cristóbal representa la 'punta del iceberg' de un problema más amplio que existe en el país suramericano", e indicó que la situación se complica por el hecho de que en Venezuela "tenemos culturalmente una cantidad de tabúes que contribuyen a perpetuar el secreto. El silencio que es el principal aliado de esas prácticas".[14]

Muchas iglesias estadounidenses recurren a una especie de "seguro de secrecía" ante la eventualidad de verse implicadas en situaciones de abuso.[15] Algo así sería impensable en América Latina. La iniciativa #ChurchToo ("La Iglesia también"), creada en noviembre de 2017 por Emily Joy y Hannah Paasch, e inspirada en el movimiento #MeToo, se ha dedicado a recopilar historias de violaciones, relaciones desiguales entre mayores y menores de edad y actitudes sexistas dentro de la Iglesia evangélica. En la entrevista concedida al diario colombiano *El Tiempo*, Joy se refiere a la "cultura de la pureza" como la plataforma práctica que ha servido para que las iglesias que integran el ambiente *evangelical* predominante mantengan el sexismo como parte de su ideología y procesen los abusos de una forma pretendidamente "espiritual" o "bíblica":

> El abuso sexual y el acoso son vistos como "pecados" en vez de crímenes y, por eso, pueden ser perdonados en el cristianismo conservador. Hay una presión para que las víctimas perdonen a quienes les han hecho daño y les den la bienvenida "con los brazos abiertos", porque ésa es una actitud muy "cristiana".
>
> Otra es la represión sexual y la opresión, basadas en la cultura de la pureza que promueve ideas terribles sobre el sexo, incluyendo que el hombre es dueño del cuerpo femenino. Eso contribuye a la cultura del abuso y la violación.[16]

A su vez, Paasch apuntó hacia una de las consecuencias riesgosas de esa mentalidad: "La cultura de la pureza es el antecedente religioso de la cultura de la violación, ya que tiene la mayor parte de la responsabilidad de mantener la pureza sexual de ambos sexos en la vestimenta y el comportamiento de las mujeres".[17] El objetivo es mantener la "santidad" de personas y comunidades.[18] Lamentablemente, este movimiento no ha tenido impacto ni se ha reproducido en América Latina, quizá porque la base eclesial de protestas sobre este tipo de asuntos corresponde a ciertos sectores feministas y éstos son vistos con recelo, en particular por su relación con la ideología de género, la promoción del aborto y la lucha por los derechos sexuales, justamente los que son satanizados por la ultraderecha católica y evangélica.[19] Se trata de un problema inscrito en un contexto mayor.[20]

En Brasil, el pastor Welinton Pereira da Silva, coordinador de la Pastoral de Derechos Humanos de la Iglesia Metodista y miembro del Consejo Nacional por los Derechos de los Niños y Adolescentes (Conanda), dio a conocer un documento de prevención sobre el abuso sexual de infantes. En una de sus observaciones, afirma:

> Es muy común pensar que la Iglesia está libre de estos problemas, pero desafortunadamente los hechos demuestran que no, lo que es peor, parece que este fenómeno está mucho más presente en nuestras iglesias de lo que pensamos. Citaré un ejemplo que demuestra la declaración anterior: una psicóloga evangélica que trabaja en un centro de atención para víctimas de abuso sexual intrafamiliar, vinculado a la Escuela de Medicina de la Universidad de São Paulo, incluyó en los formularios de las familias atendidas en ese centro cuál era la religión de la persona atendida. Para su sorpresa, el número de familias que afirmaban ser evangélicas era mucho mayor que el de otras religiones.[21]

Una de las posturas dominantes y sistemáticas dentro de estas comunidades ha sido no denunciar ante las autoridades los delitos sexuales cometidos por sus integrantes. Con base en una lectura bastante sesgada de algunos pasajes del Nuevo Testamento que supuestamente prohíben a las comunidades cristianas ventilar los posibles delitos cometidos en su interior, las iglesias evangélicas latinoamericanas, y en especial las mexicanas, prácticamente en su totalidad, tienden a evitar que surjan denuncias de abuso. La política de encubrimiento ha permanecido casi intacta con el paso de los años y sólo se ha pasado por alto en los casos más evidentes y que han trascendido la esfera de influencia de estas iglesias, bastante minoritarias hasta hace poco, y más visibles en los años recientes. La consigna espiritual implica que si se hacen denuncias de hechos eso pone en riesgo el buen testimonio o la aceptación del mensaje de estas comunidades. Esto vale para casi toda América Latina, pues el comportamiento social de dichas iglesias es muy similar. Eso puede explicar la gran ausencia de datos o estadísticas que permitan apreciar la magnitud del problema que, seguramente, no debe ser distinto del católico o de la sociedad en general, aunque tenga peculiaridades muy específicas.

Entre los pasajes bíblicos en cuestión se encuentran I Corintios 5.1-7; 12-13, que se ocupa de un caso de adulterio familiar (incesto con la madrastra). La exhortación es directa: "el tal sea *entregado a Satanás* para destrucción de la carne, a fin de que el espíritu sea salvo en el día del Señor Jesús" (5.5, las cursivas son mías). Y también: "Porque a los que están fuera, Dios juzgará. Quitad, pues, a ese perverso de entre vosotros" (5.13). En la misma carta (6.1-8), san Pablo cuestiona la posibilidad de que los cristianos diriman asuntos internos fuera del espacio de la comunidad con el argumento de que los jueces externos son de "menor estima" (6.4b) y, asimismo, siendo que los jueces externos son "incrédulos" (6.6b), eso les resta autoridad moral para actuar sobre los creyentes. Los problemas entre creyentes debían resolverse dentro de la comunidad (6.1-2). Las acciones espirituales llevadas a cabo por la divinidad en cada persona ("lavados", "santificados", 6.11b) deberían bastar para superar la necesidad de acudir a tribunales ajenos a la Iglesia. Hay, además, una instrucción que apunta directamente hacia los pecados sexuales: "Pero el cuerpo no es para la fornicación, sino para el Señor, y el Señor para el cuerpo" (6.18).[22]

Algunos problemas concretos, como el adulterio de algunos dirigentes, son vistos como una lacra eclesial, por lo que se subrayan más que otras prácticas negativas, lo que ocasiona sanciones internas que casi nunca trascienden al ámbito legal, con lo que se valoran de manera desigual acciones perniciosas o poco éticas. Lo sucedido en años recientes en Estados Unidos se ha convertido en una referencia constante al momento de poner en la balanza estos sucesos, por lo que los criterios morales para evaluar el comportamiento de los líderes eclesiales no han evolucionado, como se esperaría, a la par de la mayor presencia social de estas comunidades. Un signo de la mentalidad con que se plantea el abuso en el ambiente eclesiástico es la existencia de materiales encaminados a que las mujeres que lo han experimentado se mantengan en la fe a pesar de todo.[23]

En 1994 el controvertido pastor y conferencista Jorge Erdely dio a conocer un libro que se anunciaba como "un estudio documentado con casos reales" y que abarcaba diversos aspectos de la conducta autoritaria de ciertos dirigentes religiosos.[24] Aunque no se refería solamente al abuso sexual, al revisar el caso de David Koresh acaecido en Waco, Texas, en marzo de 1993, tocó el tema y señaló dos características del liderazgo de dicho personaje: la prohibición expresa de juzgarlo por ser un "siervo de Dios" y exponerse a sufrir un castigo divino por cuestionarlo.[25] En un ensayo más académico que subraya la escasez de datos sobre este asunto, analizó minuciosamente estadísticas referidas a iglesias estadounidenses, europeas y mexicanas, incluyendo la católica, la que por supuesto es objeto del mayor número de denuncias. Más adelante plantea la dinámica psicológica que favorece el abuso: establecer vínculos de confianza con una persona particularmente vulnerable, explotar esa confianza, además de asegurarse las "complicidades pasivas" de colegas y familiares de las víctimas y así perpetuar la explotación porque, al final de cuentas, la "complicidad activa" se sitúa en el nivel estructural.[26]

Esto concuerda con la observación de Carlos Martínez García a propósito de la condena de un pastor evangélico en Chihuahua:

> A un mesianismo tal por regla lo acompaña el trato verticalista y autoritario hacia la feligresía, con la consecuente demanda a ésta de que obedezca a rajatabla las exigencias del líder. No falta, en dicha óptica, la demonización de todo lo externo, ante lo que resulta indispensable protegerse, y quien decide cuál es la mejor protección es el defensor por antonomasia: el autócrata religioso que lanza admoniciones contra los reacios a dejarse guiar.[27]

Y agregaba, en una especie de advertencia:

> Las asociaciones religiosas tienen que dar cabida en su declaración de principios al tema de la obligación de respetar la integridad emocional y física de sus congregantes. Tal integridad humana no debe ser vulnerada por los liderazgos y, en casos como los abusos sexuales, además de tomar medidas sancionadoras internas las asociaciones religiosas tendrían que denunciar penalmente a los infractores. El encubrimiento daña irremediablemente a las víctimas, y pone en grave

peligro de padecer los mismos abusos a otros por haber dejado en la impunidad al atacante.[28]

CATOLICISMO, PROTESTANTISMOS Y PENTECOSTALISMOS ANTE LA MORAL SEXUAL

En principio, podría pensarse que no habría diferencias en relación con el abuso sexual contra menores entre las iglesias, pero la realidad cultural y social muestra que las hay. Desde mediados del siglo XX el sociólogo protestante francés Roger Mehl (1912-1997) diferenció teológicamente la moral sexual del catolicismo y el protestantismo:

> sean cuales fueren las motivaciones diversas que han llevado a la Iglesia a instaurar a partir del siglo XII y a mantener desde entonces el celibato de los sacerdotes, es cierto que esta ley implica la siguiente idea: la vida religiosa es la forma por excelencia de la vida cristiana, es la vida cristiana perfecta; por eso precisamente ha de estar vinculada a diversas formas de ascesis y éstas tienen por objeto someter el cuerpo, limitar su poder sobre la persona. Particularmente la sexualidad, forma eminente de la vida del cuerpo, no ha de tener lugar en la vida del sacerdote. Hay una especie de incompatibilidad entre la función santa por excelencia que representa el ofrecer a Dios el sacrificio eucarístico y la vida sexual. Ésta, pues, pone al hombre en una especie de estado de impureza.[29]

Partiendo de este planteamiento se podría decir que las vías de escape externas y forzosas para la obediencia del celibato serían tres, por lo menos: la fornicación heterosexual, la homosexualidad entre adultos y la pederastia, aun cuando la caracterización del problema no sea así de simple y su complejidad psicológica, ética y espiritual va más allá de esta categorización de "respuestas" a la práctica del celibato, lo que no ocurre en las iglesias protestantes. Esta diferencia formal no siempre aparece con claridad en los medios de comunicación, debido a que no se conoce suficientemente el contexto doctrinal y práctico de las iglesias no católicas. El historiador bautista puertorriqueño Samuel Silva Gotay, basado en una amplia gama de fuentes, escribió al respecto:

Es también justo señalar que este problema de la pedofilia no es privativo del clero de la Iglesia católica, sino que lo encontramos en todas las denominaciones religiosas y organizaciones de niños, como escuelas y colegios [...] Lo que sucede es que la magnitud del problema en la Iglesia católica es colosal. Éste se refleja en la enorme cantidad de casos, publicidad, estudios, bibliografía y descomunales efectos institucionales. Según algunos analistas de la propia Iglesia, esto se debe no sólo al carácter patológico del pedófilo, sino también, al carácter obligatorio del celibato que agudiza la falta de afecto y la expresión sexual adulta, al autoritarismo institucional que impide la transparencia de los actos de las autoridades y la participación de los laicos en la supervisión de la administración de su Iglesia y, finalmente, a los códigos secretos de obediencia que atraviesan toda la institución.[30]

Entre sus referencias acerca de las iglesias no católicas está un libro de Christa Brown, dirigente bautista, quien lo escribió para exponer el abuso y encubrimiento en la conservadora Convención de Iglesias Bautistas del Sur, cuna del fundamentalismo y de los "cristianos de derecha" en Estados Unidos.[31] En una entrevista sobre el libro, dijo, refiriéndose a su propio caso de abuso:

Era tan ingenua al principio. Otro pastor supo del abuso de cuando yo era niña; lo sabía no sólo porque yo misma finalmente me quebré y se lo conté, sino también, como descubrí más tarde, porque el autor mismo se lo había dicho. Este ministro todavía estaba trabajando en mi iglesia anterior de la infancia, así que pensé que no sería ningún problema hacer algo. Este ministro lo sabía, y ahora sería mayor y más sabio, y querría ayudarme. Eso es lo que yo creía. De hecho, realmente pensé que estaría contento de saber de mí. Baste decir que no lo era [...] finalmente descubrí que literalmente no había nadie que me ayudara. Mientras tanto, mi perpetrador todavía estaba trabajando en el ministerio de niños y allí había estado todo el tiempo. Finalmente, después de que presenté una demanda y obtuve publicidad, renunció a su trabajo ministerial y ahora vende bienes raíces [...] Pero escuché que es muy activo y respetado en una iglesia bautista prominente. Y, a decir verdad, podría mudarse fácilmente a Georgia mañana y comenzar a trabajar como ministro en otra iglesia bautista. No ha sido condenado penalmente por nada, y ésa es la constante, de facto, entre los bautistas del sur. Si un ministro no está en la prisión, puede pararse en un púlpito.[32]

Cuando los escándalos del catolicismo eran más visibles en los medios, lo acontecido en las iglesias protestantes se ganó un lugar, con todo y que en ese ambiente religioso causa más escándalo la homosexualidad que la pederastia. Tal como lo narra Brown, "al menos 380 miembros del clero de la Southern Baptist Convention (SBC), que no hacen voto de celibato, han sido acusados de haber abusado sexualmente de más de 700 personas, en su mayoría menores".[33] "¿Tiene el celibato algo que ver con los abusos?", es una pregunta que se plantea al momento de diferenciar al catolicismo del protestantismo. Y las respuestas, lejos de ser categóricas, hacen surgir nuevas interrogantes; las palabras del obispo auxiliar de Hamburgo, Hans-Jochen Jaschke, así lo prueban: "El celibato puede ser un estilo de vida que atraiga a personas que tienen una sexualidad anormal y que son incapaces de incorporar la sexualidad de modo normal en su vida".[34]

Desde el interior de las iglesias la visión es un tanto maniquea, pues el problema del abuso sexual, entre otros, se reduce al "buen testimonio" que deberían seguir mostrando las iglesias evangélicas del *mainstream* estadounidense. Los dilemas y exigencias que surgen del problema no son problematizados desde la ética y se subordinan los aspectos más profundos a la mera discusión sobre la imagen de los pastores, dirigentes o iglesias.[35]

Otra distinción importante es la que existe entre las iglesias que se establecieron en América Latina durante la segunda mitad del siglo XIX y principios del XX (llamadas "históricas" por su relación con las reformas del siglo XVI) y las iglesias pentecostales y otras varias (originadas a principios y mediados del XX), entre las cuales es posible hallar rastros de lo que la sociología ha definido como "ética protestante".[36] Los estudiosos de esta presencia religiosa exógena encontraron que, en efecto, uno de los aspectos que caracterizaron a las misiones anglosajonas que establecieron comunidades fue precisamente la estricta moral sexual, que en este caso concreto no alcanza a frenar los impulsos que se aprovechan de la buena fe de las familias para poner en manos de potenciales depredadores a sus hijos e hijas y exponerlos a riesgos inimaginables. Los contados casos que llegan a los tribunales son condenados al olvido de las iglesias y únicamente permanecen en la conciencia de las personas que fueron testigos de los hechos y que rara vez están dispuestas a aportar información para castigar a los culpables. Así, cargan con el contradictorio privilegio de haber tenido en sus manos la posibilidad de contribuir a hacer justicia y a coadyuvar para que el mensaje en el que dicen creer se manifieste mediante la afirmación de la verdad a fin de que los victimarios no queden impunes.

Un caso en el norte de México

Uno de los casos más conocidos de abuso sexual en el medio evangélico fue el de José Manuel Herrera Lerma, pastor de la Iglesia Sendero de Luz de la Asamblea Apostólica de la Fe en Cristo Jesús, de Delicias, Chihuahua, quien en 2014 fue procesado y condenado a 26 años de prisión por abusar de dos niñas de esa comunidad religiosa. Todo empezó como parte de una experiencia cotidiana de fe en el marco de la vida comunitaria de un grupo evangélico de la corriente neopentecostal. El escenario llegó a extremos inimaginables:

> José Manuel Herrera Lerma fue encontrado culpable por el delito de violación agravada "por la manipulación religiosa ligada al fanatismo como causa que impedía a las jóvenes resistir los múltiples actos de violencia que se prolongaron hasta la mayoría de edad", según las abogadas que llevan el caso de las víctimas, Erika Mendoza García e Irma Villanueva Nájera.
>
> De acuerdo con las afectadas, hay al menos otras 13 chicas de las que el pastor abusó. Sin embargo, algunas que lograron salir de ese círculo de fanatismo y abuso prefirieron no denunciar, y las que continúan ahí lo defienden.[37]

Parecía que el caso se orientaría, una vez más, hacia el estilo de la ausencia de denuncias formales por parte de las familias implicadas.

Las prácticas perniciosas del pastor en cuestión se hicieron recurrentes durante alrededor de 10 años y llegaron a un punto en que la indignación ocasionó que el asunto trascendiera hasta el plano legal, que desembocó en la aprehensión y condena del acusado. Herrera Lerma fue detenido en febrero de 2012, un mes después de ser denunciado, por lo que, progresivamente, el caso judicial se fue armando hasta desembocar en la sentencia que se dio a conocer dos años después, en julio de 2014. La condena marcó un auténtico hito en la historia de la presencia evangélica en el país, pues nunca se había logrado algo así a pesar de las múltiples acusaciones internas de que son objeto decenas de pastores y dirigentes, cuyos nombres y acciones se conocen dentro de sus denominaciones, pero que no alcanzan los espacios legales.

Las niñas comenzaron a sufrir el abuso desde que tenían cinco y seis años cuando junto con su madre llegaron a Ciudad Delicias, después de que ésta se divorció por violencia doméstica por parte de su esposo pastor. Lamentablemente, se manejó que Herrera Lerma abusó de otras 13 chicas, quienes optaron por no presentar denuncias. "La psicóloga Socorro López Campos afirma que las niñas fueron instruidas para la sumisión, obediencia y castigo. Y Herrera Lerma utilizó la manipulación y tergiversó textos bíblicos cristianos. Incluso en algún momento se convirtió en la figura paterna de 'Elena', su hermana y otras niñas en la misma situación."[38] Evidentemente, este pastor "se aprovechaba de la vulnerabilidad en la que llegaban las mujeres maltratadas y con hijos".

El procedimiento para exponerlas al abuso era el siguiente: "Había dos etapas de instrucción: la doctrina para niños y las Siervas de Dios, donde entraban las adolescentes. Una vez que menstruaban, el pastor les indicaba que iniciarían sus estudios más avanzados. Las niñas se emocionaban al escuchar eso porque ello suponía avanzar un peldaño más en su espiritualidad".[39] Asimismo, las agredía sexualmente "con el pretexto de que tenía que educarlas, y ellas debían aprender a tratar a un hombre para cuando estuvieran casadas. Siempre manejaba *un pacto de silencio* con cada una y ni siquiera entre ellas podían decir lo que sucedía cuando estaban con él (énfasis agregado)".

El proceso tuvo las complicaciones propias de un sistema que está hecho para beneficiar a los victimarios. El resumen de este proceso es, en sí mismo, aleccionador:

La defensa de Herrera Lerma intentó acreditar su estrategia, consistente en la supuesta falsedad de los hechos por la imposibilidad física (disfunción eréctil) que supuestamente padece el pastor. Las abogadas aportaron pruebas periciales médicas, testimoniales de expertos en medicina y utilizaron el testimonio de la esposa del pastor, así como una prueba documental del expediente clínico, para acreditar el dicho de las jóvenes.[40]

Villanueva Nájera, coordinadora jurídica del Centro de Derechos Humanos de las Mujeres (Cedehm, adonde una de las dos hermanas llegó a finales de 2011), afirmó, luego de conocerse la sentencia: "Es la primera sentencia penal para un caso de pederastia de un líder religioso en México y tiene una gran trascendencia. Primero, porque para las víctimas era inimaginable acceder a la justicia, ellas pensaban que era muy complicado, y segundo, es un mensaje a la sociedad y un llamado de que no se debe solapar y proteger a quien incurre en este tipo de delito".[41] Y agregó: "Ellas llegaron aquí, tuvieron varios intentos de suicidio, porque cuando se dan cuenta de que no estaba bien lo que les estaba pasando, la comunidad y el pastor les retenían diciéndoles que se iban a condenar. Herrera Lerma les decía que se irían al infierno y sufrirían ellas y su familia tormentos terribles. Entonces tardaron año y medio para poder sentirse mejor". Las litigantes prepararon el caso en los tres últimos meses de 2011.[42]

La defensa de las víctimas solicitó también una disculpa pública del acusado, la declaración del Poder Judicial para restablecer la dignidad de las dos hermanas, así como una regulación eficaz de las iglesias y un programa de educación sexual. La tercera petición fue rechazada por no ser de la competencia del tribunal, que les recomendó acudir a otras instancias. La lección derivada de este caso, además de ser el primero en que hubo una condena formal para un pastor evangélico, consiste en que si "para las víctimas era inimaginable acceder a la justicia", se establecía la posibilidad real de hacer justicia en este tipo de situaciones que con frecuencia, y por sus características, quedan impunes.

El caso de Naasón Joaquín García

Naasón Joaquín García, dirigente principal, denominado "apóstol de Jesucristo", de la Iglesia La Luz del Mundo (cuya caracterización como "evangélica" o "pentecostal" siempre ha causado polémica: el punto mayor de ruptura es la creencia de que el fundador es elegido directamente por Dios),[43] fue detenido el 4 de junio de 2019 en California, acusado de 26 cargos, entre ellos pornografía infantil y violación de menores, junto con otras tres personas vinculadas a dicha organización. En la denuncia, presentada ante la Corte Superior de Los Ángeles, se menciona que los delitos fueron cometidos entre 2015 y 2018 en Estados Unidos.[44] Alondra Margarita Ocampo fue señalada como la principal cómplice de Joaquín García y es acusada de convencer a las menores para llevar a cabo prácticas sexuales a la vista de él. Antes de dar inicio al juicio le fijaron una fianza de 50 millones de dólares.[45]

Días atrás, el 15 de mayo, Joaquín García fue objeto de un homenaje por sus 50 años en el Palacio de Bellas Artes, rentado para tal ocasión, en medio de un escándalo mayúsculo que con muchas dificultades fue explicado por las autoridades responsables del recinto.[46] Con ese suceso quedó de manifiesto la manera en que esta Iglesia ha tenido nexos con algunos políticos, muchos de los cuales fueron invitados, pues la cercanía de La Luz del Mundo con los gobiernos priistas de Jalisco, sobre todo de la capital del estado, ha sido una auténtica tradición.[47] Sus contactos políticos le granjearon a través de los años un grado importante de impunidad, pues el fundador de la Iglesia, Eusebio Joaquín González, conocido como *Aarón*,[48] y posteriormente su hijo Samuel, padre de Naasón (cuyas "epístolas" fueron incluidas en una edición especial de la Biblia en 2014, coeditada por la Sociedad Bíblica de México durante el periodo de Abner López Pérez), también han sido señalados en diversos momentos (en 1942 el primero y en 1997 el segundo) por abuso sexual, pero las acusaciones nunca habían prosperado, sobre todo por el aparato psicológico represivo que funciona en ese tipo de iglesias.[49]

Sobre el segundo caso, se rememora lo sucedido cuando hubo varias acusaciones que no condujeron a un procedimiento legal completo, en medio de sospechas de un manejo político del asunto: "Se trataba sobre todo de mujeres jóvenes hermosas y vírgenes que atendían al líder en sus baños. Ahí se daban abusos sexuales sobre esas personas. Pero también había un varón entre los denunciantes", explica Salvador Guerrero Chiprés, un periodista que documentó ampliamente los hechos y quien en 1997 ganó el Premio Nacional de Periodismo por su trabajo sobre los abusos de Marcial Maciel.[50] Agregó: "Lo que ha caracterizado las denuncias en estos casos es un lamentable fracaso ante una muralla de impunidad de que gozan los líderes de las iglesias".[51] Uno de los testimonios directos de las acciones de Samuel Joaquín fue el de Moisés Padilla, quien afirmó haber sido violentado sexualmente a los 16 años por él.[52]

Gloria González-López, profesora de la Universidad de Texas en Austin, siguiendo estudios de Erdely y Lourdes Argüelles, además de Sylvia Marcos, señala acerca de la ritualización del abuso sexual de mujeres menores de edad, especialmente en la época de Samuel Joaquín:

> Desde una perspectiva feminista, estos comportamientos rituales están lejos de ser casos aislados y existen como parte de una cultura patriarcal más amplia que ha ritualizado la violencia sexual contra las mujeres en México y en otros lugares, en contextos religiosos y no religiosos [...]
>
> [Esos autores] identifican estos patrones de violencia sexual contra menores en La Luz del Mundo como "la institucionalización del abuso sexual" facilitada por el "supuesto estado divino" del líder religioso. El abuso sexual de menores involucra una amplia variedad de prácticas sexuales (incluyendo, pero no limitado a la esclavitud sexual), con la iniciación sexual usualmente alrededor o en el día en que se celebran las festividades religiosas relevantes.[53]

Erdely y Argüelles "encontraron que 'el presunto abuso sexual ceremonial de niñas y algunos niños a menudo parece implicar la bendición de los padres de la víctima'. El hermano de Magdalena [una niña abusada sexualmente por Samuel Joaquín] declaró que su madre consideraba que el abuso sexual de su hija por parte del líder religioso era 'un privilegio religioso' ".[54] Con esta mentalidad impuesta y reforzada por todos los componentes de la organización religiosa se borra la conciencia del abuso, pues los hechos en sí entran a formar parte de otro universo de sentido.

Tuvo que ser en Estados Unidos, país en el cual Joaquín García pasaba largas temporadas, donde las acusaciones finalmente prosperaron, aun cuando el proceso continúa y ha tomado un rumbo aparentemente más favorable para el acusado, pues el 7 de abril de 2020 un tribunal de apelaciones de California ordenó desestimar su caso, pero es una decisión que sería revisada.[55] Una excolaboradora cercana de esta Iglesia (desde los tiempos de Samuel Joaquín) lo demandó en febrero de este año luego de más de 20 años de agresiones físicas y explotación laboral, pues aseguró que desde los 16 años "Naasón comenzó a abusar de mí en todos los aspectos".[56]

LA RESPUESTA INTERNA DE LAS IGLESIAS Y ORGANIZACIONES

Casi en todas las iglesias de corte evangélico (históricas, pentecostales y las llamadas neopentecostales) existen historias de abuso sexual contra menores o personas vulnerables conocidas por pequeños círculos de militantes informados de los entretelones de la vida institucional, e incluso se conocen los detalles de varias de ellas, que circulan de boca en boca señalando a los victimarios. Pero más lamentable aún es el hecho de que la inmensa mayoría de ellos no son denunciados y todo siempre queda en esos relatos guardados por la memoria colectiva, pero que no trascienden hacia los ámbitos legales. En eso no hay ninguna diferencia entre estas iglesias, pues la ineficacia del factor ético permea muchas de esas comunidades y los nombres de los victimarios resuenan en el recuerdo de las instituciones que, en ocasiones, los sancionan y, en el mejor de los casos, los expulsan. A su vez, las víctimas nunca son reivindicadas y deben arrastrar en sus vidas el dolor y hasta la vergüenza por continuar dentro de las comunidades. De los otros dos caminos, el abandono de la Iglesia y la superación del trauma mediante una terapia profesional, el segundo no es tan socorrido como debiera, no obstante que recientemente han surgido iniciativas que poco a poco están tratando de ofrecer alternativas, a pesar de que aún conservan rastros firmes de la intención apologética, esto es, de evitar al máximo el descrédito o la mala imagen para las iglesias.[57]

Entre estas iniciativas, dentro y fuera de México, pueden mencionarse las siguientes:[58]

a) Virginia Contreras, *Proyecto para la protección contra el abuso sexual infantil en nuestras iglesias* (sin lugar, ni fecha de edición). Escrito desde Argentina (cuya legislación menciona), la autora forma parte de la Comisión Mundial de la Fraternidad de las Asambleas de Dios contra la Trata de Personas, Explotación y Servidumbre (https:// worldagfellowship.org/Commissions/SEST) y enfoca el documento únicamente hacia las posibles agresiones externas a las comunidades de fe.

b) Ministerio Infantil Arco Iris, "Abuso infantil", en el sitio www.ministerioinfantil.com, que aborda por fin la responsabilidad de las iglesias. Se dice allí, por ejemplo: "El problema del abuso sexual de menores no es el problema de otras personas. Estos casos de abusos sexuales no sólo ocurren en casa, en otras ciudades o en una guardería infantil pública. Por el contrario, también se dan en las iglesias de cualquier denominación, campamentos organizados por la Iglesia, escuelas y guarderías infantiles" (p. 3). Con todo, es más bien un texto preventivo para evitar problemas y consecuencias en las iglesias.

c) *La Iglesia rompiendo el silencio frente al abuso sexual de niños, niñas y adolescentes,* Lima, Movimiento Cristiano Juntos por la Niñez: Compassion-Paz y Esperanza-Cristo para la Ciudad-Castillo del Rey/AD-Red Viva del Perú-World Vision, 2005.[59] Como lo anuncia el título, el material abandona el silencio eclesial y expone siete motivos para hacerlo sin dejar de lado una cierta orientación misionera:

Si bien no se tiene estadísticas precisas acerca del abuso sexual infantil, en base a la información con la que se cuenta se puede decir que una de cada cuatro niñas y uno de cada siete niños varones podrían ser abusados sexualmente antes de que cumplan los doce años […] Comprendemos que el tema del abuso sexual infantil es un tema difícil de tocar y que debe ser tratado con toda seriedad desde diversos puntos de vista, como el bíblico, psicológico, sociológico y jurídico [p. 8].

Aunque en las primeras páginas incluye algunos testimonios de abuso por parte de personal eclesiástico, no desarrolla el tema y se centra más en la prevención y el manejo del abuso. Como puede apreciarse, queda mucho por hacer para superar la visión defensiva de las iglesias sobre este problema.

CONCLUSIÓN

El 22 de enero de 2020 el senador Ricardo Monreal presentó una iniciativa para reformar el Código Penal Federal con el fin de incrementar al doble las penas a religiosos que cometan lenocinio o corrupción de menores.[60] La iniciativa, que fue bien recibida, especialmente por algunos colectivos de víctimas de abuso sexual en la Iglesia católica, contempla aumentar las penas para los religiosos implicados, así como la imprescriptibilidad de dichos delitos. Su argumentación parte del abuso en la confianza de las víctimas potenciales y de la vulnerabilidad de que se aprovechan los victimarios:

> Un aspecto que resulta alarmante es que ministros de culto son, en numerosas ocasiones, autores de estos delitos, lo cual debe constituir una agravante a la hora de ejercer la acción penal en contra de ellos, debido a que generalmente existe una relación cercana y de confianza entre estos sujetos y las víctimas que por su edad o capacidad no tienen la fuerza para evitar que se cometa violencia sexual en su contra, o que simplemente no son capaces de distinguir la mala intención que estas acciones conllevan.[61]

La iniciativa subraya el "deber de silencio" que prevalece en el entorno católico, aunque en realidad se trata del delito de encubrimiento, el cual "debe sancionarse con sus propias reglas dentro del ámbito penal". También recuerda las nuevas indicaciones del papa Bergoglio sobre el secreto de confesión, por lo que, "en caso de que el sistema requiera que un sacerdote colabore con el sistema, tiene la obligación de hacerlo con el fin de proteger un bien jurídico supremo como lo es la dignidad o la vida humana".[62] Se propone duplicar las condenas "cuando el autor tenga ciertas relaciones con la víctima, entre ellas, que sea ministro de un culto religioso".[63] Más adelante se refieren como antecedentes que en los países en los que se ha establecido la imprescriptibilidad de "los crímenes sexuales a menores de edad no prescriben, siempre y cuando éstos se hayan cometido antes de que la víctima cumpliera 12 años de edad".[64] Asimismo, se busca proteger la libertad sexual y el normal desarrollo psicosexual de las personas agredidas.

Esta iniciativa, más allá de sus obvias motivaciones políticas, retoma vigorosamente el clamor social por que los religiosos de cualquier signo que delinquen de esta manera enfrenten la aplicación de la justicia sin consideraciones jurídicas adicionales que los excluyan de dicha acción legal. De avanzar ese cambio legislativo, se podrán superar décadas de insatisfacción e impunidad para implantar una nueva etapa en la que se afirmen y respeten los derechos de las víctimas. Finalmente, lo expuesto aquí también apela a la necesidad de que las asociaciones religiosas practiquen una suerte de rendición moral de cuentas en su interior y también ante la sociedad, pues pareciera que su actuación es meramente autorreferencial y ajena a cualquier forma de supervisión o control. Un gran desafío que se desprende de este panorama es realizar estudios de campo (psicológicos, sociológicos o antropológicos) que documenten con precisión y veracidad los casos concretos con el fin de hacer visibles los conflictos, así como sus consecuencias jurídicas, morales y sociales.

Asimismo, se esperaría que los integrantes de las propias comunidades de fe y el conjunto de la sociedad civil se sensibilicen más hacia este problema para que, como sucede en otros países latinoamericanos como Chile, se afinen los protocolos de actuación jurídica para impedir que se prolongue la impunidad que hasta el momento es una constante en cuanto al abuso sexual de menores en estas iglesias. Queda entonces sobre la mesa este planteamiento para continuar el debate y así alcanzar consensos que resulten útiles para el conjunto de la sociedad en su camino hacia la efectiva aplicación del Estado de derecho en este y otros ámbitos.

Notas

[1] Una definición amplia del abuso sexual infantil se encuentra en *Percepción del abuso sexual infantil en México. Comparativo 2016-2018.* Consultado en http://guardianes.org.mx/2018/11/14/percepcion-del-abuso-sexual-infantil-en-mexico-comparativo-2016-2018/.

[2] S. Labrín y J. P. Sallaberry, "Los delitos sexuales que impactan a las iglesias evangélicas y protestantes", *La Tercera*, Santiago, 27 de enero de 2019. Consultado en www.latercera.com/nacional/noticia/los-delitos-sexuales-impactan-las-iglesias-evangelicas-protestantes/503184/.

[3] *Idem.*

[4] *Cf.* Patrick Parkinson, Kim Oates y Amanda Jayakody, "Breaking the long silence: Reports of child sexual abuse in the Anglican Church of Australia", *Ecclesiology*, vol. 6, núm. 2, 2010, pp. 183-200 (Sydney Law School Research Paper No. 10/82). Consultado en https://papers.ssrn.com/sol3/papers.cfm?abstract_id=1666566.

[5] Seaborn Larson, "Montana Jehovah's Witness sex abuse case underscores church's worldwide reckoning", *Missoulian*, 30 de septiembre de 2018. Consultado en https://missoulian.com/news/state-and-regional/montana-jehovah-s-witness-sex-abuse-case-underscores-church-s/article_fdd-c41e5-536b-5843-af30-200cc14892d8.html.

[6] Elizabeth Dias, "Su iglesia evangélica era todo para ella, hasta que su hija acusó a un pastor por abuso sexual", *The New York Times*, 12 de junio de 2019. Consultado en www.nytimes.com/es/2019/06/12/espanol/iglesia-evangelica-abuso-sexual.html. *Cf.* "Abuse of faith. A Chronicle investigation", *The Houston Chronicle.* Consultado en www.houstonchronicle.com/local/investigations/abuse-of-faith.

[7] "Primera denuncia de abusos entre el clero protestante en Holanda", *El País*, 7 de mayo de 2010. Consultado en https://elpais.com/sociedad/2010/05/07/actualidad/1273183205_850215.html.

[8] Isabel Ferrer, "Holanda. Entre 10 000 y 20 000 víctimas de abusos desde 1945", *El País*, 20 de febrero de 2019. Consultado en https://elpais.com/sociedad/2019/02/19/actualidad/1550585391_164959.html.

[9] *Reclaimed voices: Abuse survivors speak out* (2019), Lloyd Evans (dir.). Consultado en https://reclaimedvoices.org/. Incluye algunos testimonios.

[10] P. Mosgofian y G. Ohlschlager, *Sexual misconduct in counseling and ministry*, Eugene, Wipf & Stock, 1995, p. 10. Versión: LC-O.

[11] Ingmary Rodríguez, "Líder evangélico es acusado de pedófilo", *La Prensa del Táchira*, 19 de febrero de 2020. Consultado en www.laprensatachi-

ra.com/nota/7944/2020/02/lider-evangelico-es-acusado-de-pedofilo. *Cf.* *idem*, "Pastor violador adormecía a niños con aceite", *La Prensa del Táchira*, 20 de febrero de 2020. Consultado en https://laprensatachira.com/nota/7970/2020/02/pastor-violador-adormecia-a-nios-con-aceite.

¹² Ingmary Rodríguez, "Pastor pedófilo también violaba a su cómplice", *La Prensa del Táchira*, 20 de febrero de 2020. Consultado en https://laprensatachira.com/nota/7993/2020/02/pastor-pedofilo-tambien-viola-ba-a-su-complice.

¹³ Fabiola Sánchez, "Venezuela: caso de abuso a menores golpea Iglesia Evangélica", AP, 6 de marzo de 2020. Consultado en https://apnews.com/75fbc-6f62789461e930df6992d6894d5.

¹⁴ *Idem.*

¹⁵ La Iglesia referida en el caso de la nota 6, observa Dias, "como muchas otras iglesias evangélicas, usa un acuerdo de membresía por escrito que contiene cláusulas jurídicas que protegen a la institución. El acuerdo […] evita que sus miembros demanden a la iglesia y, en vez de ello, piden mediación y luego arbitraje vinculante, procesos jurídicos que suelen darse en secreto".

¹⁶ Maru Lombardo, "#ChurchToo, la campaña que busca que las iglesias tengan su #MeToo", *El Tiempo*, Bogotá, 27 de enero de 2018. Consultado en www.eltiempo.com/cultura/gente/que-es-la-campana-churchtoo-inspira-da-en-metoo-175706.

¹⁷ Hannah Paasch, "Sexual abuse happens in #ChurchToo — We're living proof", *Huffington Post*, 12 de abril de 2017. Consultado en huffpost.com/entry/sexual-abuse-churchtoo_n_5a205b30e4b03350e0b53131. Versión: LC-O.

¹⁸ Véase Raúl Méndez, "Entre el humor y la administración litúrgica de los sentimientos. Protestantismo y santidad", *Versión*, nueva época, núm. 26, junio de 2011, pp. 1-21.

¹⁹ *Cf.* Karina Bárcenas, "Pánico moral y de género en México y Brasil: rituales jurídicos y sociales de la política evangélica para deshabilitar los principios de un Estado laico", *Religião e Sociedade*, 38(2), 2018, pp. 85-118. Consultado en www.scielo.br/pdf/rs/v38n2/0100-8587-rs-38-2-00085.pdf.

²⁰ *Cf.* Soledad Larraín y Carolina Bascuñán, "Maltrato infantil: una dolorosa realidad puertas adentro", *Desafíos*, CEPAL-UNICEF, núm. 9, julio de 2009, pp. 4-9. Consultado en https://repositorio.cepal.org/bitstream/hand-le/11362/35986/Boletin-Desafios9-CEPAL-UNICEF_es.pdf?sequen-ce=1&isAllowed=y.

²¹ *Cf.* "Abuso sexual contra crianças e adolescentes", Universidad Metodista de São Paulo. Consultado en https://metodista.br/faculdade-de-teologia/materiais-de-apoio/artigos/abuso-sexual-contra-criancas-e-adolescentes.

Versión: LC-O. *Cf.* C. Figaro García *et al.*, *Abuso sexual: Que violencia é essa?*, São Paulo-Santo André, CEARAS-CRAMI/ABCD, 2000. Consultado en www.usp.br/cearas/cartilha/cartilha.pdf, y Church Mutual Insurance Company, *Sugerencias de seguridad sobre un tema sensible: abuso sexual de niños. La serie de protección.* Consultado en www.churchmutual.com/media/safetyResources/files/Sen%20Sub%20Spanish.pdf. Church Mutual es una compañía de seguros dedicada a atender todo lo relacionado con las iglesias.

[22] Véase Richard Horsley, *1 Corinthians*, Nashville, Abingdon Press, 1998 (Abingdon New Testament Commentaries), pp. 84-89.

[23] Es el caso de Marie M. Fortune, *Conservando la fe. Una guía para mujeres cristianas víctimas del abuso*, Seattle, Center of Prevention of Sexual and Domestic Violence, 2002. De la misma autora puede verse *Responding to clergy misconduct: A handbook*, Seattle, Faith Trust Institute, 2009. Consultado en www.faithtrustinstitute.org. *Cf.* Heather Block, *Entendiendo el abuso sexual por parte de un líder de la iglesia o cuidador*, [2003], 2ª ed. Winnipeg-Akron, Comité Central Menonita, 2016. Consultado en https://mcc.org/sites/mcc.org/files/media/common/documents/understandingsexualabusespan.pdf, y Jeffrey Ferro, *Sexual misconduct and the clergy*, Nueva York, Facts on File, 2005.

[24] Para muchos, Erdely era una persona poco confiable, que practicaba aquello que denunciaba. El libro de Sanjuana Martínez, *Se venden niños* (México, Temas de Hoy, 2009), documenta los casos de menores desaparecidos en los centros asistenciales Casitas del Sur, pertenecientes a su esfera de acción. *Cf.* Bernardo Barranco, "Interrogantes sobre Jorge Erdely, el pastor de la denuncia", *La Jornada*, 18 de febrero de 2009.

[25] J. Erdely Graham, *Pastores que abusan*, México, Ministerios Bíblicos de Restauración, 1993, p. 58.

[26] J. Erdely Graham, "Ministros de culto y abuso sexual. ¿Existen cifras en México?: un acercamiento estadístico", *Ciencia Ergo Sum*, Universidad Autónoma del Estado de México, vol. 10, núm. 1, marzo de 2003, pp. 64-65.

[27] Carlos Martínez García, "Pastores pederastas", *La Jornada*, 23 de julio de 2014. Consultado en https://www.jornada.com.mx/2014/07/23/opinion/019a2pol.

[28] *Idem.*

[29] R. Mehl, *Ética católica y ética protestante*, Barcelona, Herder, 1973 (Controversia, 11), pp. 103-104. Véase, entre muchas opciones, la opinión de Felipe Arizmendi Esquivel, obispo de San Cristóbal de las Casas, Chiapas, "Celibato y pederastia", Conferencia del Episcopado Mexicano, 17 de septiembre de 2018. Consultado en www.cem.org.mx/Mensajes/1829-Pederastia-y-Celibato.html.

[30] S. Silva Gotay, "Un dinosaurio en la sacristía. Las federaciones de sacerdotes casados, la pedofilia y la homosexualidad entre el clero de la Iglesia Católica Romana. Problemas institucionales de graves consecuencias", *Estudos de Religião*, vol. 24, núm. 38, enero-junio de 2010, p. 85. Consultado en https://www.metodista.br/revistas/revistas-ims/index.php/ER/article/view/1983/2026.

[31] C. Brown, *This little light: Beyond a Baptist preacher predator and his gang*, Cedarburg, Foremost Press, 2009. La autora es miembro de SNAP (Survivors Network of those Abused by Priests, www.snapnetwork.org). Su sitio personal es https://christabrown.me.

[32] Jaime Romo, "Interview with Christa Brown, author of *This little light: Beyond a Baptist preacher predator and his gang*". Consultado en www.bishop-accountability.org/news2010/03_04/2010_04_15_Healingand_InterviewWith.htm, consultado el 15 de abril de 2010. Versión: LC-O.

[33] "Escándalo de abusos sexuales sacude a iglesia protestante de EE. UU.", *El Tiempo*, 13 de febrero de 2019. Consultado en www.eltiempo.com/mundo/eeuu-y-canada/escandalo-de-abusos-sexuales-llega-a-la-iglesia-protestante-de-ee-uu-326254.

[34] "¿Tiene el celibato algo que ver con los abusos?", BBC Mundo, 6 de abril de 2010. Consultado en www.bbc.com/mundo/cultura_sociedad/2010/04/100406_1400_supresion_celibato_iglesia_pederastia.

[35] *Cf.* Randy Alcorn, "El ministro y la tentación sexual", sigueme.net/liderazgo/el-ministro-y-la-tentacion-sexual, sin fecha. Alcorn, columnista de The Gospel Coalition, una organización fundamentalista estadounidense, es también autor de *El principio de la pureza*, Miami, Unilit, 2003.

[36] *Cf.* Ester Espinoza Reyes, "Entre el discurso religioso y las prácticas de sexualidad femenina en una iglesia pentecostal en Tijuana, México", *Culturales*, Mexicali, segunda época, vol. 3, núm. 2, julio-diciembre de 2015, pp. 17-45. Consultado en www.scielo.org.mx/pdf/cultural/v3n2/v3n2a1.pdf.

[37] Patricia Mayorga, "La historia del pastor que amenazaba a mujeres con la 'tormenta del infierno' para abusar de ellas", *Proceso*, 17 julio de 2014. Consultado en www.proceso.com.mx/377481/la-historia-del-pastor-que-amenazaba-a-mujeres-con-la-tormenta-del-infierno-para-abusar-de-ellas.

[38] *Idem.*

[39] *Idem.*

[40] Patricia Mayorga, "Condenan a 26 años de cárcel a pastor pederasta en Chihuahua", *Proceso*, 18 de julio de 2014. Consultado en www.proceso.com.mx/377565/condenan-a-26-anos-de-carcel-a-pastor-pederasta-en-chihuahua#.

[41] "La sentencia del pastor pederasta por 26 años es el primer caso en Méxi-

co", *Código Delicias*, 26 de julio de 2014. Consultado en http://codigodelicias.com/ver.noticia.new.php?id=37320.

[42] *Idem.*

[43] *Cf.* Paula Biglieri, "Ciudadanos de La Luz. Una mirada sobre el auge de la Iglesia La Luz del Mundo", *Estudios Sociológicos*, vol. xviii, núm. 53, 2000, pp. 403-428; Demetrio Arturo Feria Arroyo, *Composición e influencias en las organizaciones religiosas. Un estudio comparativo entre un caso de hegemonía religiosa, Guadalajara, Jalisco, y otro de mayor pluralidad religiosa, San Cristóbal de las Casas, Chiapas*, tesis doctoral en Sociología, El Colegio de México, 2011; Cristina Gutiérrez Zúñiga y David Ricardo Flores, "La Luz del Mundo y su oscuridad: para entender a la segunda iglesia más poderosa de México", Blog de la redacción de *Nexos*, 12 de junio de 2019. Consultado en https://redaccion.nexos.com.mx/?p=10450.

[44] Pablo Ximénez de Sandoval, "Detenido en California el líder de la iglesia La Luz del Mundo por pornografía infantil y violación de menores", *El País*, Madrid, 5 de junio de 2019. Consultado en https://elpais.com/internacional/2019/06/05/actualidad/1559689011_786211.html. *Cf.* "Attorney General Becerra announces arrest of Naasón Joaquín García, leader of religious organization La Luz Del Mundo, in major sex trafficking case." Consultado en https://oag.ca.gov/news/press-releases/attorney-general-becerra-announces-arrest-naas%C3%B3n-joaqu%C3%ADn-garc%C3%ADa-leader-religious.

[45] Wolfgang Streich, "La secta 'Luz del Mundo' y el 'apóstol' Naasón", *Evangélico Digital*, 29 de junio de 2019. Consultado en www.evangelicodigital.com/pytheos/8329/la-secta-luz-del-mundo-y-el-apostol-naason. Se cita esta fuente a pesar de lo agresivo del título de la nota debido a que es amplia y bien fundamentada.

[46] "El inbal informa: el Palacio de Bellas Artes no realizó homenaje a ningún religioso", Boletín núm. 809, 4 de junio de 2019. Consultado en inba.gob.mx/prensa/12360/el-inbal-informa-nbsp-el-palacio-de-bellas-artes-no-realiz-oacute-homenaje-a-ning-uacuten-religioso-nbsp.

[47] Renée de la Torre, *Los hijos de la luz. Discurso, identidad y poder en La Luz del Mundo*, Guadalajara, Universidad de Guadalajara-Instituto Tecnológico de Estudios Superiores de Occidente-ciesas Occidente, 1995, 2ª ed., 2000, pp. 158-160. *Cf.* Gloria Rezo, "Lazos políticos, el otro poder de la iglesia Luz del Mundo", *El Diario de Coahuila*, 17 de junio de 2019. Consultado en www.eldiariodecoahuila.com.mx/nacional/2019/6/16/lazos-politicos-otro-poder-mundo-821828.html.

[48] "Historia de la Iglesia La Luz del Mundo", www.lldm.org/Historia.html, sitio oficial. *Cf.* Manuel J. Gaxiola, *La serpiente y la paloma. Análisis del creci-*

miento de la Iglesia Apostólica de la Fe en Cristo Jesús de México, México, s. p. i., 1970, pp. 16-20; Patricia Fortuny, "Historia mítica del fundador de la Iglesia de La Luz del Mundo", en Carmen Castañeda (coord.), *Vivir en Guadalajara: la ciudad y sus funciones*, Guadalajara, Ayuntamiento de Guadalajara, 1992, pp. 363-379; Daniel Solís Domínguez, "Religión y construcción simbólica de territorios identitarios urbanos en la ciudad de Guadalajara: El Bethel y Santa Cecilia", *Cuicuilco*, ENAH, vol. 17, núm. 49, julio-diciembre de 2010. Consultado en www.scielo.org.mx/scielo.php?script=sci_arttext&pid=S0185-16592010000200014.

49 De la Torre, *op. cit.*, pp. 190-192. *Cf. idem* y Patricia Fortuny, "La mujer en 'La Luz del Mundo'. Participación y representación simbólica", *Estudios sobre las Culturas Contemporáneas*, Universidad de Colima, vol. IV, núm. 12, 1991, pp. 125-150. Consultado en www.redalyc.org/pdf/316/31641207.pdf.

50 Ana Gabriela Rojas, "Iglesia de La Luz del Mundo: la defensa de sus fieles a Naasón Joaquín García, preso en EE.UU. acusado de abuso sexual a menores", BBC Mundo, 16 de agosto de 2019. Consultado en www.bbc.com/mundo/noticias-america-latina-49366692.

51 El caso fue acompañado de un escándalo mediático en mayo de 1997, al ser divulgado por Ricardo Rocha en la televisión y Bernardo Barranco en su programa radial. Véase Orquídea Fong, "La impunidad de La Luz del Mundo y sus fieles de la 4T", *Etcétera*, 20 de mayo de 2019. Consultado en www.etcetera.com.mx/opinion/impunidad-luz-mundo-fieles-4t/, y Carlos Martínez García, "Líderes religiosos y abuso sexual", *Lectura Alternada*, julio-agosto de 1997, pp. 23-24. Este artículo traza un interesante paralelismo entre Marcial Maciel y Samuel Joaquín.

52 *Cf.* Marco Lara Klahr, "Droga, sexo y crimen en entrañas de la secta; Samuel Joaquín, el 'apóstol' ", y "El destino de Las Vestales, un misterio vedado a fieles del 'hermano Samuel' ", *El Universal*, 20 y 21 de mayo de 1997, respectivamente. El reportaje incluye otros testimonios similares. Una entrevista con Salvador Guerrero Chiprés, tomada del programa de Ricardo Rocha sobre el tema, puede verse en www.youtube.com/watch?v=XFYkKLDr67o, 9 de junio de 2011. *Cf.* Salvador Guerrero Chiprés, "Los medios de comunicación y La Luz del Mundo: contrastes y coincidencias con el caso de los Legionarios", *Revista Académica para el Estudio de las Religiones*, tomo I, 1997, pp. 139-148.

53 Gloria González-López, *Family secrets: Stories of incest and sexual violence in Mexico*, Universidad de Nueva York, 2015, p. 72. *Cf.* J. Erdely y L. Argüelles, "Secrecy and the institutionalization of sexual abuse: The case of La Luz del Mundo in México", Lourdes Argüelles, "To live and die in The Light of the World: Polygamy, politics and human trafficking inside La Luz del

Mundo: Mexico's most secretive religious sect", *CGU-Revista Académica para el Estudio de las Religiones*, 2009. Consultado en http://mexileaks.blogspot.com/2010/10/la-luz-del-mundo.html, y S. Marcos, "La Luz del Mundo: el abuso sexual como rito religioso", *Revista Académica para el Estudio de las Religiones*, vol. 3, pp. 205-210. Consultado en https://www.academia.edu/22654379/LA_L_UZ_DEL_MUNDO_E_L_A_BUSO_SEXUAL_COMO_RITO_RELIGIOSO.

[54] González-López, *op. cit.*, pp. 74-75.

[55] Leila Miller, "Attorney general reviewing court ruling to dismiss megachurch leader's abuse case", *Los Angeles Times*, 7 de abril de 2020. Consultado en www.latimes.com/california/story/2020-04-07/case-against-mexican-megachurch-leader-dismissed. En español: www.latimes.com/espanol/california/articulo/2020-04-07/desestiman-el-caso-de-abuso-sexual-contra-el-lider-de-la-mega-iglesia-la-luz-del-mundo.

[56] Patricia Sulbarán Lovera, "La Luz del Mundo: Sochil Martin, la joven que demandó al líder de la iglesia tras servir como su 'reclutadora'", BBC Mundo, 17 de abril de 2020. Consultado en www.bbc.com/mundo/noticias-51732733. *Cf.* P. Sulbarán Lovera, "Escándalo en la iglesia La Luz del Mundo: 'Me sentí humillada cuando perdí la virginidad', el testimonio de una joven que perteneció al culto", BBC Mundo, 13 de junio de 2019. Consultado en www.bbc.com/mundo/noticias-internacional-48521530.

[57] Cornelia Hernández de Matos, "Enfrentando el abuso sexual", Coalición por el Evangelio, 31 de enero de 2017. Consultado en https://www.coalicionporelevangelio.org/articulo/enfrentando-el-abuso-sexual/.

[58] Información proporcionada por Alberto Sotres.

[59] El documento puede descargarse en el sitio https://es.scribd.com/doc/111049433/Iglesia-Rompiendo-El-Silencio-Frente-Al-Abuso-Sexual-Infantil.

[60] Héctor Figueroa, "Doble cárcel a pastores y sacerdotes pederastas", *Excélsior*, 22 de enero de 2020. Disponible en www.excelsior.com.mx/nacional/doble-carcel-a-pastores-y-sacerdotes-pederastas/1359761. El texto completo de la iniciativa puede verse en *Gaceta de la Comisión Permanente*. Consultado en www.senado.gob.mx/64/gaceta_comision_permanente/documento/103427.

[61] Iniciativa del Senador Ricardo Monreal Ávila, pp. 1-2.

[62] La cita correspondiente es: Daniel Verdú, "El papa Francisco levanta el secreto pontificio para casos de pederastia", *El País*, Madrid, 17 de diciembre de 2019. Consultado en https://bit.ly/37fF6Vb.

[63] Iniciativa…, p. 4.

[64] *Ibid.*, p. 7.

Leopoldo Cervantes-Ortiz. Originario de Oaxaca, es licenciado y maestro en Teología. Estudió Medicina y la maestría en Letras Latinoamericanas. Profesor de la Comunidad Teológica de México, editor y escritor. Promotor de la nueva etapa de la Facultad Latinoamericana de Teología Reformada y coordinador del Centro Basilea de Investigación y Apoyo. Entre sus libros se cuentan: *La mirada heterodoxa. Política y religión en México* (2018), *Biblia, literatura y cultura en los 450 años de la Biblia del Oso* (2019), *Juan Amador: documentos militantes desde Villa de Cos* (1856-1872), selección y nota introductoria (2020), y *De aquí al cielo. (Poemas 1984-2021)*. Colabora en algunos medios impresos y digitales como Protestante Digital y ALC Noticias.

El rol de los medios de comunicación y la pederastia
Los límites de la denuncia periodística

Bernardo Barranco Villafán

INTRODUCCIÓN

Los medios de comunicación han desempeñado un papel clave en la denuncia de la pederastia clerical a nivel internacional; tanto las redes sociales como los medios tradicionales han evidenciado miles de casos de abusos en el mundo. En cambio, en México jugaron un papel dual. Hasta finales del siglo pasado las denuncias fueron acalladas por los estrechos vínculos entre propietarios de medios, gobierno y alto clero. Volviendo al terreno internacional, desde las primeras revelaciones sobre el abuso sexual cometido por sacerdotes hasta la avalancha inocultable de casos que se presentaban en pantallas y primeras planas de los periódicos la Iglesia católica reaccionó con desacierto. Ya desde los años cincuenta, en la línea de tiempo, el alto clero negaba los hechos, ocultaba las evidencias y chantajeba a las víctimas. Los sacerdotes inculpados desaparecían de la escena de denuncia y aparecían en otra lejana parroquia cometiendo los mismos crímenes. Sin embargo, en el siglo XXI, ante el alud de denuncias en muchos países, encontramos una Iglesia que invierte sus energías. Pasa de la negación insostenible a la compulsión, tratando de autovictimizarse, construyendo poderosos e imaginarios enemigos externos que pretenden arruinarla. El efecto es el opuesto, hay un desmoronamiento institucional debido a la contundencia de los relatos, testimonios y la veracidad de las denuncias registradas por los medios de comunicación. Entre 2005 y 2015 los testimonios de las víctimas fueron incontrastables, sus revelaciones indignan a una opinión pública atónita. Por su parte, la Iglesia pretende posicionarse como una ciudadela asediada por enemigos fabricados que buscan destruirla, pero en el lance, de manera imperdonable, olvida el drama humano de las víctimas, las percibe en ese momento como amenaza o instrumentos manipulados para alimentar una supuesta hostilidad internacional. La Iglesia comete un grave error de comunicación que la desacredita, pues pretendió promover la imagen de ser sometida al acoso y al martirio y de persecución durante la primera década del siglo XXI. Sin duda la estrategia también pretendió reforzar el frente interno, cerrar filas como cuerpo social ante los embates de supuestos enemigos externos. Sectores de la curia desarrollan en torno al funesto secretario de Estado de Juan Pablo II, el cardenal Angelo Sodano,[1] teorías de la conspiración. Desde Roma se levantan diversas construcciones sobre conjuras internacionales, cuyos actores centrales son los enemigos tradicionales: judíos, comunistas, ateos, políticos masones en el Congreso estadounidense, feministas, homosexuales resentidos y financieros de Wall Street. La Iglesia desacierta al minimizar el impacto en la opinión pública, que reacciona ante las evidencias de las víctimas. Los medios encuentran narraciones íntimas, relatos impactantes que impugnan el poderío de una institución milenaria, desnudan una doble moral y un discurso desacreditado. En cambio, la estrategia eclesiástica pretendió cimentar un frente interno sólido capaz de repeler los ataques. La imagen del martirio, de hecho, se refiere a la memoria colectiva de los primeros cristianos mártires. La persecución integró la identidad de la fundación del cristianismo. La resistencia de los creyentes contra la asechanza violenta durante los primeros siglos ayudó a solidificar y hacer crecer el cristianismo.

Los medios de comunicación en el planeta pasaron de un trato privilegiado a un tratamiento implacable hacia la Iglesia. Si bien muchos medios han sido estruendosos y han hecho de la pederastia clerical una mercancía rentable que elevó sus niveles de audiencia, también es cierto que han ayudado a romper la cultura del silencio imperante en la institución. Han presionado para que la institución reaccione y se abra a reconocer atrocidades e inadecuada complicidad.

Los medios evidenciaron la reinante opacidad y el mutismo cómplice de la Iglesia. En cierta medida desnudaron el artificio de la impostura institucional y doble moral. La institución despreció en un inicio el impacto de los medios y pensó que la sociedad las tomaría como calumnias momentáneas. Sin embargo, se fue construyendo un gran relato: el abuso sexual y la pederastia clerical son prácticas recurrentes en el clero en la mayor parte de países donde la Iglesia católica está asentada. El caso del cardenal estadounidense Theodore Edgar McCarrick muestra la complicidad incluso de tres pontífices que no supieron ni quisieron encarar la crisis de un personaje siniestro. El caso McCarrick revela una Iglesia atrincherada.[2] Finalmente, su brumosa estrategia comunicativa contribuyó para que se percibiera a la institución eclesial más como un cruel verdugo y no como víctima perseguida. De ahí la contrariedad que surge cuando ella dice ser un chivo expiatorio. Voceros del Vaticano señalan, con cierta razón, que los abusos son perpetrados por una minoría de sacerdotes y religiosos. Sin embargo, en la opinión pública queda grabado que es una responsabilidad de la institución, cuyo gravamen recae también en el comportamiento encubridor de las cúpulas eclesiásticas. Prevaleció una cultura del secreto, del silencio y la omertá ratificada al más alto nivel que ha permitido proteger, incluso alentar, a los depredadores sagrados.

Desde el comienzo de su pontificado, en 2005, Benedicto XVI quiso enfrentar la pedofilia, pero su alcance fue limitado, incluso fue condescendiente con grandes depredadores clericales. En el caso de Marcial Maciel, ordenó una investigación. El resultado de la pesquisa fue abrumador, Maciel resultó ser un criminal con alto grado de perversidades patológicas. Ratzinger no promovió, como debía, un juicio canónico, debido a su "edad y frágil estado de salud" sólo lo sancionó con un llamado al retiro de oración. En el caso de McCarrick, teniendo evidencias firmes de abusos, Ratzinger tampoco ordenó una investigación canónica, sino le recomendó el retiro y la discreción, cuya decisión no acató el cardenal de Washington. Hay que reconocer que Benedicto XVI no se alineó con las estrategias inspiradas en teorías de la conspiración de su curia, ni con la reacción paranoica, sin embargo, no fue severo ni hizo un balance crítico de la responsabilidad colectiva de la institución. En una larga entrevista ofrecida a su amigo el periodista Peter Seewald, Ratzinger reconoció que la pederastia clerical fue la parte más difícil de su pontificado.[3] Como veremos más adelante, esta crisis mediática planetaria precipitó a la Iglesia a la deriva sistémica y ha contribuido a trivializar la figura del Papa y a profanar la institución. Después de varios desaciertos de Benedicto XVI en 2009, calificado por expertos como *anno horribilis*, el Papa denunció un "linchamiento mediático". También el propio Benedicto XVI reconoció, en una carta a los obispos, errores en la comunicación. El papa Francisco, a pesar de haber convocado una cumbre sobre pederastia en febrero de 2019 y que resurgieron en sus manos nuevos escándalos, quiere, pero no puede, pues la curia conservadora y las inercias de numerosos episcopados lo han cercado.

La ropa sucia se lava en casa, medios y pederastia en México

En México, ante las denuncias de pederastia clerical, los medios han actuado con claroscuros. Los estrechos vínculos entre los empresarios de la comunicación, líderes de opinión y gobiernos con las cúpulas del clero católico impidieron coberturas oportunas y veraces hasta finales del siglo xx. Con su silencio y displicencia fueron cómplices y frenaron la justicia a las víctimas de abuso. Ante el caso de Marcial Maciel, que estalla en 1997, muchos medios y líderes de opinión lo defendieron. Hostigaron a los denunciantes o enmudecieron para encubrir. Destacan los registros del periódico *El Norte*, del grupo Reforma, que emprendió no sólo la abigarrada defensa de Marcial Maciel sino la denostación de los exlegionarios denunciantes. Los grandes medios tradicionales fueron renuentes en denunciar los casos de abuso porque consideraban a la Iglesia intocable en materia moral y menos aún ventilar a la opinión pública temas internos de sexualidad. Hubo un pacto político-religioso mediante el cual se convino con el alto clero mexicano hacer de la Iglesia una instancia intocable. De 1997 a 2000 los grandes medios le dieron la vuelta al tema. Se operó un mutismo mediático; salvo algunos atisbos de periodistas atrevidos, reinó un silencio cómplice. Sin embargo, el pacto de no tocar a la Iglesia se fue resquebrajando ante la avalancha de información que provenía de otros países, en especial casos y escándalos en Estados Unidos. Denuncias sólidas y referencias verificadas de abusos a menores se sucedían en grandes medios y cadenas internacionales. En plena globalización, México no podía permanecer como una isla incomunicada del tema. Los obispos mexicanos, confiados bajo la protección sistémica, tuvieron el desacierto de declarar en 2000 que la pederastia ocurría en otros países. El obispo de Jalapa, Sergio Obeso, fue más lejos y tuvo la desafortunada ocurrencia de declarar que "la ropa sucia se lava en casa". Conforme nos adentrábamos al siglo XXI surgían más denuncias en todos los rincones del mundo: Bélgica, Australia, Irlanda, Chile, Alemania, Brasil, Argentina y la misma Italia.

En México la incidencia internacional fue abriendo de nuevo cauces y el pacto con la jerarquía católica se fue resquebrajando. Era cuestión de tiempo. El camino ha sido farragoso para posicionar el abuso infantil por parte del clero como un problema social grave y un flagelo encubierto por la institución. Un obstáculo, no menos importante en el caso de México, ha sido la tibieza o confabulación del gobierno. Desde Ernesto Zedillo hasta Andrés Manuel López Obrador el Estado ha sido condescendiente con la jerarquía católica. Ningún presidente se ha atrevido a enfrentar la pederastia como un crimen que debe ser castigado con severidad ni ha osado tocar las poderosas estructuras eclesiásticas.

A finales del siglo pasado pocos medios, como *Proceso* y *La Jornada*, cruzaron la línea con sus denuncias mediáticas. Algunos periodistas, como Sanjuana Martínez, Javier Solórzano, Carmen Aristegui y aquel lejano Ciro Gómez Leyva, se atrevieron a atravesar el cerco de intereses levantados entre la cúpula eclesiástica, empresarios y sectores gubernamentales. El caso de Marcial Maciel, desde la década de 1990, es emblemático, pues desnuda cadenas de complicidades que engarzan al Vaticano, empresarios, medios, periodistas y autoridades gubernamentales. Hubo censura y coerción hacia los periodistas que se atrevieron a desenmascarar el reino de impunidad construido por Maciel. Un ejemplo lamentable fue la amenaza de boicot comercial de empresarios contra CNI Canal 40, en 1997, cuando se atrevió a transmitir testimonios de víctimas exlegionarios a manos de Marcial Maciel. La intimidación empresarial fue un acto que hasta la fecha se recuerda y se reprocha. El hecho desencadenó una abigarrada defensa de Maciel que contó con los oficios cómplices del arzobispo Norberto Rivera y del nuncio Girolamo Prigione. Los legionarios se inmolaron y condenaron a los exlegionarios denunciantes como resentidos. Los acusaron de ambición de poder y pretensiones de deteriorar la imagen de la Iglesia católica. Maciel fue presentado como un santo agredido. ¿Cómo un hombre que tanto bien hacía a la Iglesia, con innumerables y exitosas iniciativas, podía ser acusado de bajezas? La frase bíblica recurrente era: "Por sus frutos lo conoceréis". A Maciel habría que juzgarlo por sus hazañas empresariales y religiosas. ¿Cómo acusar a Marcial Maciel, un promotor incansable de universidades, centros educativos y seminarios en todo el mundo? ¿Cómo un hombre de Dios que promueve y gestiona generosos recursos a la Iglesia es inculpado injustamente? Como si las obras de éxito justificaran el comportamiento inmoral de un personaje patológico. Exhibir las perversidades de Maciel era considerado una conspiración para dañar a la Iglesia. "Maciel es la Iglesia", alardeaban sus lisonjeros. Estos argumentos contaron con el eco y, en el mejor de los casos, silencios encubridores de los grandes medios tradicionales. La estrategia fue efectiva: victimizar al depredador y desacreditar a las víctimas, culpabilizándolas. Sin embargo, el primer paso estaba dado; esto es, la denuncia había sembrado la semilla de la duda. Así se fue germinando la desacralización de Marcial Maciel, un actor poderoso entre las élites y aparentemente intocable.

Sostenemos que la influencia de la Iglesia católica sobre los medios ha venido declinando paulatinamente. La Iglesia sobrecargó relatos y rústicas justificaciones, cuando se le acusaba, que se fueron desgastando. Ya no fue capaz de circunscribir, y mucho menos controlar, lo que exponían los medios. En un contexto cultural de secularización, el reacomodo de la relación entre los medios y la Iglesia expresa una reconfiguración con los verdaderos resortes de poder en México y un efectivo decaimiento simbólico. Es decir, la disminución de la influencia de la Iglesia no sólo frente al Estado, sino ante la generación de la cultura y de los sentidos. El censo de 2020 muestra una caída persistente del número de católicos. Sin embargo la crisis no es de catolicidad sino de la institución. La Iglesia ya no ejerce ni tiene el monopolio de la moralidad. La crisis de la pederastia y sus escándalos es también la crisis de la credibilidad de una institución que en México modeló los valores en el pasado inmediato.

MEDIOS Y PEDERASTIA CLERICAL, EL INCONTROLABLE TSUNAMI MEDIÁTICO INTERNACIONAL

En los Estados Unidos se desencadenó el mayor detonador de denuncia mediática de la pederastia clerical a nivel internacional. Boston se convirtió en el epicentro de la mayor crisis de la Iglesia católica en la era contemporánea. Tal ha sido la magnitud de la crisis, sólo comparable con la crisis de la Reforma del siglo XVI. La unidad de investigación del periódico *Boston Globe*, llamada Spotlight, expuso ante la opinión pública, en 2002, los abusos sexuales del clero local. Al principio los divulgó con timidez, pero fue creciendo en intensidad y arrojo informativo. Se convirtió en un fenómeno social que provocó una doble circunstancia. Por un lado, generó un escándalo mayúsculo, cuyo impacto trascendió las fronteras de los Estados Unidos, y, por otro, decenas de personas perdieron el temor y se pusieron en contacto con el periódico, denunciando que habían sido víctimas de pedofilia o que tenían información sobre los sacerdotes acusados. Es decir, las víctimas rompieron el cerco del silencio y se atrevieron a denunciar públicamente en busca de la justicia secular, porque la justicia de la Iglesia había sido negada. La Iglesia católica de Boston fue exhibida en el transcurso de varias investigaciones en que se involucró a 185 sacerdotes y cientos de víctimas.

El *Boston Globe* escribió más de 600 artículos que contaban historias de sacerdotes depredadores y la tragedia vivida por las víctimas. También se redactaron notas de cómo la Iglesia católica sorteaba la crisis, sea con encubrimientos, chantajes o indemnizaciones. Tan sólo en el primer año del escándalo la Iglesia había desembolsado más de 100 millones de dólares para acuerdos con las víctimas y juicios penales. Las investigaciones condujeron, entre otras cosas, a la renuncia del cardenal Bernard Francis Law, arzobispo de Boston desde 1984. Después de muchas presiones el poderoso cardenal Law renunció, por evidencias y señalamientos de su complicidad y encubrimiento, y por haber mentido y ocultado a la sociedad cientos de casos de pedofilia que llegaron a su despacho antes del estallido de los escándalos provocados por las averiguaciones del *Boston Globe*.

A principios del siglo XXI Estados Unidos se convirtió en el núcleo de un gran terremoto cultural que sacudió los más profundos cimientos de la Iglesia católica. Desembocó en una devastadora crisis de credibilidad de la Iglesia a escala internacional. De inmediato aparecieron réplicas y denuncias mediáticas en diferentes partes del mundo. Los medios, a través de investigaciones periodísticas, entrevistas con víctimas y denuncias de familiares, desplegaron casos de abusos, sometimientos sexuales y psicológicos de sacerdotes a niños, niñas y adolescentes en diferentes países como Irlanda, Australia, Alemania, Bélgica, Chile e Italia. La Iglesia católica enfrentó la mayor crisis de su historia en la era moderna, sólo comparable con el movimiento de Reforma. Las denuncias y los casos de pederastia se convirtieron en escándalos que estremecieron el imperio moral de la institución. Incluso los medios a nivel global denunciaron los crímenes cometidos a menores en casos que se remontaban a los años cincuenta del siglo pasado, como fue en Irlanda. Emergió también un fenómeno que acompañó a la pederastia clerical: el encubrimiento institucional, es decir, la complicidad delictuosa de las estructuras eclesiásticas. Conocidos cardenales, obispos y monseñores cayeron en descrédito ante la opinión pública. Los medios desenredaron historias funestas de ocultamientos, disimulos y doble discurso para proteger a religiosos depredadores. Comportamientos institucionales desastrosos que se convirtieron en un infortunio a escala planetaria. Pese a sus múltiples labores sociales y obras de caridad, las perversiones y prácticas sexuales de sectores del clero revelaron una dimensión oculta de una institución milenaria que gozaba de respeto. El avance de la tecnología, la información bajo la inmediatez y el alcance global de las redes sociales pusieron en evidencia las profundas contradicciones de la Iglesia en términos globales, a tal grado que cimbraron sus estructuras en todos sus estamentos.

A partir de 2002 los casos se documentaron en los medios en una variedad de modalidades: noticieros de radio y televisión, documentales, mesas de análisis, dramas de televisión, películas y telenovelas. Y desde luego en las redes sociales, que juegan un papel importante, llegando así a una amplia gama de audiencias. Irritó a la opinión pública la cultura del mutismo, el doble discurso de representantes de las estructuras y las maniobras de la alta jerarquía para proteger y amortiguar las denuncias. De tal suerte que se volvió nota no sólo el crimen sexual sino el encubrimiento, es decir, las argucias, las mentiras y enmascaramientos de la Iglesia.

Pero muchas cosas cambiaron entre 2002 y 2010. A principios de siglo los periódicos estadounidenses cubrieron los escándalos de abuso clerical en un volumen mucho mayor que los periódicos europeos. Los diarios estadounidenses, incluidas publicaciones de circulación nacional como *The New York Times* y muchos otros medios impresos como *The Philadelphia Inquirer*, publicaron 896 historias sobre el escándalo en mayo-agosto de 2002, en el apogeo de la historia, mientras que los periódicos en inglés en Europa publicaron sólo 119. Son datos proporcionados por el Project for Excellence in Journalism y el Pew Forum on Religion & Public Life, ambos pertenecientes al Pew Research Center, organismo de investigación ubicado en Washington. Siguiendo el estudio, en los primeros cuatro meses de 2010 los periódicos europeos publicaron aproximadamente tres veces más artículos sobre los escándalos clericales, 765, que los diarios estadounidenses, que fueron 252. A inicio de ese año habían surgido oleadas de revelaciones sobre nuevas acusaciones de abuso y encubrimientos en Austria, Alemania, los Países Bajos, Polonia y España.[4] A inicio de la década el mayor interés mediático fue en Estados Unidos, mientras que a finales de la misma se desplaza a Europa.

Las revelaciones mediáticas fueron de alto impacto. La opinión pública mostró indignación y un alto interés en los hallazgos y seguimiento de casos. Los *ratings* se incrementaron y muchos medios sacaron raja con discernimientos sumarios contra la Iglesia. Hay que reconocerlo, para capturar audiencias, muchos medios fomentaron un sensacionalismo moralista. Diversos medios de comunicación que se decían liberales se erigieron como tribunales de condena moral. Muchos documentales y filmes se presentaron a sí mismos como un baluarte moral en defensa de la sociedad, capaz de sacar a la luz injusticias que se intentaban ocultar. Algunos expertos cuestionaron un cierto amarillismo mercantilista para elevar audiencias e incrementar rentabilidad. Los testimonios trágicos que narran la versión de las víctimas, el historial de los depredadores sexuales y el encubrimiento de la Iglesia se convirtieron en tramas conmovedoras y jugosas mercancías.

LOS MEDIOS CATÓLICOS Y EL DESCONCIERTO INSTITUCIONAL

Uno se pregunta, frente a la crisis de la pederastia clerical, cuál ha sido el papel de los medios de comunicación católicos. Hay que recordar que la Iglesia cuenta con una robusta estructura mediática en todo el mundo. Tiene canales de televisión abierta en numerosos países católicos, opera importantes periódicos y semanarios de prestigio; posee reconocidas revistas e influyentes agencias de noticias. Además, hay que resaltar, la Iglesia ostenta una pujante presencia en internet a través de nutridas redes sociales. Frente al fenómeno de la pederastia, en un principio defendieron a la institución eclesiástica de los supuestos ataques. Cuestionaron las notas que surgían y reprochaban falta de pruebas contundentes. Pretendían sesgos, mala intención, actitudes anticatólicas en la información; cuestionaban la veracidad de las denuncias y la calidad moral de las víctimas y desafiaban o descalificaban a los periodistas y analistas denunciantes. Cuando la avalancha se vino encima muchos de esos medios callaron. Sembraron ese silencio cómplice que tanto daño ha causado a la institución. Algunos abordaron el tema con explicaciones oblicuas y difusas. En 2010 un estudio realizado por el Pew Research Center señaló que tres grandes medios de comunicación católicos mostraron enormes diferencias en sus enfoques. *The National Catholic Reporter*, un semanario independiente y de corte liberal, dedicó dos tercios (66.7%) de su cobertura del Vaticano a los escándalos de pederastia. Mientras, dos medios de noticias católicos, de corte conservador, dedicaron menos espacio de su cobertura del Vaticano al tema. Catholic News Service le dio 44.8% y Catholic News Agency sólo le dio 33.3%. Hay que reconocer que el escándalo de la pederastia no encontró gran arrastre en muchos medios tradicionales. A través de miles de blogs y publicaciones de Twitter rastreadas el tema cobró relevancia.[5]

Las víctimas fueron actores ausentes en el tratamiento periodístico, salvo aquellas que perdonaban a sus victimarios o generaban una cavilación de indulgencia y misericordia cristiana. Recién bajo el pontificado de Francisco, los medios católicos mostraron mayor apertura y se permitieron coberturas y análisis críticos. Demasiado tarde y todo un tema de investigación.

Los tres últimos papas, en diferentes ocasiones y tonos diferentes, han pedido perdón a las víctimas y a la sociedad. Sin embargo, a base de repetición han perdido fuerza y frescura. Los perdones se han vaciado de su intencionalidad inicial. Al repetir un acto constantemente en diferentes tonos a lo largo de más de 15 años su efecto se desvanece. Nos remontamos a Juan Pablo II, quien pidió perdón en 2003 y condenó la pederastia como "traición al Evangelio". El efecto de constricción se ha venido descomponiendo, el impacto de la demanda de perdón ante los continuos escándalos ya no cuenta con la credibilidad pretendida. Los perdones fueron retomados por su sucesor, el papa Benedicto XVI, quien en uno de sus viajes se reunió con víctimas y lloró con ellas en Malta en abril de 2010. Sin embargo, se negó a recibir a las víctimas de Marcial Maciel durante su visita a México en 2012. Al principio de su pontificado Francisco no mostró un decidido empeño por atajar la pederastia, pero la fuerza de los escándalos y severos señalamientos de sectores conservadores en el caso McCarrick lo sacuden.[6] Parecía que el Papa argentino no dimensionaba bien el lastre por su inclinación por lo social. Incluso se confrontó con la prensa, en un desafortunado lance, para defender a los obispos chilenos.[7] Esto influyó para que su visita a Chile fuera un desastre en enero de 2018. Al darse cuenta de que estaba mal informado instruyó una investigación. El resultado de la pesquisa fue la operación de un enorme ocultamiento de los obispos chilenos. Francisco los convocó a Roma y después de una primera jornada de oración y silencio los obispos andinos le presentaron su renuncia en mayo de ese mismo año.

En suma, los mensajes de la Iglesia, incluyendo los pontífices, han perdido relevancia. Es muy significativo que durante la cumbre contra la pederastia convocada por Francisco, en febrero de 2019, los medios fueron escépticos a los discursos y mensajes oficiales de la Iglesia. Por el contrario, dieron una excepcional cobertura a los movimientos de las víctimas de pederastia del clero presentes en Roma, lideradas por Ending Clergy Abuse (ECA). Primeras planas de los diarios italianos y espacios estelares fueron dedicados a las víctimas y los eventos que organizaron de manera paralela al evento oficial. Ante este hecho, el papa Francisco reivindicó que él quiere no un juicio sumario a los violadores, sino crear un movimiento sanador que perdure en la Iglesia. Y recomendó a los medios evitar cuatro pecados: "La desinformación, la calumnia, la difamación y la coprofilia". El pontífice definió este último como el amor a la cosa sucia, a los escándalos. Además, lamentó: "Los medios de comunicación tienen tanto poder frente a las masas, frente a la gente, que pueden calumniar impunemente. Además, ¿quién le va a hacer juicio?"[8]

Regresemos en el tiempo. Justo en medio del escándalo en Boston, en abril de 2002, los obispos mexicanos reunidos en asamblea en Cuautitlán ofrecieron una desconcertante conferencia de prensa. Ante la insistencia de los reporteros sobre las revelaciones del *Boston Globe*, los prelados mexicanos reconocieron la gravedad de la pederastia sacerdotal, pero afirmaron que a los obispos no les toca entregar ni denunciar ante las autoridades judiciales a sacerdotes o religiosos pederastas. "No nos corresponde estar entregando a nuestros hijos, a los hijos de la Iglesia a la autoridad civil; nos toca juzgarlos según nuestras propias leyes", afirmó el obispo de la diócesis de Ciudad Juárez, Renato Ascencio León. Y con un sorprendente remate, el expresidente de la Conferencia de los Obispos Mexicanos (CEM), monseñor Sergio Obeso, entonces arzobispo de Jalapa, un obispo socialmente progresista, aseveró que "la ropa sucia se lava en casa".[9] La nota causó revuelo. Estamos en tiempos de la presidencia de Vicente Fox. Muchos nos preguntamos si el llamado fuero religioso, virtual, estaba por encima de las leyes constitucionales.

Los obispos hacían valer la jurisdicción eclesiástica que estaba por encima de las leyes seculares y constitucionales. A pesar de que se trataba de crímenes graves, tipificados por la ley y sancionados por el Código Penal, los obispos no querían entregar a sus hijos sacerdotes criminales a las autoridades civiles. El mensaje era claro: se impone una soberanía religiosa sobre las soberanías seculares del Estado mexicano. Prevalecía un clericalismo de cristiandad, es decir, autorreferencial y autoritario. La jerarquía católica mexicana no quería o no podía ubicarse, en aquel lejano 2002, en una tormenta que tarde o temprano la alcanzaría. El gobierno foxista no expresó extrañamiento alguno, incluso hasta la fecha ningún gobierno lo ha hecho, a pesar de que se violaban principios normativos constitucionales.[10] Casi 20 años después el papa Francisco reconoció que el clericalismo es causante no sólo de los abusos sino de la cultura del ocultamiento.

Los análisis se fueron afinando en los diversos formatos de los medios. Resaltaba un *modus operandi* entre los funcionarios de la Iglesia católica para ocultar acuciosamente a los perpetradores, trasladándolos de parroquia en parroquia, como detalla la galardonada Amy Berg en *Líbranos del mal* (2006) y *Secreto a voces* (2014), películas sobre abusos. Y otras piezas comunicativas muestran que el funcionario eclesiástico que estaba a cargo de investigar todas las denuncias de pedofilia en la Iglesia católica desde la década de 1980 hasta 2005 era precisamente Joseph Ratzinger, prefecto de la Congregación para la Doctrina de la Fe desde noviembre de 1981 hasta abril de 2005, quien más tarde sería el papa Benedicto XVI. Una mayor intervención eclesiástica para investigar el abuso sexual de menores por parte de sacerdotes comenzó en 2001. Benedicto XVI carga un estigma que hace manifiesto en entrevistas sobre su vida. Ha declarado que la pederastia fue el mayor flagelo de su pontificado. Con razón unos días antes de ser entronizado, en una procesión en Roma, sentenció: "Cuánta suciedad hay en la Iglesia", y en 2010 dio una declaración sorprendente en esa línea: "La mayor persecución a la Iglesia no viene de los enemigos de fuera ni de los medios, sino que nace del pecado de la Iglesia". El gran vaticanista Giancarlo Zízola hacía planteamientos contundentes al respecto: "La Iglesia enfrenta una doble perversión: una sexual y otra política. La perversión sexual está ligada a la perversión política, que no es otra cosa que la sacralización del poder. Marcial Maciel es un paradigma simbólico de ambas perversiones".

MEDIOS, IGLESIAS Y PODER EN MÉXICO

Durante una homilía en el penal femenil de Santa Martha el 17 de diciembre de 2007, Norberto Rivera reconoció que las reclusas son señaladas y condenadas por la sociedad. Con visible resentimiento expresó: "También afuera de este lugar hay gente peor que destroza la dignidad de las personas, verdaderas prostitutas, verdaderos prostitutos de la comunicación que deshacen la fama de los demás, no mata el cuerpo del otro, pero es una víbora que mata la fama de los demás [...] No les importa si son inocentes, con su sentencia ellos juzgan, ellos sentencian, ellos condenan y para ellos no hay [más] justicia que la que ellos dictan".[11] ¿Por qué tanto encono del cardenal hacia los medios? ¿A qué se refería con los prostitutos de la comunicación? ¿Quiénes eran las víboras que querían matar su fama? ¿Cómo entender al personaje que montó un sofisticado aparato mediático y que tan sólo dos años atrás, es decir en 2005, era enaltecido por los medios televisivos como un sólido aspirante al pontificado de la Iglesia? La respuesta es relativamente simple, los señalamientos de encubrimiento a curas pederastas empañó su credibilidad y propició su debacle pública, política y eclesiástica. El deterioro público del cardenal Rivera se decanta en muy poco tiempo.

Tras la muerte de Juan Pablo II, Joaquín López-Dóriga y Televisa presentaban al cardenal Rivera como un serio aspirante al pontificado. Unos años después, en el cónclave de 2013, sus posibilidades eran nulas. ¿El motivo? Su excesiva cercanía con Marcial Maciel y su encubrimiento a la pederastia clerical. Sin duda, con el ascenso de Joseph Ratzinger al papado el 19 de abril de 2005 se modificaron las coordenadas de poder en la Iglesia. Los principales resortes del cardenal Rivera se debilitaron. Se configuraba un nuevo entramado en los equilibrios de poder en el Vaticano. Norberto Rivera quedaba vulnerable ante el nuevo tablero hegemónico eclesiástico con la entronización de Joseph Ratzinger. En 2006 Benedicto XVI prohibió a Marcial Maciel ejercer su ministerio públicamente para llevar "una vida de oración y penitencia", medida cuestionada por muchos como *light*, pero que era una clara señal de que la nueva nomenclatura eclesiástica retiraba los privilegios y canonjías que Marcial Maciel había comprado con millonarios sobornos, la benevolencia de la curia romana y la confianza profesada en vida por Juan Pablo II. Otro poderoso actor sale de escena, nos referimos al omnipotente cardenal Angelo Sodano, cómplice de Maciel y gran mentor de Rivera. Sodano había dejado el cargo de secretario de Estado y encabezó una red opositora en la curia vaticana a Ratzinger, primero, y después a Francisco. El desplazamiento de Sodano fue un claro signo del declive político eclesiástico de Norberto Rivera.

Los lamentos del cardenal Norberto Rivera contra los medios en Santa Martha tienen su explicación. El año 2007 fue políticamente muy intenso, pues fue cuando el cardenal Rivera se desgastó política y mediáticamente, al verse involucrado en episodios crispantes ante la mirada cada vez más crítica de la sociedad y de los medios. En efecto, Norberto Rivera tenía la presión de la Corte Superior de Los Ángeles para declarar por la demanda interpuesta en su contra por Joaquín Aguilar, víctima de abuso sexual del sacerdote pederasta Nicolás Aguilar, protegido del cardenal. Recibía la presión de la Red de Sobrevivientes de Abusos por Sacerdotes (SNAP, por sus siglas en inglés)· con el experimentado abogado Jeff Anderson al frente del litigio penal. Circulaba también un libro de la periodista Sanjuana Martínez que documentaba la complicidad y encubrimiento del cardenal Rivera en torno a la pederastia.[12] Ese año se debatió la legalización de la interrupción del embarazo en la Ciudad de México. Las impetuosas intervenciones públicas de rechazo del cardenal tuvieron un deterioro público notable. Llamó a la desobediencia civil y amenazó con excomulgar a los legisladores y al entonces jefe de gobierno Marcelo Ebrard.[13] Y para colmo, en noviembre de 2007 continuaron los conflictos poselectorales de 2006. Con enojo, el cardenal vio interrumpidas sus celebraciones litúrgicas en la catedral por la intrusión al recinto de simpatizantes del Partido de la Revolución Democrática (PRD) que reclamaban la deslealtad de Rivera hacia su "amigo"

Andrés Manuel López Obrador. El cardenal fue de los primeros en proclamar el supuesto triunfo de Felipe Calderón a la presidencia en 2006, aun sin los cómputos definitorios de la autoridad electoral.

El cardenal Norberto Rivera pasará a la historia como un clérigo de alto nivel encubridor de pederastas. Rivera perteneció a un grupo paralelo de poderes fácticos dentro de la Iglesia llamado el Cártel o el Club de Roma, por los fuertes nexos con el grupo conservador que predominó en el Vaticano bajo el pontificado de Juan Pablo II.[14] Resulta desconcertante que Norberto Rivera, apoyado por Marcial Maciel, apostara por un manejo mediático moderno desde el inicio de su mandato en los años noventa. Marcial Maciel puso a disposición de Rivera un sofisticado montaje comunicativo de la escuela de comunicación de la Universidad Anáhuac y de los Legionarios de Cristo. Maciel le montó a la arquidiócesis una poderosa infraestructura de comunicación que muy pronto posicionó al cardenal como el referente central de la Iglesia católica. Norberto Rivera se convirtió en el rostro y la voz del episcopado a través de sus difundidas homilías dominicales, así como pequeños libros, manuales y un semanario que tuvo distintos nombres y que se encartaba los domingos en diferentes periódicos de circulación nacional. Igualmente realizó una tarea de cabildeo con los dueños de los medios, así como con los reporteros, a quienes se les invitaba a desayunos y comidas. Resulta paradójico que en un área escrupulosamente diseñada y ejecutada tuviera a la postre uno de sus mayores fracasos. Para la opinión pública la palabra del cardenal era la voz de la Iglesia. La imagen del cardenal Rivera, con sus altibajos, llegó al cenit cuando su nombre circuló como posible papable desde 2003. Sin embargo, llegó muy disminuido al cónclave de 2013. Hubo movimientos sociales de víctimas y de medios internacionales que demandaban que a aquellos cardenales señalados por el encubrimiento se les impidiera participar en la elección pontifical. La SNAP estadounidense publicó "la docena sucia", una lista que señala a 12 cardenales involucrados en el encubrimiento de curas pederastas, que le dio la vuelta al mundo. Entre ellos se encontraba el nombre del cardenal Rivera. ¿Qué fue lo que pasó con Norberto Rivera? Como vimos, su imagen entró en un tobogán del que nunca pudo emerger desde 2006. Para muchos especialistas en medios se operó una desgastante sobreexposición mediática que finalmente se revirtió en lo que se llama "efecto búmeran". ¿Será?, ¿o el personaje creado por el cardenal se desfondó?[15]

Igual que muchos personajes públicos, ante sus infortunios, Rivera culpa a los medios. El cardenal se victimiza, acusa de prostitutos de la comunicación a aquellos que, según él, lo han linchado mediáticamente. En realidad no se hace responsable de su trayectoria, de sus decisiones ni de sus apuestas. Hay ausencia de autocrítica porque predomina la soberbia clerical. La dificultad proviene del hecho de que la palabra de la Iglesia no puede reducirse a sus discursos ni a sus declaraciones. Hay que distinguir entre la información y la comunicación. ¿Cómo creerle al cardenal que no ha encubierto a pederastas cuando hasta el límite defendió con ardor a Marcial Maciel? ¿Cómo confiar en la opción por los pobres si Rivera se pavonea públicamente con los ricos? Pasaba puentes vacacionales con los empresarios más connotados de México y España en los lugares más exclusivos del mundo, además de portar suntuosa joyería personal, poseer diversas propiedades que oculta. ¿Cómo validar su desapego a los bienes materiales cuando ha pasado por numerosos escándalos centaveros? La campaña publicitaria de Sabritas: las papas del Papa, Viotran o el copyright de la Virgen de Guadalupe, la disputa con el nuncio Justo Mullor por los dividendos de la penúltima visita del Papa a México en 1999, la disputa con comerciantes de la Plaza Mariana, entre otros muchos altercados. La comunicación más poderosa es principalmente no verbal: la congruencia. La Iglesia puede dictar los grandes principios de la castidad y encontrarse enredada en sórdidos casos de pedofilia; cuestionar con acaloramiento a los matrimonios igualitarios, cuando todos sabemos que la homosexualidad dentro de la Iglesia es un hecho inocultable. Puede alabar la fraternidad, la humildad y la caridad en la Iglesia y no ser capaz de sofocar asuntos sórdidos de rivalidades de poder dentro de las diócesis, el episcopado e incluso en la curia vaticana. Cualquier observador sensato se preguntaría si en efecto la Iglesia es experta en humanidad, o si suceden en su interior, como en cualquier institución, luchas de poder.

Las iglesias cristianas, incluyendo la católica, consideran esencial el uso de medios modernos de comunicación. Sin embargo, en el fondo los creen ajenos a su estructura interna. Hay una comprensión utilitaria de los medios porque son necesarios en una era de comunicación. Pero muchas veces se consideran externos y no parte integrante de su misión. Esta ambigüedad no es más que un reflejo de la desconfianza cultural que existe entre el mundo católico y los medios que son fruto de la modernidad bajo una lógica secular de mercado. Sin embargo, hacia finales del siglo pasado se ha registrado una verdadera revolución en la relación entre los medios y las iglesias. Diversas denominaciones evangélicas incorporaron a su proyecto el proselitismo a través de los medios con gran impacto. Existe el ejemplo de las llamadas "iglesias electrónicas" estadounidenses, cuya irrupción en las pantallas en la década de 1980 transformó el paisaje religioso de aquel país.[16] Otro notable ejemplo lo tenemos en el caso del papa Juan Pablo II, cuyo carisma lo convirtió en un poderoso fenómeno comunicativo a finales del siglo xx. Se tornó en una estrella mediática y muchos lamentan que el Vaticano lo convirtiera en una mercancía. Son claros arquetipos de la utilización efectiva de los medios para transmitir códigos y mensajes religiosos, por supuesto, con todos los riesgos de banalización y comercialización, incluso convertir los ritos y actos fervientes en espectáculos. En México no podemos dejar de lado el caso de "Pare de Sufrir", filial de la Iglesia Universal del Reino de Dios, Iglesia evangélica que se ha convertido en Brasil y muchos países latinoamericanos en un lucrativo negocio a través de las pantallas de televisión. En México desde hace más de 10 años ha hecho una apuesta mediática de proselitismo que ya rinde frutos, pues esta Iglesia brasileña de carácter neopentecostal se ha venido posicionando.

LOS LÍMITES DE LA DENUNCIA MEDIÁTICA Y NUEVAS RUTAS PARA ENFRENTAR LA PEDERASTIA

Los católicos practicantes están inmersos en una cultura secularizada, por tanto, no tienen una postura muy distinta del conjunto social en el cual están inmersos. Por cultura secularizada se entiende un lugar distinto de la fe y las creencias en la vida social de las personas.

Es decir, una pérdida de centralidad de los estamentos y orientaciones que proporcionan las iglesias, en especial la católica. Una situación social donde, como define Émile Poulat en su libro *La era poscristiana*, "el espacio público está abierto a todos, incluso a las Iglesias, pero se organiza y funciona sin ellas, bajo reglas que ya no dependen de ellas, como ocurría en el pasado".[17] Los medios de comunicación masiva son parte esencial del espacio público, y no se rigen de manera tajante por las reglas ni por las leyes confesionales, ni tampoco dependen de las iglesias. Por ello, bajo la secularización de la cultura la situación de las iglesias y de sus militantes se torna ciertamente compleja. Los católicos y sus medios se mueven en una sociedad cuyos valores no sólo no dominan y en ocasiones no comparten, sino además les impone las reglas del juego y los introduce en una cultura de la cual reniegan.

En el análisis de la relación de la religión con los medios la cuestión del poder muestra su extrema complejidad: el poder no es algo externo a las agrupaciones religiosas, como tampoco lo es para los medios. El poder existe ciertamente fuera de las iglesias, pero también dentro de ellas. Las relaciones con los medios seculares y los propios constituyen, por lo tanto, parte esencial de las relaciones de poder que se tejen fuera y dentro de las iglesias. Así, más que analizar el poder como algo externo a las agrupaciones religiosas conviene considerarlo como una parte intrínseca de las relaciones que establecen las asociaciones religiosas con la sociedad. Por ello no debe resultar extraña la demanda evangélica de contar con canales de televisión abierta solicitados al gobierno federal. De esa manera deben analizarse los vínculos entre los poderes mediáticos, empresariales y gubernamentales que las iglesias establecen en su entorno y al interior de ellas mismas. De ese modo, en la relación entre poder, medios y religión se pueden distinguir por lo menos tres niveles: el intraeclesial, el interreligioso y el social, estrechamente ligados unos a otros.

Los medios de comunicación han jugado un papel determinante para evidenciar ante la sociedad los abusos sexuales cometidos por sacerdotes. Los medios en el planeta pasaron de un trato privilegiado a un tratamiento implacable hacia la Iglesia. A partir de las investigaciones periodísticas del *Boston Globe* en 2002 los medios han jugado un rol de denuncia que ha tenido alto impacto en las audiencias. Como vimos, se creó una especie de subgénero sobre la pederastia clerical, con películas premiadas, series de televisión, documentales, telenovelas, libros, ensayos, mesas de análisis, sátiras, humor negro, memes y grandes reportajes de investigación. En muchos casos la pederastia clerical se convirtió en una mercancía rentable. También es cierto que los medios han favorecido romper la cultura del silencio y la manipulación de impunidad imperante en la institución eclesiástica. Han presionado y sacudido a la Iglesia. Hay que reconocer que los medios evidenciaron la reinante opacidad y el mutismo cómplice de la Iglesia.

Sin embargo, a lo largo de más de 20 años el tema se ha banalizado, como los escándalos de corrupción o tramas de libertinajes sexuales de los políticos, cuyo interés ha perdido pujanza en la cobertura mediática a fuerza de reiteradas coberturas. También se ha reducido la novedad mediática en la pederastia clerical, fenómeno parecido a la corrupción o al acoso sexual de personajes poderosos. El ejemplo de ello lo encontramos en Italia. Las intensas coberturas de los medios en los últimos años por los escándalos sexuales de políticos como Berlusconi, así como los de corrupción, se han trivializado, como advierte Giulia Pezzi, en el caso italiano.[18] Los continuos estruendos en medios que se suceden unos a otros terminan sosegando la expectativa de las audiencias. Todo esto contribuye a la idea generalizada de que la corrupción, el acoso y la pederastia son sólo escándalos difíciles de castigar. También es cierto que la actitud de la Iglesia ha cambiado. Muestra ahora mayor sensibilidad, pero aún está lejos de responder a las expectativas de las víctimas que claman reparación y justicia.

En los años recientes han surgido nuevas variantes en materia de denuncias, nos referimos a la intervención de los Estados. Es evidente que responden a la presión social, mediática y de la sociedad civil organizada. En diferentes latitudes observamos que gobiernos atraen investigaciones y atienden o atraen denuncias, y las realizan a través de fiscalías, ministerios, comisiones especializadas, tribunales o comisiones. Dichas averiguaciones poseen todo el poder y rigor del Estado. Si a principios de siglo las pesquisas periodísticas cimbraron a la Iglesia ahora diferentes gobiernos empiezan a atraer los casos y realizar diligencias e investigaciones de Estado que tienen consecuencias categóricas en beneficio de las víctimas. Tales son los casos de las pesquisas oficiales en Irlanda, Australia, Chile, Bélgica, Alemania y Pensilvania, entre otros. Pueden incluso confiscar la documentación de los archivos de la propia Iglesia. Tal fue el caso de Chile. En aquel país, ante la cerrazón de la Iglesia, el gobierno procedió mediante un allanamiento de los archivos eclesiásticos. Chile es un caso emblemático, pues cuenta con una tradición civilista. Ante la negativa sistémica de la alta jerarquía se generó un fenómeno social que permitió que se levantaran con fuerza voces de diversas organizaciones de víctimas y sobrevivientes, como los Laicos de Osorno, Red de Sobrevivientes de abuso sexual eclesiástico en Chile, Red Nacional de Laicos, Voces Católicas, entre otros. En Chile el gobierno procedió mediante un allanamiento de los archivos eclesiásticos, y el fiscal Luis Torres explicó que tal procedimiento se debe justamente a la atmósfera social de presión que clama veracidad en las investigaciones, que han inculpado a 139 religiosos.[19]

En Irlanda la Comisión de Investigación creada por el gobierno irlandés para abordar el asunto de abusos sexuales en la Iglesia católica publicó en mayo de 2009 un informe, tras casi 10 años de investigación, para esclarecer los abusos físicos y sexuales sobre más de 25 mil niños. El informe señala a más de 400 religiosos y religiosas y un centenar de seglares acusados por las víctimas. En Dublín el gobierno recogió testimonios, intervino archivos y tomó declaración de mil religiosos. El informe reconoce que la Iglesia católica irlandesa gozó de inmunidad durante décadas para ocultar los abusos sexuales contra menores cometidos por sacerdotes de la Arquidiócesis de Dublín, reveló el texto elaborado por la comisión presidida por la jueza Yvonne Murphy.

Recordemos la tibieza o confabulación con la que han actuado los diferentes gobiernos de México ante la pederastia clerical. Desde los gobiernos de Zedillo hasta el actual, el Estado ha sido omiso y negligente. Su actuar ha sido medroso porque no se atreve a desafiar las poderosas estructuras eclesiásticas y ha sacrificado los derechos de las víctimas. Los diversos gobiernos han calibrado los costos políticos que representa afectar intereses eclesiásticos y han optado por jugar un rol pasivo, finalmente cómplice, de cara a los crímenes perpetrados por sacerdotes y encubrimientos de obispos. Analizando el comportamiento de diferentes países, otro elemento central emerge.

El presidente López Obrador fue claro al fijar su postura. En la mañanera del 18 de febrero de 2019, en la víspera de la cumbre sobre la pederastia convocada por Francisco en Roma, un reportero preguntó cómo iba a actuar el gobierno sobre los casos de más de 100 sacerdotes acusados de pederastia que la propia Iglesia mexicana había dado a conocer. La respuesta de AMLO fue la siguiente:

> Corresponde en este caso a la Fiscalía General informar sobre las denuncias que existan. No queremos confrontarnos con las iglesias. ¡Así de claro! Necesitamos la unidad nacional, estamos por la reconciliación. Desde luego si hay un proceso legal no podemos taparlo. No podemos ser cómplices. Eso no lo haríamos, pero no vamos a atizar el fuego, en ningún caso […] No confrontarnos. Pero aclaro, sin simular. Sin tapar nada. Aplicar la máxima de que al margen de la ley nada y por encima de la ley nadie. Esto no significa estarnos confrontando constantemente. En nuestro país hay una gran diversidad y una gran pluralidad y tenemos que ser respetuosos de todos. Sobre todo cumplir con la Constitución para que se respeten las libertades: la de pensamiento, la de creencias y el Estado laico.

La lógica es clara, el gobierno no se confrontará con la Iglesia por los casos de pederastia por razones políticas de Estado. Esta sola postura requiere de un seminario por las diversas implicaciones que tiene. Sólo queda flotando una serie de pregunta preliminares: ¿Y dónde quedan las víctimas? ¿Acaso las víctimas no son ciudadanos mexicanos con derechos? ¿No tiene la obligación el Estado de aplicar la justicia por los actos criminales cometidos contra menores? El Estado mexicano, como otros países, debería atraer los casos y las denuncias de pederastia y realizar investigaciones a fondo, tutelando en todo momento el derecho y la atención hacia las víctimas.

El comportamiento de la sociedad civil organizada es otro factor determinante en el futuro próximo de las denuncias. En Estados Unidos las víctimas se unieron y conformaron frentes de denuncia social y legal contra la Iglesia católica. La SNAP, entre otras, jugó un papel central en por lo menos tres frentes: el mediático, el *lobby* legislativo y negociaciones legales con la jerarquía eclesiástica a nombre de las víctimas.

No basta la denuncia mediática, y lamentablemente en México estamos aún muy lejos de contar con una sociedad civil dinámica y un gobierno sensible. Se requiere fortalecer frentes como Spes Viva, encabezada por la empresaria regiomontana Cristina Sada Salinas. El futuro inmediato no recae sólo en las denuncias mediáticas, se requiere presionar para que el gobierno asuma una postura enfocada en las víctimas, una sociedad civil activa y organizada, sensible a un fenómeno que sigue lacerado a niños y niñas, capaz de presionar a los gobiernos para que adopten leyes y actúen institucionalmente y que encaren los delitos y crímenes cometidos por pederastas. Igualmente son necesarias las redes sociales capaces de catapultar iniciativas, denuncias y acciones legales. Hay que decirlo con contundencia: en México seguimos viviendo bajo el reino de Marcial Maciel. Poco hemos avanzado.

Las perversiones sexuales de los personajes públicos son resultado de las relaciones de poder que guardan los individuos con el *establishment*. Michel Foucault, en su *Historia de la sexualidad*, encuentra un estrecho vínculo del poder como factor represivo y la sexualidad como una dimensión construida por este poder. Hombres poderosos, como políticos, empresarios y personas públicas encumbradas, se saben protegidos por el poder. Dicha impunidad no guarda mucha diferencia con los sacerdotes pederastas. Bajo el predominio de una cultura patriarcal, políticos y pederastas clericales se sienten por encima de la sociedad, conductores y dueños de las conciencias de los individuos y, por tanto, también de sus cuerpos. Políticos desenfrenados y sacerdotes encuentran refugio en el Estado, y el clero enfermo en la estructura eclesiástica. Así, la patología de los abusos sexuales va de la mano de la corrupción.

NOTAS

1 Angelo Sodano, cardenal. Hombre poderoso como secretario de Estado durante el pontificado de Juan Pablo II y el primer año de Benedicto XVI, 1991-2006. Aliado incondicional de Marcial Maciel y de Norberto Rivera, fue nuncio apostólico en Chile durante la dictadura militar de Augusto Pinochet entre 1978 y 1988, con quien desarrolló una sólida amistad. Diversas organizaciones de la sociedad civil y religiosas lo criticaron por no manifestarse sobre las violaciones de los derechos humanos en Chile y promover posturas ultraconservadoras en la Iglesia chilena. *Cf.* Jason Berry, *Las finanzas secretas de la Iglesia*, México, Debate, 2011.

2 Bernardo Barranco, "El caso McCarrick desnuda el encubrimiento pederasta de los papas", *Proceso* 2229, 25 de noviembre de 2020. Consultado en https://www.proceso.com.mx/opinion/2020/11/25/el-caso-mccarrick-desnuda-el-encubrimiento-pederasta-de-los-papas-253363.html.

3 "Hubo momentos difíciles en mi pontificado, basta pensar, por ejemplo, en el escándalo de la pederastia, el caso Williamson o incluso el escándalo del Vatileaks." Peter Seewald, *Últimas conversaciones*, Bilbao, Mensajero, 2016, p. 217.

4 "The Pope Meets the Press: Media Coverage of the Clergy Abuse Scandal", Pew Research Center, 11 de junio de 2010. Consultado en https://www.pewforum.org/2010/06/11/the-pope-meets-the-press-media-coverage-of-the-clergy-abuse-scandal/.

5 *Idem.*

6 Bernardo Barranco, "Terremoto en la Iglesia de Francisco", *Proceso* 2183, 2 de septiembre de 2018.

7 El Papa defiende al obispo Juan Barros y dice que las acusaciones "son calumnias", EFE, 18 de enero de 2018. Consultado en https://www.efe.com/efe/america/sociedad/el-papa-defiende-al-obispo-juan-barros-y-dice-que-las-acusaciones-son-calumnias/20000013-3496365.

8 Entrevista al papa Francisco, "Pedofilia, medios y feminismo", *Página 12*, 1º de abril de 2019, Buenos Aires. Consultado en https://www.pagina12.com.ar/184478-pedofilia-medios-y-feminismo.

9 José Antonio Román, "Prefiere la Iglesia juzgarlos bajo sus leyes; la ropa sucia se lava en casa: Obeso", *La Jornada*, 12 de abril de 2002. Consultado en https://www.jornada.com.mx/2002/04/12/060n1con.php?printver=1.

10 La Ley de Asociaciones Religiosas y Culto Público aprobada en 1992, en su título quinto, Infracciones y sanciones y de recursos de revisión, dice a la letra en su artículo 29: "Constituyen infracciones a la presente ley […] IV.

Promover la realización de conductas contrarias a la salud o integridad física de los individuos. V. Ejercer violencia física o presión moral mediante agresiones o amenazas para el logro o realización de sus objetivos".

[11] Bertha Teresa Ramírez, "Arremete Rivera contra los que destruyen fama de curas", *La Jornada*, 18 de diciembre de 2007. Consultado en https://www.jornada.com.mx/2007/12/18/index.php?section=capital&article=034n-3cap.

[12] Sanjuana Martínez, *Manto púrpura. Pederastia clerical en tiempos del cardenal Norberto Rivera Carrera*, México, Grijalbo, noviembre de 2006.

[13] En un episodio muy confuso en torno a la excomunión de legisladores de la Ciudad de México por haber aprobado leyes para la interrupción del embarazo, el lunes 23 de abril de 2007 Hugo Valdemar, a nombre del cardenal Rivera, declaró: "Cuando tenga lugar la reforma legal, en automático los legisladores quedarán excomulgados y por tanto fuera de la Iglesia católica". Según cables de diferentes agencias, el papa Benedicto XVI habría ratificado la excomunión "automática" el 7 de mayo en una conferencia de prensa, a bordo del avión, rumbo a Brasil. Sin embargo, dicho comentario ha sido matizado por el padre Federico Lombardi, director de la Oficina de Información del Vaticano, quien dijo: "Benedicto XVI no ha excomulgado a los políticos de México que han apoyado el aborto [...] Dado que la excomunión no ha sido declarada por los obispos mexicanos, el Papa no tiene intención en sí de declararla". La arquidiócesis quedó descobijada desde Roma, pues matizaron las posturas polarizantes del arzobispado que al respecto había asumido Hugo Valdemar. *Cf.* Julián Sánchez, "Reitera Vaticano que no excomulgará a políticos", *El Universal*, 10 de mayo de 2007. Consultado en https://archivo.eluniversal.com.mx/nacion/150832.html.

[14] *Cf.* Bernardo Barranco (coord.), *Norberto Rivera. El Pastor del Poder*, Grijalbo, México, 2017.

[15] Verónica Veloz Valencia, "El efecto boomerang y Norberto Rivera", *Etcétera*, 1º de mayo de 2007. Consultado en https://www.etcetera.com.mx/revista/el-efecto-boomerang-y-norberto-rivera/.

[16] *Cf.* Hugo Assmann, *La Iglesia electrónica y su impacto en América Latina*, San José, DEI, 1988.

[17] Émile Poulat, *L'Ere Postchrétienne*, París, Flammarion, 1994, p. 254.

[18] Maria Giula Pezzi, "La corruzione come 'malattia': implicazioni sociali e culturali del considerare la corruzione come una patologia dello Stato italiano", Università del Salento, 2017. Consultado en http://webcache.googleusercontent.com/search?q=cache:vXRyiOF-3kUJ:siba-ese.unile.it/index.php/palaver/article/download/17007/14598+&cd=1&hl=es&ct=clnk&-gl=mx.

[19] Rocío Montes, "Sería una buena práctica que la Iglesia informara a la justicia civil de los abusos. La investigación de la Fiscalía de 139 religiosos ha abierto una profunda crisis en la jerarquía eclesial chilena", *El País*, 24 de julio de 2018. Consultado en https://elpais.com/internacional/2018/07/25/actualidad/1532469858_631742.html.

Bernardo Barranco Villafán. Economista por la UNAM y maestro en Sociología del Catolicismo Contemporáneo por la Escuela de Altos Estudios Sociales de París. Presidente del Movimiento de Estudiantes y Profesionistas (MEP) de la Acción Católica Mexicana (ACM) de 1975 a 1978. Secretario latinoamericano del Movimiento Internacional de Estudiantes Católicos (MIEC) con sede en Lima, Perú, de 1978 a 1981. Secretario general de Pax Romana, con sede en París, de 1982 a 1986. Ha sido consejero electoral tanto en el IEEM como en el IFE / INE en el Estado de México. Director general de la Fundación Vamos FDS; director de la Fundación Mexicana de Desarrollo Rural, A. C. Durante 18 años condujo el programa *Religiones del Mundo*, en Radio Red, y actualmente conduce el programa de televisión *Sacro y Profano* de Canal Once. Es colaborador de *La Jornada*, *Milenio* y de la revista *Proceso*. Nombrado en 2015 por la revista *Quién* uno de los personajes que transforma México. Es autor o coordinador de *Más allá del carisma, análisis de la segunda visita de Juan Pablo II a México* (Jus, 1990), *El evangelio social del obispo Raúl Vera* (Grijalbo, 2014), *Las batallas del Estado laico* (Grijalbo, 2016), *Norberto Rivera. El pastor del poder* (Grijalbo, 2017), *El infierno electoral* (Grijalbo, 2018), *AMLO y la tierra prometida* (Grijalbo, 2018) y *AMLO y la religión* (Grijalbo, 2019).

El registro documentado de una historia oculta

Erika Barrón Carreño

> … los que practican, son "enfermos moralmente reprobables que, al practicar la sexualidad sin finalidad reproductiva, aumentan las consecuencias nefastas para su salud". Así, los pederastas son enfermos que al buscar el placer sexual "optan por enfermarse […] La enfermedad es el colmo de la devastación: el desprecio social, la tisis, la locura y la muerte".
>
> Vicente Suárez Casañ, "La pederastia", 1894

Este ensayo explora parte de la vasta producción bibliográfica y periodística en español sobre pederastia a lo largo de tres décadas. En general, prevalece el interés por conocer las causas que, de remitirse o mitigarse, prevendrían y combatirían la conducta pederasta.

Los autores seleccionados y analizados coinciden en que no existen respuestas unánimes sobre cómo afrontar este problema complejo, espinoso y polémico que, bajo cualquier enfoque y circunstancia, es una conducta injustificable por violatoria de la dignidad humana, especialmente de las personas más vulnerables por razón de edad, niñas, niños y adolescentes. La preocupación sobre el tema se inscribe en un contexto de sensibilización sobre la violencia sexual, el posicionamiento del discurso de derechos humanos, y en la emergencia de medios de comunicación globales en redes sociales.

De la revisión bibliográfica[1] es posible detectar grandes líneas argumentativas, las que enfocan el estudio del daño causado, las que identifican rasgos psicológicos o patologías del agresor, las que denuncian que es el poder económico y político transnacional de la Iglesia católica el que posibilita a su clero, investido de fuero, todo tipo de abusos; otras son las que señalan que la forma en que la Iglesia concibe la sexualidad se relaciona con los casos de pederastia, y por último, las que realizan análisis jurídicos que observan vacíos o entreveramientos en el derecho canónico que dificultan la acusación, la investigación y el castigo de los presuntos culpables. Al analizar el número de publicaciones se observa que la mayor producción se concentra en las investigaciones que denuncian por diferentes rutas, sistematizando casos, evidenciando la falta de rendición de cuentas y transparencia en la Iglesia católica.

La producción académica y periodística refleja el tránsito de la Iglesia de la incredulidad, la documentación contundente de casos, la obstinación y finalmente a la evidencia de la crisis, que se relaciona con la renuncia de Joseph Ratzinger. En la actualidad la estructura religiosa pareciera ejercitar la reflexión, no sin resistencias internas; en el discurso se mencionan acciones concretas para prevenir nuevos casos. Los espacios externos a la Iglesia han contribuido a que se asuma la conducta pederasta como una realidad indeseable, y que se abra el debate para superar la inicial inercia de negación, sosteniendo la presunción de inocencia, la buena fama y la posibilidad de intenciones perversas de las víctimas.

COMPRENDER LAS CAUSAS DESDE EL INTERIOR DE LA IGLESIA

En este recorrido encontramos el libro *Iglesia y pedofilia: una herida abierta. Una aproximación psicológico-pastoral* de Giovanni Cucci y Hans Zollner, editado por Sal Terrae, escrito en 2010 desde el interior de la Iglesia; ambos autores son académicos, teólogos y sacerdotes jesuitas consultores en grupos de trabajo como la Mesa Redonda sobre la Violencia contra Menores con el gobierno de Alemania y de la Comisión Pontificia para la Protección de los Menores. Lanzan interesantes preguntas: ¿cómo es posible que personas consagradas a Dios hayan realizado semejantes conductas? ¿Qué dinamismos psíquicos entran en juego? ¿Se puede evitar que suceda en el futuro algo parecido?

Recuerdan que ni el clero católico es el colectivo más condenado por este delito ni el celibato sacerdotal es un determinante de la pedofilia, y aunque desde la perspectiva psicológica concluyen que no es fácil delimitar un "perfil" claro del abusador, están de acuerdo en que un factor común del agresor es su posición de privilegio y autoridad, al tiempo que intentan minimizar el daño con cifras que señalan que buena parte de las víctimas son adolescentes, no niñas o niños.

Atribuyen la pederastia a la mala selección de los candidatos a sacerdotes, ante lo cual proponen preparar formadores de futuros sacerdotes y religiosos evitando el favoritismo o la dependencia afectiva hacia los obispos y utilizar métodos psicológicos para la selección de candidatos.

En 2016 Amedeo Cencini, profesor de la Universidad Gregoriana de Roma y consultor de la Congregación para los Institutos de Vida Consagrada, publicó el libro *¿Ha cambiado algo en la Iglesia después de los escándalos sexuales?: análisis y propuestas para la formación.*[2] Considera actos ejemplares la creación de la Comisión para la Protección de la Infancia, la prolongación del tiempo de prescripción para delitos sexuales, la sinceridad ante el escándalo y la escucha y protección de las víctimas. Se pregunta si estamos creando una nueva cultura que realmente acabe con los crímenes, sin embargo, identifica la persistencia de una cultura donde la conducta pederasta es aceptable pero que se debe ocultar y que las víctimas requieren acciones contundentes de cambio.

Concluye que la pederastia es permitida por la mediocridad humano-espiritual en el mundo eclesiástico. Afirma que la falta de escrúpulos de la cultura del triunfo, del enriquecimiento fácil, es el caldo de cultivo donde algunos, los más aprovechados, quedan impunes y critica a los que creen que los escándalos sexuales son pocos o minimizan las repercusiones en toda la institución.

CONTRIBUIR A MIRAR A LAS VÍCTIMAS

Además de la cobertura mediática, la producción bibliográfica contribuye a visibilizar a las víctimas y a construir sus propuestas. En 2012 el joven Joaquín Aguilar, víctima de pederastia eclesial, expresó: "No queremos arrepentidos. Queremos justicia",[3] frase que condensa las dos maneras de comprender la conducta del pederasta, como delito o como desviación psicológica, producto de la insanidad personal, y también dos maneras de asumirse como víctima, el que busca y encuentra reconciliación con el perdón y los que descansarán cuando sus agresores sean juzgados y encontrados culpables.

En el México de la década de 1990 el libro *Abuso sexual en la infancia: cómo prevenirlo y superarlo* del psiquiatra Ernesto Lammoglia aborda la pederastia como violencia sexual, no como una desviación sexual o enfermedad, sino como abuso del fuerte sobre el débil, dice que "toda acción ejecutada por un sujeto que se vale de otro para estimularse, sin el consentimiento o voluntad de ese último es un problema de abusos de poder derivados de la autoridad",[4] con lo que la víctima debe en todo momento ser escuchada y atendida profesionalmente, ya que se vulneró su confianza primaria en las figuras de autoridad.

La investigadora Sonia Araujo, en su libro *Derechos de las víctimas de delitos contra la libertad sexual*, caracteriza a la pederastia por "impedir que las personas libremente elijan el momento, la forma y las circunstancias en que desean practicar su actividad sexual, conforme a sus ideas, creencias o preferencias",[5] de modo que la autoridad debe frenar o inhibir la conducta pederasta, a pesar de las tendencias o gustos sexuales individuales. Advierte que los agresores aprovechan que cuentan con la confianza y una notable diferencia de poder y fuerza con sus víctimas, y pudieran excusarse en alguna enfermedad o patología, pero nada justifica ese hecho.

En 2003 Pepe Rodríguez publicó el libro *Pederastia en la Iglesia Católica: delitos sexuales del clero contra menores*, donde demuestra la inmoralidad del gobierno de la Iglesia ante este problema y refiere que lo importante es resolver la situación psicológica y social de las víctimas.[6]

El enfoque es una clara denuncia, ya que considera que el abuso que cometen los sacerdotes es un drama silenciado y encubierto por los obispos y que no creer a las víctimas es un grave error estructural. La virtud de este planteamiento es que muestra dos posturas válidas y actuales: el sentimiento de profunda ofensa ante acusaciones que podrían provenir de un ataque a la sacralidad de la Iglesia y de sus ministros. Segunda, como reacción, el señalamiento de que se trata de una calumnia de grupos con intereses oscuros para afectar el prestigio y la autoridad moral de la Iglesia.

Dicha perspectiva posibilita la discusión sobre cómo atender y acompañar a las víctimas. Este libro es un punto de referencia obligado para abordar la pederastia con datos estadísticos, entender el encubrimiento como práctica sustentada en el derecho canónico y en una especie de hermanamiento cómplice.

En el libro *¿Qué es la pedofilia?*, de 2004, Anna Oliverio Ferraris y Barbara Graziosi intentan comprender cómo una institución religiosa que predica el cuidado a los otros daña, y cómo ese daño es incluso mayor en la personalidad en formación del menor aún no sexualmente autónomo por la figura de autoridad del religioso y proponen que la aceptación de los hechos ayuda a superar la experiencia y evitar secuelas irreversibles.[7]

En la obra *Sexual Abuse in the Catholic Church: A Decade of Crisis, 2002-2012* Plante y McChesney, académicos estadounidenses, aportan una síntesis de los escándalos y convocaron a un grupo diverso de 20 entrevistados: expertos, víctimas y clérigos, quienes reflexionan sobre la crisis de abuso sexual en la Iglesia católica y examinan lo que la Iglesia ha hecho, y lo que aún tiene que hacer, para proteger a los niños. Recuerdan que el escándalo estalló por primera vez en Boston en 2002 y ofrecen una amplia gama de opiniones, tanto positivas como negativas, sobre lo que se ha hecho en 10 años para detener y prevenir tal abuso. Comparten las percepciones de las víctimas: lo que sucedió, el trauma resultante, cómo se curó y lo que creen que se debe hacer para evitar futuros abusos, y sobre todo insisten en que hay que evitar que los pederastas sigan en contacto con jóvenes y en la prevención-rehabilitación de los victimarios.[8]

Mención especial en el análisis de las víctimas merece el libro autobiográfico del suizo Daniel Pittet, *Lo perdono, padre: sobrevivir a una infancia rota*, que en 2017 editó Buena Prensa y prologó Jorge Bergoglio. En la portada aparece un extracto del prólogo, "testimonio necesario, precioso y valiente", y en el apéndice se incluye una entrevista con el perpetrador, el fraile capuchino suizo Joël Allaz, en donde reconoce sus crímenes y habla sobre su propio proceso terapéutico; si bien se registraron al menos 150 niños víctimas de este hombre, estuvo dos años preso.

De manera evidente, la Iglesia promueve el texto[9] como un acto de responsabilidad mínima, con el edulcorante perdón, pues el autor ultrajado de los nueve a los 14 años pudo contar su historia 44 años después, donde afirma que "ha sido capaz de perdonar a su agresor, pues es la única manera de poder pasar página y seguir adelante en la vida" y que es capaz de comprender y perdonar que "de un lado estaba el sacerdote y de otro, un enfermo, un pobre hombre que tenía esa adicción. Ahí fue cuando empecé a perdonar".[10]

En el prólogo, el papa Francisco agradece a Pittet "por haber derribado el muro de silencio que escondía los escándalos y los sufrimientos, vertiendo luz sobre una terrible zona de sombra de la vida de la Iglesia"; pareciera entonces que es responsabilidad de las víctimas romper ese muro y que ese testimonio es políticamente correcto porque logra quedarse con "lo bueno" de la institución, comprenderla, al grado de aceptar que lidia con sacerdotes, entre los cuales los menos son hombres enfermos y poco puede hacer para evitarlo, como "víctima aceptable", sin embargo, a lo largo del libro pide a la Iglesia apoyar a las víctimas con reconocimiento público para iniciar un proceso de sanación. Al tiempo que es "muy simplista pensar que basta con denunciar para poner todo en orden", este libro evidencia la separación entre las víctimas activistas que apelan a enjuiciar y castigar y las que optan por el perdón o la remediación interna o negociada del daño.

DENUNCIAR EL DESMESURADO PODER DE LA IGLESIA Y CÓMO POSIBILITA LA PEDERASTIA

Por otro lado, en la tónica de la denuncia, un grupo de autores revisa casos emblemáticos en diversos momentos y países. Se encuentran elementos comunes: prevalencia del silencio, desacreditar las acusaciones, a los mensajeros y a las víctimas. Los autores explican que eso es posible por el desmedido poder internacional de la institución.

Uno de los trabajos más relevantes es el de los periodistas independientes Jason Berry y Gerald Renner, quienes en su libro *Votos de silencio: abuso del poder en el papado de Juan Pablo II* relacionan la conducta pederasta de Marcial Maciel, con la desinformación y evasión estructural de la curia romana, a pesar de tener informes de su conducta desde 1956. El mismo Juan Pablo II alababa el crecimiento y la influencia de la Legión de Cristo.

Analizar a la Iglesia como organización transnacional poderosa permite superar la interpretación individualista y aislada de la pederastia y empodera a las víctimas al comprender los mecanismos de disuasión, apuesta al olvido o la complicidad silenciosa, a no escandalizar para mantener el poder de los hombres influyentes de la alta jerarquía.

Carlos Fazio, reportero mexicano durante muchos años de la fuente religiosa en la revista *Proceso*, publicó en 2004 su investigación periodística basada en testimonios: "En el nombre del Padre: depredadores sexuales en la Iglesia", en la que entrevera la teoría de que la Iglesia estaría dispuesta a conservar a cualquier costo el enorme poder acumulado en dos milenios de existencia. Parecería que viola sus propios preceptos morales y principios dogmáticos para proteger a sus miembros, como en el caso de Marcial Maciel o Girolamo Prigione, representante papal y nuncio, acusado de acoso y abuso sexual a monjas que trabajaban en la nunciatura.

Fazio señala que las víctimas son personas desamparadas que se unen en el amor con sus victimarios, ejemplifica que Marcial Maciel, fundador de los Legionarios de Cristo, invocaba al Papa como forma de autorizarse para someter a sus discípulos, prácticas que luego ellos denunciaron. Esa invocación a la autoridad del Papa tenía efectos disuasorios, en la medida en que su amor hacia el Santo Padre era compartido al pie de la letra. Ellos consentían a partir del amor al Padre.

El libro de Fernando Vallejo, *La puta de Babilonia*, ensayo histórico académico sobre la Iglesia católica al que José Saramago se refiriera como "denuncia cáustica y de auténtica crítica demoledora", dedica un apartado a los curas pederastas denunciando la incongruencia ética e histórica entre el pregón para moralizar a una sociedad cada vez más liberal y conductas repugnantes que intentan denigrar o acabar con el más débil.

En 2006 los periodistas Jason Berry, Gerardo Noriega Rivero, Omar López Vergara y Gerald Renner publican el ensayo *El legionario de Cristo: abuso de poder y escándalos sexuales bajo el papado de Juan Pablo II*, donde afirman que en la relación entre los religiosos prevalece el voto de silencio, indicativo del abuso de poder, y destacan que, en la tónica de encubrimiento, Wojtyla explicaba la pederastia como "la caída de una persona" dolorosa que no debe convertirse en tema de sensacionalismo y que los medios de comunicación generaban escándalo. Califican la reacción institucional como omertá, o el silencio cómplice, mafioso, negarlo todo, ofrecer genéricas disculpas, y atacar al mensajero. Afirman que "Marcial Maciel Degollado es el símbolo más representativo de una cultura eclesiástica corrompida por la hipocresía sexual y cómo hizo para eludir el castigo durante décadas es un modelo del relativismo moral en una iglesia colmada de vergüenza".

En la tónica de la denuncia, la periodista Sanjuana Martínez publicó en 2005 *La cara oculta del Vaticano*, donde analiza la situación del papado de Ratzinger, y sin documentar específicamente casos, atribuye los escándalos sexuales a su desempeño anterior como prefecto de la Congregación para la Doctrina de la Fe, que se distinguió por la tolerancia y encubrimiento de pederastas.

En 2006 publicó *Manto púrpura: pederastia clerical en tiempos del cardenal Norberto Rivera Carrera*, por el que ganó el Premio Nacional de Periodismo, por ser el relato riguroso del caso de Nicolás Aguilar y otros sacerdotes agresores. Ahí narra cómo funcionaron las estrategias de encubrimiento, negación, silencio y traspaso de sacerdotes entre países; en su anexo resume 528 referencias de sacerdotes prófugos, por tipo de religioso, año de ordenación, orden o diócesis a la que pertenecían, notas sobre la situación jurídica y las fuentes consultadas, y reafirma que la estrategia del cardenal Rivera Carrera fue desprestigiar a las víctimas, al tiempo que protegía y defendía a los acusados.

Un año después, la periodista Martínez presentó *Prueba de fe. La red de cardenales y obispos en la pederastia clerical*, donde relata el caso de Carlos López Valdés, el único sacerdote sentenciado por abuso de menores, y el testimonio de la víctima, Jesús Romero Colín. En la introducción afirma que la pederastia, "ese cáncer que carcome los cimientos de la Santa Sede logró después de seis siglos la renuncia de un papa: Joseph Ratzinger".[11] El obispo de Saltillo, Raúl Vera, quien prologó el libro, destaca que "el papel de los obispos no es erigirse en Ministerios Públicos pero sí es enfáticamente denunciar a sacerdotes pederastas, no protegerlos", y si lo hacen es por la visión de que la jerarquía eclesiástica es superior a los fieles[12] y que la "sociedad que supervisa y sanciona, que nos exige un mayor compromiso con la justicia y con el sufrimiento", logra que el encubrimiento transmute a denuncia.

Renée de la Torre, académica especializada en el fenómeno religioso,[13] considera que la publicación de los libros de Martínez y las reacciones que generaron contribuyen a la cultura de la denuncia para conseguir que toda actuación de figuras de autoridad, incluyendo a los ministros religiosos, sea escrutada y evitar la indiferencia de la ciudadanía, la cual debería cuestionar estos delitos y exigir el castigo de los responsables.

Esta trilogía representa un hito para la apertura del tema en México con una postura comprometida acerca de que la pederastia no es práctica de "enfermos o desviados solitarios", si no promovida, sí conocida por los altos jerarcas, cuya respuesta revela el grado de impunidad o fuero que poseen.

En 2006 el sociólogo mexicano Fernando González publicó *Marcial Maciel, los Legionarios de Cristo: testimonios y documentos inéditos*, donde reconoce que la historia de la Iglesia es de oscuridad y secreto, ha sido blanco de numerosas acusaciones de corrupción política, negocios ilegales, abusos sexuales y asimismo aborda la historia de Marcial Maciel. Con archivos inéditos, presenta una rigurosa investigación y descubre complejas relaciones entre el secreto, los pactos y las leyendas institucionales, aquellas que se ven alteradas por la voz de las víctimas, a las que es imperativo callar o evitar que generen escándalos.[14] Considera que la única manera de acabar con la pederastia es la denuncia, haciendo público lo hasta entonces silenciado. Es el primer paso que descubre la posición de la víctima compelida a ser, al mismo tiempo, cómplice, y la posición de quienes fueron colocados como testigos y las de aquellos que se enteraron parcialmente y no tuvieron la fuerza o la posibilidad de enfrentarla y denunciarla. El segundo paso es lograr despegarse de la denuncia y tratar de entender los efectos del silencio en la reafirmación del poder.

El contexto de estas publicaciones fueron las denuncias de casos emblemáticos en distintas partes del mundo, la muerte de Karol Wojtyla y la coyuntura del pontificado de Joseph Ratzinger; para la segunda década de este siglo se incrementaron las publicaciones, las cuales se enfocan en la crítica de las medidas tomadas por la Iglesia.

El libro *Marcial Maciel: Historia de un criminal*, publicado en 2010 y coordinado por la periodista Carmen Aristegui, quien en 1997 en el programa televisivo *Círculo Rojo* expuso el caso, y al parecer le costó salir del aire por las presiones empresariales hacia Televisa; en el prólogo de esa obra Miguel Ángel Granados Chapa considera que la Iglesia se encuentra en su mayor crisis, y que el hecho de que a Maciel El Vaticano lo declarara "culpable" y "criminal", pero que muriera sin ser llevado a juicio, es la expresión máxima de la corrupción y la impunidad de los culpables.

Es un libro testimonial que reúne a Luis Garza Medina, director de la Legión, quien junto con Álvaro Corcuera habría heredado el poder de Maciel; Flora Garza Barragán, hija de la principal donante a la obra de los Legionarios; exlegionarios agraviados, especialistas que analizan el caso en una perspectiva sociohistórica y las revelaciones familiares de Lucila Servitje, hija del empresario que encabezó un boicot contra una televisora por haber difundido las denuncias de exlegionarios abusados por Maciel.

Los testimonios reflejan conductas deplorables, en especial la forma en que Maciel fabricó un patrimonio millonario entre España y México a partir de educar a los ricos, todo permitido desde el Vaticano.

De acuerdo con Granados Chapa:

Al revelar el retrato del delincuente codicioso queda también al descubierto la naturaleza de la Legión, esa máquina de hacer dinero, cuyo patrimonio es una suerte de botín en disputa entre el Vaticano y los todavía no claramente frustrados herederos de Maciel. Y es igualmente un fresco de la ramplona burguesía mexicana, caracterizada por una doble moral y movida por un catolicismo pueril, elemental y convenenciero que la hace creer que donar dinero a clérigos abusivos es como subir peldaño tras peldaño en la escalera que conduce al cielo.[15]

Aristegui concluye que la negación no cabe, no hay asidero posible a raíz del reconocimiento de Maciel como criminal, queda el reclamo de cambio de conducta institucional de la Iglesia y el reconocimiento de consecuencias.

En 2010 el artículo "La pederastia en la Iglesia", de los académicos españoles Leticia Campa, Joaquim Gomis y Carlos Eymar, aborda la forma en que el Vaticano resuelve las crisis y sentencia que será un "desesperado intento de reparar lo irreparable", asimismo advierte que las víctimas y sus familias estarán poco dispuestas a confiar en la ayuda que les viene de parte de la misma institución que tanto daño les ha causado; la discusión prevalece en torno a la responsabilidad de la institución como garante contemporánea de los principios y valores más altruistas de la civilización que quedan en entredicho ante los casos documentados y juzgados de pederastia y los que no han tenido respuesta de la justicia.[16]

Consideran mala señal que el promotor de justicia de la Congregación Romana para la Doctrina de la Fe (antes conocida como Santo Oficio), monseñor Charles Scicluna, sea el juez encargado de los denominados *delicta graviora*, al tiempo que en el discurso se precisa acabar con la "cultura del silencio", por medio de la cual responsables eclesiásticos intentan resolver en privado, ocultándolos del público y buscando soluciones como un malentendido sentido de defensa del buen nombre de la institución, pasando por encima de la defensa de la justicia y de los más débiles.

Ese mismo año Joseph P. Chinnici, fraile franciscano y catedrático de historia de la Iglesia en la Facultad Franciscana de Teología en Berkeley, publicó *Cuando los valores chocan*. En la introducción cita a "Enarraciones sobre los Salmos" de san Agustín, sobre el alto valor de la Iglesia y de cómo falsos cristianos se confunden con los buenos; su tesis es que la pederastia es, sin duda, un delito nefasto y analiza su devenir como escándalo: "De centrar la atención en los delitos cometidos por algunos sacerdotes a título individual, a convertirse en una cuestión primordial que afectaba a la totalidad del sistema: la cultura eclesial que permitió la negación de los delitos y contribuyó a la mala gestión y la maleficencia de algunas personas que ocupaban puestos jerárquicos", una "cultura de la negación", la misma definición de escándalo ha cambiado en las diferentes etapas por las que ha pasado este problema. Al principio, el querer evitar el escándalo llevó al secretismo, la ocultación de informes, el no denunciar ante las autoridades civiles, ignorar antecedentes, propiciar compensaciones económicas secretas.

Para Chinnici, la forma en que se intentó gestionar los daños evidenció un problema de desapego o desatención de la jerarquía con los feligreses, por un excesivo poder del clero. "La convergencia de acontecimientos señala la existencia de una conexión entre la crisis, las tendencias de poder dentro de la sociedad, y las tensiones heredadas entre la dimensión jerárquica y la dimensión comunitaria de la Iglesia."[17]

En 2012, en el contexto de la visita de Joseph Ratzinger (Benedicto XVI) a México, se publicó el libro *La voluntad de no saber: Lo que sí se conocía sobre Maciel en los archivos secretos del Vaticano desde 1944* de los académicos Barba, Athié y González, basado en archivos de la Congregación para Institutos y Sociedades de la Vida Consagrada de 1944 a 2002 sobre el comportamiento enfermizo de Marcial y de cómo se le protegió; es tal volumen de documentos que los presentan en la página https://www.lavoluntaddenosaber.com. Afirman que Ratzinger, al ser presidente de la Congregación para la Doctrina de la Fe durante 24 años, no pudo no enterarse de los hechos, debió conocer los expedientes y tolerar la mentira, la intriga, la simulación, el silencio y la corrupción. Abiertamente se fomentó el culto a la personalidad de Maciel y se fortaleció la voluntad de no saber, que es la que genera la aguda crisis del catolicismo.

Cuestionan duramente la acelerada beatificación de Juan Pablo II, quien alguna vez llegó a calificar al líder de los Legionarios como un "guía eficaz de la juventud" y que a decir del sociólogo mexicano Bernardo Barranco, que prologa ese libro, legitimó "con una teología del poder como miembro del alto clero a nivel internacional con pasaporte directo a la curia romana y a la selecta antesala del primer círculo del papa Juan Pablo II y su peso se hizo sentir entre las élites de diferentes países como España, Estados Unidos, Irlanda, Chile y, por supuesto, México",[18] aludiendo a que esta voluntad de no saber se relaciona con la inmensa fortuna de los Legionarios. Concluyen que Maciel no es un accidente trágico en la vida religiosa de la Iglesia, parece ser sólo la punta de un enorme iceberg de inmoralidad e impunidad religiosa.

El artículo académico de Ricardo Melgar, investigador del Instituto Nacional de Antropología e Historia (INAH), "Los legionarios de Cristo: Red pederasta, poder y corporación empresarial transnacional", sostiene que la pederastia eclesial, en su dimensión global, está asociada al turismo sexual y el negocio de la pornografía infantil. Posterior a la muerte de su fundador, el Vaticano hizo público el procesamiento de siete de sus integrantes por el mismo crimen, pero calló que sus víctimas, usualmente adolescentes y jóvenes, no serán objeto de reparación alguna. No se les pedirá perdón y menos se les ofrecerá cubrir los gastos de su atención psicológica o una indemnización económica, seguirán la misma práctica del arrepentimiento simulado con avaricia.

En 2011 Nelly Ramírez, exconsagrada del Regnum Christi, que pertenece a los Legionarios de Cristo, publicó el libro *El reino de Marcial Maciel. La vida oculta de la Legión y el Regnum Christi*, donde expone el sistema que "Maciel creó y que permitió que la obra se expandiera tanto y con tanta rapidez; también sirvió para perpetuar en el tiempo las perversiones del mismo P. Maciel con total impunidad".[19] El análisis de documentos internos se sintetiza en la fidelidad a ultranza, desarraigo, aislamiento y violencia. Describe cómo operaba el voto de caridad, que prohíbe criticar a los superiores y sugiere que en las obras legionarias todo se articula para que la obra parezca magnífica, el ambiente propicio para abusos de todo tipo, incluyendo los sexuales, y al parecer la forma de trabajar se parece más a la de grupos sectarios o redes de culto por su excesivo celo en un líder, que por lo además encarna una misión, por la preocupación constante en atraer nuevos miembros, por generar dinero o evidenciar los "frutos", por castigar a los que dudan o disienten y una mentalidad polarizada entre nosotros y ellos; esta combinación, a decir de Ramírez, explicaría la impunidad ante los delitos cometidos por Maciel.

En 2014 Emiliano Ruiz Parra, en su artículo "La Legión de Cristo, Sociedad Anónima de Capital Variable", retoma una entrevista que realizó en 2005 al vocero de la Legión de Cristo, Rafael Jácome, quien define la evolución que ha tenido la institución y cómo contrastan sus ideales y propuestas con las acciones de Marcial Maciel, al que, comenta Ruiz, conviene ver como un caso aislado y atípico y deslindarlo de la Legión, una organización millonaria y todavía con enorme influencia política. El autor indaga en las redes de poder que sostienen a la Legión, que a decir de su vocero trabaja con "mentalidad empresarial".[20]

Un punto relevante es el voto adicional que la Legión pide a sus sacerdotes, el de la caridad, que exige obediencia ciega a los superiores y secrecía; el vocero lo minimiza diciendo que su finalidad es que siempre exista unidad como bien superior, evitando grupos de poder,[21] y desestima las acusaciones de exlegionarios sobre abuso sexual atribuyéndolo a la intención de obtener dinero. Sin embargo, este voto, a decir de las víctimas, genera secrecía y encubrimiento en las altas esferas del poder de la Legión.

En 2016, en una tesis de grado de la Universidad Veracruzana, Citlalli Hernández Martínez explora la relación de los escándalos de pederastia y el carácter trasnacional de la institución. Afirma que la renuncia de Benedicto XVI, hecho que no ocurría desde el siglo xv, y la elección de Jorge Mario Bergoglio, fue producto de la lucha de los grupos conservadores, una disputa por el poder entre los sectores de la curia a nivel global. La pederastia es el resultado de las representaciones sociales hegemónicas que minimizan la violencia contra los débiles a favor del prestigio del líder o la imagen de la institución global que, por dogma, sólo acepta el acto sexual cuando es un medio para reproducir a la especie, intentando imponer su dominio en la intimidad de la conciencia y en las prácticas.[22]

Nora Pérez Rayón publicó en 2016 el artículo "La visita de Benedicto XVI a México. Expresiones y argumentos del anticlericalismo en el siglo xxi" en la revista El Cotidiano, donde analiza

cómo operó la Iglesia como institución con intenciones totaliza-
doras y universales en la visita de Ratzinger a México en marzo de
2012 como cabeza de una Iglesia afectada por una de las más seve-
ras crisis institucionales, deslegitimada por la grave acusación de
encubrimiento a la pederastia de sus clérigos a nivel internacional y
aun así, ante el escándalo, la respuesta del pontífice fue su negación
a recibir a las víctimas, lo cual demuestra ambición y comportamiento descomedido del alto clero y la presión política para imponer privilegios y convicciones al resto de la sociedad. Parecería que
la jerarquía mexicana y la curia romana diseñaron una agenda para
protegerse a sí mismas.[23]

En 2018 salió a la luz el libro *Lujuria. Pecados, escándalos y trai-
ciones de una Iglesia hecha de hombres* del periodista italiano Emiliano
Fittipaldi. Con base en documentos confidenciales, escuchas telefó-
nicas de fiscalías y los informes de comisiones internacionales, afirma que los abusos de menores no se han erradicado, sino que en los
tres primeros años de pontificado de Bergoglio mil 200 denuncias de
abusos "verosímiles" a niños y niñas de todo el mundo fueron presentadas ante la Congregación para la Doctrina de la Fe. Al parecer,
no solamente no se ha castigado a los encubridores, sino que muchos
de ellos han sido ascendidos, así ejemplifica *el poder de la curia, que
a pesar de 30 años de escándalos aún no prevé la denuncia obligatoria ante los casos de violencia sexual de sus sacerdotes, evita com-
pensar a las víctimas y perdona y ayuda a los verdugos.* Asevera que
los clérigos, en su emulación con Dios, se creen con el derecho de
apropiarse de las conciencias y de los cuerpos y de usar y abusar. Los
ejes principales del poder de la iglesia son la hegemonía masculina,
el ejercicio del patriarcado y su homofobia.

Este libro presenta el recorrido histórico y testimonial de casos
en Australia y México y la respuesta de la Organización de las Naciones Unidas (ONU) para presionar a la jerarquía católica internacional, que revela que a pesar de la extendida crisis conserva su amplio
poder económico.

Una perspectiva relacionada con la dimensión del poder de la
Iglesia es la que explica la relación entre ese poder y la sacralidad
de la autoridad eclesiástica, detentada únicamente por personas con

determinadas características: de sexo masculino, heterosexual, que ha prometido ser célibe, el sacerdote que detenta una autoridad validada por la sacralidad por la que pertenece a un grupo privilegiado y cerrado y que adoptan posiciones de poder de la conciencia y los cuerpos de los otros, los que no forman parte de ese grupo.

En esta línea argumentativa, los autores que señalan que el celibato y la homosexualidad reprimida de esos varones es fuente de distorsión de los comportamientos sexuales admiten que el tema es altamente polémico. La institución católica desmiente la correlación con datos de que los sacerdotes que abusan de menores son una minoría y que la mayoría viven el celibato y no son pederastas.

En general, los autores revisados en este recorrido consideran que subyace al celibato una concepción distorsionada de la sexualidad que sacraliza a los sacerdotes, estimándolos superiores por el hecho de que como gremio son célibes, que ser cuasi sagrado o ser como Dios aumenta la desigualdad entre el clero y los feligreses; de igual forma, al ser tabú la homosexualidad para la institución, ésta prefiere desestimar la relación que pudiera haber entre las prácticas pederastas y la homosexualidad reprimida. Los textos oscilan de la crítica al apoyo de la postura oficial de la Iglesia.

Es difícil probar la relación entre el celibato y la pederastia, si fuera directa, en iglesias donde los ministros están casados no deberían existir casos de abusos. Los textos recopilados apuntan a la relación entre la forma de concebir al ministro de culto y el poder que se le otorga y conlleva la oportunidad de ejercer cualquier tipo de violencia, en especial la sexual.

En apoyo a la postura ideológica oficial de Benedicto XVI en 2007, en el libro *Poder y sexualidad en la Iglesia: reivindicar el espíritu de Jesús*, de Geoffrey Robinson, quien fuera obispo auxiliar de Sydney, Australia, el autor se confiesa víctima infantil de abuso sexual, y ya en su ejercicio profesional, desde 1994, por designación de la Conferencia Episcopal Australiana, emprendió la atención a las víctimas y dimitió en 2004. Más que denunciar los casos de grave inmoralidad, en su texto concluye que las conductas pederastas no son desórdenes sexuales, sino toda una manera de concebir, vivir y ejercer el poder en la Iglesia. La solución verdadera y radical exige "la mejora de la Iglesia […] un cambio profundo y duradero. En particular, debe haber un cambio en los temas del poder y la sexualidad".

Con su obra pretende señalar las actitudes y creencias eclesiales que han permitido, si no contribuido, los abusos y la inadecuada respuesta de la institución. Propone como alternativa una Iglesia de adultos, en libertad y claridad, en donde el ejercicio del poder no sea clericalista, esto es, evitar que la única autoridad sea la sacralizada o eclesial. Su apuesta es el empoderamiento de los laicos y que surja de las acciones de misericordia y de la responsabilidad de todos más que de unos dirigentes autosuficientes y pretendidamente incuestionables. Pretende concitar una verdadera reforma institucional que no será posible si la Iglesia continúa con su actitud refractaria de no discutir o timorata al esconderse ante la evidencia del escándalo y los daños.

En 2002 Diego Contreras difundió en Aceprensa "La prensa y los abusos sexuales de sacerdotes. Los equívocos de un escándalo", en donde afirma que un componente importante del escándalo fueron las reacciones suscitadas en la opinión pública y que "en la mayoría de los casos de abusos sexuales por parte de clérigos las víctimas son menores de 18 años que ya han alcanzado la pubertad, de manera que no es fácil atribuir responsabilidad a la Iglesia como institución o a los obispos por lo ocurrido, pues a pesar de la visión que suelen transmitir los *mass media*, tampoco es en rigor una cuestión de pederastia, sino más propiamente de homosexualidad masculina y el equívoco de atribuir la pederastia a la exigencia de celibato". Argumenta, en un tono que parece más justificativo, que en los escándalos de abusos en Estados Unidos "la erotizada cultura mediática americana reprende ahora a la Iglesia católica por ser demasiado condescendiente con una conducta sexual licenciosa. Una cultura que ha aprendido a tolerar todo (faltar a los compromisos no importa si se trata del sexo) esgrime ahora que los obispos no han adoptado la tolerancia cero frente al mal comportamiento de sacerdotes".[24]

Juan Domínguez, en el artículo "Balance y final de un escándalo", publicado en Aceprensa en 2004, retoma la discusión sobre las causas y las respuestas ante los escándalos de pederastia, presentando los resultados de un estudio realizado por la John Jay College of Criminal Justice de la Universidad de la Ciudad de Nueva York por encargo de la Comisión Episcopal de Estados Unidos, con el cual fundamenta que "la gran mayoría de los sacerdotes de Estados Unidos desempeñan dignamente su ministerio [...] el número de los culpables de abusos es significativo e inquietante. Parte de la responsabilidad recae en los superiores, que no intervinieron pronta y eficazmente".

El estudio identifica dos causas de la pederastia: mala selección de candidatos al sacerdocio, admitiendo a personas inmaduras o con tendencias sexuales desviadas, y la falta de preparación para la vida de celibato y castidad que exige el sacerdocio; el escándalo se agravó por la respuesta de las autoridades eclesiásticas.[25]

En 2004, en la revista universitaria *El Cotidiano*, Lucero Chacón y Raúl Villamil afirman que en la institución católica "el mensaje consiste en dedicar la vida célibe a Jesús con el efecto oscurantista de la perversión a menores y la homosexualidad no asumida",[26] y que, al ser una institución total, no considera que la pederastia sea una violación a los derechos humanos e "intenta al tomar en sus propias manos el 'castigo' de estos sacerdotes, evitando la acción del aparato de justicia legal".[27] Así, la pedofilia y la pederastia "son un espejo de las formas de concebir el poder". En esta línea consideran que se vulnera a la persona afectada y a la sociedad en general, ya que en muchos casos la misma comunidad religiosa no se atreve a cuestionar y develar abiertamente y con claridad el tema de la sexualidad en la Iglesia y responde con incredulidad en donde, finalmente, predomina la confusión y el autoengaño.

Aporta a la discusión la perspectiva de que ante un problema complejo conviene reflexionar profundamente acerca de la relación entre celibato, la declarada perversión de la pederastia y, sobre todo, cómo opera la paradoja en la que la Iglesia reproduce las condiciones de pecado.

En 2005 surgió el polémico libro *Votos de castidad. El debate sobre la sexualidad del clero católico*, con pretensiones estadísticas para comprender el problema, donde los autores Jorge Erdely, Alejandra Ciattini, Jorge González, Elio Masfrerer y Marcos Hernández se preguntan si no ha llegado el momento de discutir la pertinencia de la abstinencia sexual obligatoria para el clero. Plantean una línea de investigación sobre si la pederastia puede ser originada por la problemática de la sexualidad reprimida en una sociedad "permisiva" que crea una irresistible fuente de tentación a muchos sacerdotes, sin tratar de justificar o minimizar la conducta, alertando que las consecuencias son muy graves cuando los transgresores afectan los derechos humanos de los ciudadanos.[28] De manera que el abuso de menores es la punta del iceberg de la incontinencia sexual del clero. La premisa es que toda práctica sexual es transgresión, al no ser delitos, no salen a la luz pública y quedan ocultas en los confesionarios, como pecados, encubiertas por el manto del secreto; la pederastia, si se justifica como otra práctica sexual, idéntica en transgresión, se conserva por el pacto de silencio u omertá. Así, un sacerdote pederasta que tenga pruebas de que su superior incumple los votos de castidad, se sentiría protegido.[29]

El psicólogo clínico vasco Enrique Echeburúa publicó el artículo "Abusos sexuales en el clero: una mirada al abusador", donde sostiene que la pederastia eclesial deriva de que los sacerdotes viven insatisfechos en lo sexual y mantienen contacto permanente con jóvenes y niños. La pederastia es grave porque como grupo el clero debe ser ejemplar, y convertirse de guías espirituales en abusadores genera repudio social. Retoma al teólogo católico Javier Garrido, que en 1987 escribió: "El celibato obligatorio puede favorecer relaciones clandestinas y dar pie a abusos". Aun cuando estadísticamente los abusos pederastas son minoría, es recurrente que en cargos sacerdotales existan "personas inhibidas que no se atreven a enfrentarse a su propia sexualidad y a actuar en consecuencia (bien reprimiéndose, bien estableciendo una relación sexual con adultos) y que optan por servirse de los más débiles (los niños) [...] de los que menos se pueden resistir". Afirma que "el sacerdocio puede ser una coartada inconsciente para la homosexualidad y la pedofilia (homosexualidad primaria), pero en otros casos éstos pueden ser resultado de un celibato difícil de soportar a lo largo de la vida (homosexualidad secundaria)". La Iglesia es refugio para contactar víctimas desprotegidas, aquellas que difícilmente cuentan con una red de apoyo para acusar la agresión. Para justificarse, los agresores recurren a un diálogo interno con pensamientos sesgados que se repiten una y otra vez y les permiten tener una conciencia tranquila, manifiestan que sienten "cariño" hacia las víctimas o que al no existir violencia existe consentimiento por parte de la víctima.

Echeburúa afirma que la dificultad del celibato obligatorio es la soledad y que la imposición del celibato conduce necesariamente a la ocultación y el encubrimiento. Se aprecia que el origen del celibato obligatorio es el "pánico a la sexualidad" y el papel de la mujer en la Iglesia. Quien es formado de manera excesivamente religiosa y pacata puede optar por "el extremo contrario del todo vale, que es la negación del principio de moralidad".[30] De manera que la abolición del celibato podría acercar a la Iglesia a la realidad para resolver el problema previniendo desde la selección y formación de clérigos. Considera que es posible y preciso tratar a los abusadores, como forma de impedir la existencia de futuras víctimas y por el derecho que todo ser humano tiene a una segunda oportunidad.

El psicólogo chileno Claudio Ibáñez, del Centro de Investigación Periodística (Ciper), realizó en 2018 una exhaustiva compilación bibliográfica de esta perspectiva en su artículo "Iglesia y sexualidad: los graves efectos del celibato y la abstinencia". Considera que las creencias de la Iglesia católica sobre sexualidad son tremendamente negativas y destructoras del funcionamiento de las personas; en especial, el celibato "es un adoctrinamiento que genera inmadurez socio-emocional, deprivación sexual y, de seguro, una lucha culposa entre la realidad sexual humana normal y el 'deber ser sexual' inalcanzable, mítico y fantasioso". El abuso hacia niños y mujeres se mantendrá mientras no cambie los supuestos falaces e incorpore una visión positiva de la sexualidad humana basada en el mejor estado actual del conocimiento psicológico.[31] La Iglesia no reconoce que su visión restrictiva de sexualidad es una raíz del complejo problema de la pederastia.

Su estudio aporta pistas sobre las trayectorias de los sacerdotes y la posible relación con conductas pederastas. El autor señala que ingresan en la juventud aún inmaduros psicosexualmente y llegan a ser intelectual y físicamente adultos, pero social, emocional, afectiva y sexualmente inmaduros, pudiéndose transformar en furtivos transgresores de la continencia sexual con conductas impropias. Una sexualidad bloqueada y reprimida constituye el caldo de cultivo de expresiones delictuales o al menos insanas, pecaminosas y problemáticas de la sexualidad, "factor de alto riesgo, en especial en personas cuyo quehacer se basa en el establecimiento de relaciones interpersonales cercanas y cálidas, pero asimétricas en términos de poder, influencia y confianza: el escenario óptimo para manipular conciencias y depredar personas".

Otra vertiente de esta línea argumentativa es el estudio de la masculinidad sagrada relacionada con la estructura patriarcal de la Iglesia católica. David Coronado, en su tesis de la Universidad de Guadalajara *Experiencia y cultura de la pederastia eclesiástica en el Occidente de México*, define la pederastia eclesiástica como "crimen perfecto" porque parece estar justificada e incluso naturalizada, invisible, no existe ningún crimen que perseguir. Coincide en que la institución mantiene el poder económico, discursivo y político para encubrir amigos y vecinos que, al cobijo de esa misma institución, no solamente comprenden y perdonan al victimario, sino, más aún, ignoran a la víctima.

Su trabajo tiene la virtud de ser el resultado de 73 entrevistas y 496 encuestas a la feligresía del oriente de Jalisco y de la frecuencia con la que utilizan el lenguaje para minimizar la conducta como si se tratara de una travesura o el resultado de una enfermedad, al tiempo que acusan de mentir y ser "dinereros" a las víctimas y sus familias. Estos discursos fortalecen lo que denomina "cultura de la pederastia", en la que se cree fervorosamente en lo sagrado del sacerdote; lo divino se apropia cotidianamente del cuerpo del sacerdote, en especial en el acto de la consagración, y no parecen preguntarse sobre los daños a las víctimas y justifican la pederastia, lo que les permite permanecer impunes.

Coronado analiza a la Iglesia católica como una institución cuya construcción social ha estado marcada por el predominio del machismo sacerdotal, más allá del machismo trascendental que erradica el papel capital de la mujer en la Iglesia y, en cierta medida, el mensaje de Jesucristo.

El teólogo y catedrático de la Universidad Carlos III de Madrid, Juan José Tamayo, en su artículo de 2016, "Masculinidad sagrada y pederastia religiosa",[32] señala la conducta reiterada de los obispos de encubrir las agresiones sexuales de los clérigos e intentar "comprar" el silencio de las víctimas y de sus familias y cambiarlos de parroquia, y anota que Francisco, a diferencia de sus antecesores, toma la iniciativa de la denuncia y sanciona a los propios obispos retirándolos de sus funciones pastorales por la indignidad de su inmoral comportamiento, sin embargo no está direccionando los casos al sistema de impartición de justicia. Se pregunta qué propicia la cadena de ocultamiento, una práctica legitimada y estructurada, al menos de manera indirecta, por la jerarquía eclesiástica

Tamayo retoma de la teología feminista el concepto de masculinidad hegemónica y más sagrada, de forma que la masculinidad de Dios convierte al varón en su representante único en la tierra y en dueño y señor en todos los campos del ser y del quehacer humanos, especialmente dentro de la institución eclesiástica: organizativo, doctrinal, moral, religioso-sacramental, sexual, etc. Y no cualquier varón, sino el clérigo —en sus diferentes grados: diácono, sacerdote, obispo, arzobispo, papa—, que es elevado a la categoría de persona sagrada. La masculinidad sagrada legitima entonces el control del alma, de la conciencia y de los cuerpos, por lo que su propuesta es que la Iglesia revise sus prácticas patriarcales y asuma el feminismo como "una forma de entender y vivir la vida", lo que evidentemente la llevaría a redefinir las reglas del sacerdocio y aumentar la participación real en la vida de la Iglesia, la posibilidad del sacerdocio femenino.

A lo largo de este recorrido se observa que los trabajos académicos y periodísticos transitan de la denuncia a la comprensión más amplia de la conducta pederasta cimentando una ética laica para prevenirla y combatirla. La producción bibliográfica ha sido indispensable y relevante para estimular la reflexión y ha forzado una respuesta por parte de la Iglesia, en el sentido de aceptar, no necesariamente de cambiar. La Iglesia retoma el discurso académico y periodístico por contener o controlar los daños y no pasar por una institución contestataria o anticuada, pero también porque diversos estudios provienen del interior de la Iglesia, sobre todo aquéllos enfocados en la atención a las víctimas, sin embargo, se desliga de aquellos que pugnan por revisar la estructura de poder y los aspectos dogmáticos como el celibato, la homosexualidad del clero y la participación de la mujer.

La postura oficial de la Iglesia se condensa en el encuentro "La protección de los menores en la Iglesia", realizado del 21 al 24 de febrero de 2019 en Roma, donde Jorge Bergoglio afirmó que la pederastia "es por desgracia un fenómeno históricamente difuso en todas las culturas y sociedades. Sólo de manera relativamente reciente ha sido objeto de estudios sistemáticos, gracias a un cambio de sensibilidad de la opinión pública sobre un problema que antes se consideraba un tabú, es decir, que todos sabían de su existencia, pero del que nadie hablaba".[33]

Si bien reconoce lo que define como la "plaga de los abusos sexuales a menores", señala que las estadísticas disponibles, publicadas por varias organizaciones y organismos nacionales e internacionales (OMS, Unicef, Interpol, Europol), no muestran la verdadera entidad del fenómeno, con frecuencia subestimado, por no ser denunciados, en particular aquellos que se cometen en el ámbito familiar. Bergoglio utiliza los resultados de las investigaciones para desestimar la gravedad añadida de la pederastia eclesial, de soslayo menciona que los perpetradores están en el espacio íntimo de los menores agredidos, incluidos los educadores, escamotea el doble daño, por la cercanía y la confianza y por ser portavoz de la fe. En su esfuerzo por reconocer, evadiendo la responsabilidad de la Iglesia, cita estudios sobre la pornografía infantil y atribuye la pederastia al desarrollo de la web y de los medios de comunicación. Bergoglio también explica el abuso a los menores a consecuencia del turismo sexual.

Los actos pederastas dentro de la Iglesia son una monstruosidad; reafirma que el "consagrado, elegido por Dios para guiar las almas a la salvación, se deja subyugar por su fragilidad humana, o por su enfermedad, convirtiéndose en instrumento de Satanás".[34]

Ofrece "tomar todas las medidas prácticas que nos ofrece el sentido común, las ciencias y la sociedad, no debemos perder de vista esta realidad y tomar las medidas espirituales que el mismo Señor nos enseña: humillación, acto de contrición, oración, penitencia", y que el objetivo de la Iglesia será escuchar, tutelar, proteger y cuidar a los menores abusados, explotados y olvidados.

Su propuesta es evitar "el extremo del *justicialismo*, provocado por el sentido de culpa por los errores pasados y de la presión del mundo mediático, y de una *autodefensa* que no afronta las causas y las consecuencias de estos graves delitos". Precisamente en el justo medio se esperarían respuestas concretas que retomen lo discutido en el mundo académico y periodístico, en coincidencia incluso con especialistas vinculados a la Iglesia, que resolvieran las causas. La Iglesia, en cambio, define en líneas generales que protegerá a menores con "*seriedad impecable*, sin intentar encubrir o subestimar ningún caso […] imponer un renovado y perenne empeño hacia la santidad en los pastores […] se cuestionará cómo proteger a los niños; cómo evitar tales desventuras, cómo tratar y reintegrar a las víctimas; cómo fortalecer la formación en los seminarios".[35]

La Iglesia no acepta la recomendación de revisar el celibato relacionado con la pederastia, pues el pontífice señala que no se trata de excluir a las personas problemáticas, sino ofrecer "un camino de formación equilibrado a los candidatos idóneos, orientado a la santidad y en el que se contemple la virtud de la castidad".

Bergoglio se refiere a las víctimas a las que se les debe ofrecer todo el apoyo necesario, valiéndose de expertos, al tiempo que evita entrevistarse con los activistas que exigen juicios para los agresores. Una brecha entre los discursos y las prácticas.

En enero de 2019, previo a la cumbre, Francisco publicó el libro *Las cartas de la tribulación*, obra dividida en dos partes. La primera consiste en una colección de cartas escritas durante las dudas y persecuciones que la Compañía de Jesús sufrió en los siglos XVIII y XIX. La segunda parte son las cartas escritas después del viaje del papa Francisco a Chile y Perú en enero de 2018, donde encaró la fuerte presión mediática, por lo que a lo largo del texto define como la "vergüenza del escándalo" los abusos a menores y su mala gestión posterior.

La tribulación entendida como una oportunidad para el discernimiento paternal, de superiores a subordinados que intentan vencer las tentaciones propias de ese tiempo: "Discutir las ideas, no darle la debida importancia al asunto, fijarse demasiado en los perseguidores y quedarse rumiando allí la desolación"; el espíritu de derrota es la principal tentación, sin embargo, persiste la idea de que las denuncias de pederastia son intentos de difamar o engañar, de generar un clima de confusión "que el padre de la mentira sabe sembrar en sus persecuciones", con lo cual se envía un mensaje ambiguo de intentar proteger a las víctimas al tiempo que se duda de la veracidad de su testimonio.

Por otro lado, la alta jerarquía señaló la dimensión del desmesurado poder institucional y se comprometió a erradicar todas las formas de clericalismo. Un artículo en la revista *Razón y Fe* de finales de 2018, del académico de la Universidad de Deusto, Javier Elzo,[36] formula, desde la sociología, una interesante revisión crítica de la respuesta de la Iglesia ante la crisis en tres órdenes de prioridades: *1)* La ayuda a las víctimas, hacer lo necesario para que estos abusos no vuelvan a repetirse; *2)* detectar, apartar y castigar a los violadores, sin olvidar su rehabilitación, y *3)* preguntarse cómo se ha llegado a esta situación. Considera que sólo entendiendo la realidad dramática se podrá afrontar con inteligencia y capacidad el problema para superarlo y no minusvalorará su gravedad. Revisa estudios históricos y estadísticos, contradice la tesis de Francisco de que la gravedad de la pederastia depende de la etapa histórica con lo cual se minimiza su gravedad.

Elzo identifica una tendencia en la Iglesia a ver en el drama de la pederastia una oportunidad o su consecuencia positiva para que la sociedad cobre conciencia moral y que acepte la necesidad de encontrar causas sistémicas de los abusos: clericalismo y el deseo de alejarse de los hechos para privilegiar la imagen de la institución. De manera que el punto neurálgico del sistema que no ha discutido ni reconocido la Iglesia es la situación de la mujer, advierte una fuerte correlación entre la pederastia clerical (particularmente con niños y chicos) y la representación femenina virginal constante con la subordinación real y la actitud de la Iglesia (obviamente masculina, distante y temerosa) con la mujer de carne y hueso.

Recuerda que la Iglesia condena la difamación o revelación de cosas negativas y, por ende, encubre, y que el principio de "odiar al pecado, pero amar al pecador" no ha perdido vigencia. Y junto a la resiliencia de las víctimas queremos pensar también en la reconstrucción de los verdugos.

En este recorrido somero se advierte que si bien la jerarquía de la Iglesia católica reconoce los aportes bibliográficos y periodísticos, no necesariamente coincide con ellos, salvo en libros testimoniales de víctimas que apuestan por el perdón y el olvido del hecho, al resto las margina o por lo menos no las escucha. Se puede decir que en el tema de la pederastia la Iglesia tiene una agenda impuesta por las víctimas y la opinión pública. Desestima las opiniones críticas. Coincide con diversos críticos en que la pederastia es inaceptable y que causa severos daños a la institución, mas no acepta discutir la viabilidad de cambios significativos ni incluir a víctimas.

El comportamiento de la Iglesia como institución universal es, en general, refractario a la disidencia, a la opinión divergente en los temas polémicos, aunque afirme que está motivada al cambio, no instaura protocolos para que niñas, niños y adolescentes sean capaces de identificar la amenaza de un depredador sexual, de rehuir a la violencia sexual, de rechazar a los sacerdotes u otras figuras de autoridad que los pudieran dañar. Acusa a la cultura digital de ser causa de pederastia y no ha orquestado una campaña para que los más vulnerables, posibles víctimas de abuso, puedan reconocer y mitigar los riesgos. Enarbola el discurso de los derechos humanos, pero como institución no destina recursos para el escrutinio, ya que percibe como amenaza la denuncia, y quizá más la realizada con rigor.

Si bien el pontífice con declaraciones y documentos como el *motu proprio* "Ustedes son la luz del mundo", intenta llenar vacíos por la falta de procedimientos para que los superiores no encubran y notifiquen a las autoridades civiles, la realidad es que los casos juzgados se concentran en países con sistemas jurídicos funcionales y no son efecto de la cooperación de las jerarquías eclesiales nacionales. Habría que esperar que la Iglesia dé información sobre los acusados aplicando los procedimientos publicados por Francisco, mas parece ilusorio que se logre en este pontificado.[37]

Sin duda la vasta producción bibliográfica permite conocer casos de suma injusticia, sobre todo invita a configurar criterios sobre las causas para evitarla; con análisis metódicos ha permitido la emergencia de un tipo de víctima que busca que los sistemas de justicia los reconozca y les restituya, lo cual parece no gustarle a la Iglesia, que espera un tipo de víctima que se consuele con el *mea culpa* y no exija, que no escandalice más y se conforme con mirar al futuro. Las víctimas esperan cambios radicales que pasan por la reflexión de los temas estructurales de la Iglesia, la dimensión del poder desaforado, la sexualidad y la participación de las mujeres en el ministerio. Queda la impresión de que se lucha contra una cultura del silencio, del encubrimiento, del desconcierto y la violencia justificada y que lo contrario es una apuesta ética, que afortunadamente se respalda con datos, testimonios y análisis. Se necesitan más estudios que acompañen las acciones para lograr el cambio cultural a favor de los derechos de niñas, niños y adolescentes al erradicar toda forma de violencia, especialmente la de los depredadores sexuales sagrados.

NOTAS

[1] Durante enero y febrero de 2020 se realizó la revisión exhaustiva del Repositorio Digital del Consejo Mexicano de Ciencias Sociales, que integra 71 bibliotecas académicas virtuales, en las que se ubicaron 89 referencias de revistas académicas arbitradas y 28 libros.

[2] A. Cencini, *¿Ha cambiado algo en la iglesia después de los escándalos sexuales?: Análisis y propuesta para la formación*, Salamanca, Sígueme, 2016.

[3] R. Vera, "No queremos 'arrepentidos', queremos justicia", *Proceso*, 12 de marzo de 2012. Consultado en https://www.proceso.com.mx/301797/no-queremos-arrepentidos-queremos-justicia-2.

[4] E. Lammoglia, *Abuso sexual en la infancia: cómo prevenirlo y superarlo*, México, Grijalbo, 2000, p. 44.

[5] S. Araujo, *Derechos de las víctimas de delitos contra la libertad sexual*, México, Comisión de Derechos Humanos del Distrito Federal, 2000, p. 12.

[6] P. Rodríguez, *Pederastia en la Iglesia Católica. Delitos sexuales del clero contra menores, un drama silenciado y encubierto por los obispos,* Madrid, Suma de letras, 2003.

[7] A. F. Oliverio y B. Graziosi, *¿Qué es la pedofilia?*, Barcelona, Paidós, 2004.

[8] G. T. Plante y K. McChesney, *Sexual Abuse in the Catholic Church: A Decade of Crisis, 2002-2012*, Santa Bárbara, CA, Praeger/ABCClio, s. f.

[9] En páginas como Comunicación Loyola o elcatolicismo.com, con fines evangelizadores.

[10] L. Daniele, "He rezado todos los días por el sacerdote que me violó", entrevista a Daniel Pittet, *ABC*, 1° de junio de 2017, p. 15.

[11] S. Martínez, *Prueba de fe. La red de corrupción que protege la pederastia eclesial*, prólogo del obispo Raúl Vera, México, Planeta, 2007, p. 9.

[12] *Ibid.*, p. 17.

[13] R. de la Torre, "Periodismo contra la cortina del silencio el caso de la pederastia clerical", *Versión 21*, 2008.

[14] F. González, *Marcial Maciel, los Legionarios de Cristo: testimonios y documentos inéditos*, México, Tusquets, 2006.

[15] C. Aristegui, *Marcial Maciel: Historia de un criminal*, México, Grijalbo, 2010, p. 3.

[16] L. Campa, J. Gomis, J. Eymar y M. Peralta, "La pederastia en la Iglesia", *El Ciervo* (709), abril de 2010, p. 2.

[17] *Ibid.*, pp. 253-254.

[18] A. Athié, J. Barba y F. González, *La voluntad de no saber: Lo que sí se conocía sobre Maciel en los archivos secretos del Vaticano desde 1944*, México, Grijalbo, 2012, p. 3.

[19] N. Ramírez Mota Velasco, *El reino de Marcial Maciel. La vida oculta de la Legión y el Regnum Christi*, México, Planeta, 2011, p. 19.

[20] E. Ruiz Parra, "La Legión de Cristo, Sociedad Anónima de Capital Variable", *El Cotidiano* (185), 2004, p. 75.

[21] *Ibid.*, p. 80.

[22] C. Hernández, *Representaciones de género y pobreza en los discursos del Papa Francisco (2012-2013)*, Xalapa, Universidad Veracruzana, 2016.

[23] E. N. Pérez Rayón, "La visita de Benedicto XVI a México: expresiones y argumentos del anticlericalismo en el siglo XXI", *Revista Fuentes humanísticas: Ideas y religión en México*, 2016, p. 110.

[24] D. Contreras, "La prensa y los abusos sexuales de sacerdotes. Los equívocos de un escándalo", Aceprensa, mayo de 2002, p. 72.

[25] J. Domínguez, "Balance y final de un escándalo", Aceprensa, 10 de marzo de 2004. Consultado en https://www.aceprensa.com/religion/balance-y-final-de-un-esc-ndalo/.

[26] L. Chacón Juárez y R. Villamil, "Homosexualidad y pederastia en la institución religiosa", *El Cotidiano*, 20(126), julio-agosto de 2004, p. 187.

[27] *Ibid.*, p. 192.

[28] J. Erdely *et al.*, *Votos de castidad: el debate sobre la sexualidad del clero católico*, México, Grijalbo, 2005.

[29] Cabe señalar que Erdely es un polémico autor, implicado, después de la publicación del libro, en diversos delitos, este esfuerzo recibió multivariadas críticas de sectores católicos, pues al parecer sería una difamación abierta a la Iglesia católica, se cita porque otros autores lo retoman como un trabajo sistemático y de generación de estadística.

[30] E. Echeburúa O., "Abusos sexuales en el clero: una mirada al abusador", *Eguzkilore: cuaderno del Instituto Vasco de Criminología*, 2015, p. 113.

[31] S. C. Ibáñez, "Iglesia y sexualidad: los graves efectos del celibato y la abstinencia", Ciper, 2018. Consultado en https://ciperchile.cl/2018/08/21/iglesia-y-sexualidad-los-graves-efectos-del-celibato-y-la-abstinencia/.

[32] J. Tamayo, "Masculinidad sagrada y pederastia religiosa", *FEMERIS*, 2016. Consultado en https://e-revistas.uc3m.es/index.php/FEMERIS/article/view/3235. El mismo texto se reprodujo en la revista *Bajo Palabra, Revista de Filosofía*, segunda época, núm. 15, 2017.

[33] J. Bergoglio, *Las cartas de la tribulación*, Barcelona, Herder, 2019.

[34] *Ibid.*, p. 2.

[35] *Ibid.*, p. 3.

[36] J. Elzo Imaz, "Abusos de menores en la Iglesia. ¿Cómo hemos llegado hasta aquí? Breves apuntes sociológicos", *Razón y fe: revista hispanomericana de cultura*, 2019.

[37] https://www.vaticannews.va/es/papa/news/2019-05/papa-francisco-nuevas-normas-para-iglesia-contra-abusan-encubren.html.

BIBLIOGRAFÍA

Araujo, S., *Derechos de las víctimas de delitos contra la libertad sexual*, México, Comisión de Derechos Humanos del Distrito Federal, 2000.

Aristegui, C., *Marcial Maciel: Historia de un criminal*, México, Grijalbo, 2010.

Athié, A., "Es necesario revisar el significado de la autoridad eclesiástica en relación a los delitos que pueden cometer en materia de derechos humanos", en P. Rodríguez, *Pederastia en la Iglesia católica*, Barcelona, Ediciones B, 2002. Consultado en http://www.pepe-rodriguez.com/Pederastia_clero/Pederastia_clero_prologo.htm.

Athié, A., J. Barba y F. González, *La voluntad de no saber: Lo que sí se conocía sobre Maciel en los archivos secretos del Vaticano desde 1944*, México, Grijalbo, 2012.

Bergoglio, J., *Las cartas de la tribulación*, Barcelona, Herder, 2019.

——, Discurso del santo padre Francisco al final de la concelebración eucarística, 24 de febrero de 2019. Consultado en http://

www.vatican.va/content/francesco/es/speeches/2019/february/documents/papa-francesco_20190224_incontro-protezione-minori-chiusura.html.

Campa, L., J. Gomis, J. Eymar y M. Peralta, "La pederastia en la Iglesia", *El Ciervo* (709), abril de 2010, pp. 2-6.

Cencini, A., *¿Ha cambiado algo en la iglesia después de los escándalos sexuales?: Análisis y propuesta para la formación*, Salamanca, Sígueme, 2016.

Chacón Juárez, L., y R. Villamil, "Homosexualidad y pederastia en la institución religiosa", *El Cotidiano*, 20(126), julio-agosto de 2004.

Contreras, D., "La prensa y los abusos sexuales de sacerdotes. Los equívocos de un escándalo", Aceprensa, mayo de 2002.

Daneels, F., "La investigación previa en los casos de abuso sexual de menores", en J. Conn y L. Sabbarese, *Iustitia in caritate. Miscellanea in onore di Velasio De Paolis*, Roma, Urbaniana University Press, 2008, pp. 499-506.

Daniele, L., "He rezado todos los días por el sacerdote que me violó", entrevista a Daniel Pittet, *ABC*, 1º de junio de 2017, p. 15.

De la Torre, R., "Periodismo contra la cortina del silencio el caso de la pederastia clerical", *Versión 21*, 2008, pp. 241-248.

Domínguez, J., "Balance y final de un escándalo", Aceprensa, 10 de marzo de 2004. Consultado en https://www.aceprensa.com/religion/balance-y-final-de-un-esc-ndalo/.

Echeburúa O., E., "Abusos sexuales en el clero: una mirada al abusador", *Eguzkilore: cuaderno del Instituto Vasco de Criminología*, 2015, pp. 109-114.

Elzo Imaz, J., "Abusos de menores en la Iglesia. ¿Cómo hemos llegado hasta aquí? Breves apuntes sociológicos", *Razón y fe: revista hispanomericana de cultura*, 2019, pp. 59-70.

Erdely, J. *et al.*, *Votos de castidad: el debate sobre la sexualidad del clero católico*, México, Grijalbo, 2005.

Ferrer, J., "La responsabilidad civil de la diócesis por los actos de sus clérigos", *Ius Canonicus*, 45(90), 2005, pp. 557-608.

González, F., *Marcial Maciel, la Legión de Cristo: testimonios y documentos inéditos*, México, Tusquets, 2006.

Grupo Parlamentario del PRD Cámara de Diputados, *Pederastia: agenda legislativa pendiente*, México, Centro de Producción Editorial, 2008.

Hernández, C., *Representaciones de género y pobreza en los discursos del Papa Francisco (2012-2013)*, Xalapa, Universidad Veracruzana, 2016.

"Homosexualidad y pederastia en la institución religiosa", *El Cotidiano*, 126, 2004, pp. 187-197. Consultado en https://www.redalyc.org/articulo.oa?id=32512618&iCveNum=1272.

Ibáñez, S. C., "Iglesia y sexualidad: los graves efectos del celibato y la abstinencia", Ciper, 2018. Consultado en https://ciperchile.cl/2018/08/21/iglesia-y-sexualidad-los-graves-efectos-del-celibato-y-la-abstinencia/.

Lammoglia, E., *Abuso sexual en la infancia*, México, Grijalbo, 2000.

Martínez, S., *Prueba de fe. La red de corrupción que protege la pederastia eclesial*, prólogo del obispo Raúl Vera, México, Planeta, 2007.

Mota Velazco, N., *El reino de Marcial Maciel. La vida oculta de la Legión y el Regnum Christi*, México, Planeta, 2011.

Oliverio, F. A., y B. Graziosi, *¿Qué es la pedofilia?*, Barcelona, Paidós, 2004.

Pérez Rayón, E. N., "La visita de Benedicto XVI a México: expresiones y argumentos del anticlericalismo en el siglo XXI", *Revista Fuentes Humanísticas: Ideas y religión en México*, 2016, p. 110.

Plante, G. T., y K. McChesney, *Sexual Abuse in the Catholic Church: A Decade of Crisis, 2002-2012*, Santa Bárbara, CA, Praeger/ABCClio, s. f.

Rodríguez, P., *Pederastia en la Iglesia Católica. Delitos sexuales del clero contra menores, un drama silenciado y encubierto por los obispos*, Madrid, Suma de Letras, 2003.

Ruiz Parra, E., "La Legión de Cristo, Sociedad Anónima de Capital Variable", *El Cotidiano* (185), 2004, pp. 73-86.

Tamayo, J., "Masculinidad sagrada y pederastia religiosa", *FEMERIS*, 2016. Consultado en https://e-revistas.uc3m.es/index.php/FEMERIS/article/view/3235.

Erika Barrón Carreño. Socióloga por la UNAM, maestra en Ciencias Sociales por el Colegio Mexiquense y en Políticas Públicas por el Colegio de Morelos, consultora sobre temas de derechos humanos, trabajo infantil, especialmente en espacios rurales con diversas organizaciones y colectivos. De 2015 a 2019, docente universitaria en la Universidad Tecnológica Emiliano Zapata (UTEZ), y en 2019, en el Tecnológico Universitario de Valle de Chalco.

Cronología

Noviembre de 1987

Treinta niños acusan al sacerdote mexicano Nicolás Aguilar Rivera de violación; se suman a otras dos acusaciones, en 1999 y 2001. El religioso burla a las autoridades y se libra de ir a la cárcel.

5 de diciembre de 1994

Juan Pablo II, en carta abierta publicada en los siete diarios más importantes de la capital del país, propone al fundador de los Legionarios de Cristo como guía eficaz de la juventud conforme al modelo cristiano.

23 de febrero de 1997

El periódico *The Hartford Courant*, de Connecticut (Estados Unidos), publica un amplio reportaje que recoge los testimonios de ocho denunciantes que lo acusan de prácticas pedófilas.

11 de mayo de 1997

En entrevista, el arzobispo Norberto Rivera Carrera descalifica las acusaciones por falsas e inventadas y al reportero Salvador Guerrero Chiprés por haberse vendido sobre las acusaciones de abuso sexual y otros delitos que ocho exlegionarios hicieron públicos en contra de Marcial Maciel desde un periódico, *The Hartford Courant* de Connecticut.

12 de mayo de 1997

Causa gran impacto la transmisión del programa *Realidades* en CNI Canal 40, que ofrece por primera vez en la televisión mexicana los testimonios de los exlegionarios José Barba, Saúl Barrales, José Antonio Pérez Olvera y Alejandro Espinosa sobre abusos sexuales cometidos por Marcial Maciel.

1998

Exlegionarios víctimas de abuso sexual presentan denuncia ante la Santa Sede por medio de su representante, el padre Antonio Roqueñí.

8 de julio de 1998

En la inauguración del Tercer Encuentro Internacional de Sacerdotes en la Basílica de Guadalupe el papa Juan Pablo II pide a los mil 500 clérigos reunidos ahí que enfrenten con valentía las incomprensiones, recelos y persecuciones, en alusión a las denuncias de pederastia.

18 de febrero de 1999

Martha Wegan, canonista austriaca, pide que se abra un proceso contra Maciel en el Vaticano, acusándolo de "absolución del cómplice en un pecado contra el sexto mandamiento", alegando que el sacerdote que obra así incurre en excomunión *latae sententiae* (y por tanto no es un delito prescrito).

24 de diciembre de 1999

Wegan comunica a sus representados que, por ahora, la causa está cerrada según indica Gianfranco Girotti, franciscano secretario de Ratzinger.

30 de abril de 2001

El papa Juan Pablo II emite la carta *Sacramentorum sanctitatis*, en la que un pecado contra el Sexto Mandamiento del Decálogo por parte de un clérigo con un menor de 18 años debe considerarse grave o *delictum gravius*.

15 de julio de 2001

Integrantes de más de 100 organizaciones de mujeres católicas de todo el mundo realizan manifestaciones en 10 países para exigir al Vaticano que se disculpe públicamente por las violaciones y el abuso sexual de sacerdotes contra monjas y religiosas. En México la organización Católicas por el Derecho a Decidir califica de escandaloso y vergonzoso el hecho de que no se castigue a religiosos que actúan con impunidad.

15 de agosto de 2001

El equipo Spotlight del diario *Boston Globe* inicia una investigación respecto a abusos sexuales perpetrados por el sacerdote John Geoghan.

13 de octubre de 2001

Marcial Maciel gestiona personalmente dos audiencias de Juan Pablo II con el presidente Vicente Fox y Marta Sahagún, recién casados por la vía civil, y de otra audiencia con Lilian de la Concha, la "verdadera" esposa del primer mandatario mexicano para la jerarquía eclesiástica.

7 de noviembre de 2001

El equipo Spotlight obtiene evidencias de implicaciones del cardenal Bernard F. Law, acusado de encubrir uno de los mayores escándalos de pederastia de la Iglesia entre 1984 y 2002.

11 de abril de 2002

José Guadalupe Martín Rábago, vicepresidente de la Conferencia del Episcopado Mexicano (CEM), acepta la posibilidad de que existan sacerdotes pederastas: "No somos ángeles, estamos metidos en el ambiente de un mundo donde efectivamente se da este problema", esta situación de ninguna manera obliga a la Iglesia católica a replantear el tema del celibato. El arzobispo de Hermosillo, José Ulises Macías Salcedo, señala: "Puede ser que los muchachos tengan vocación y deseen guardar el celibato, pero la condición humana es frágil. El sacerdote es humano y es tomado de entre los hombres".

15 de abril de 2002

El programa *Círculo Rojo* de Televisa, conducido por Carmen Aristegui y Javier Solórzano, aborda de nuevo en la televisión abierta el tema de la pederastia clerical. Asisten José Barba, Alberto Athié y Fernando González.

El cardenal Norberto Rivera considera "injustificable" la magnitud con la que se ha atacado a la Iglesia católica por la existencia de algunos sacerdotes pederastas.

17 de abril de 2002

El presidente de la CEM, Luis Morales Reyes, agobiado por los cuestionamientos de la prensa, pide que se respete su derecho a guardar silencio; los jerarcas muestran preocupación por que los casos de pederastia sean usados para atacar a la Iglesia católica.

18 de abril de 2002

Publicación de una carta abierta de los Legionarios de Cristo. Acusan que las recientes declaraciones falsas de un grupo de exreligiosos de la congregación contra el director general, el padre Marcial Maciel, causan daño a la Iglesia.

22 de abril de 2002

El nuncio apostólico Giuseppe Bertello afirma que serán las autoridades civiles quienes determinen los castigos para los sacerdotes que cometan pederastia.

25 de abril de 2002

La CEM confirma que existen varios centros de "rehabilitación" en México para sacerdotes con problemas de pederastia y otros, donde se les da atención integral, psicológica, médica y espiritual. También reconoce que 7% de los ministros de la Iglesia católica tienen problemas de alcoholismo, "lo cual es más grave que los casos aislados de pederastia".

El sacerdote Alberto Athié Gallo, exdirectivo de la CEM, denuncia que la jerarquía de la Iglesia católica en México optó por ocultar y encubrir los casos de abusos sexuales cometidos por religiosos. Tal disposición fue avalada por el Vaticano.

26 de abril de 2002

Marcial Maciel niega haber abusado de exlegionarios que lo acusan desde 1996. Señala que las "falsas acusaciones" le han causado una gran pena moral. En una dirección de correo electrónico, para la defensa del padre, se incluyen cartas y artículos periodísticos de religiosos que refutan las acusaciones.

27 de abril de 2002

El cardenal Adolfo Suárez Rivera declara: "Sin negar la veracidad de algunos casos, reprobamos que se distorsionen y generalicen estas dolorosas situaciones como si se quisiera hacer pensar a nuestro pueblo que es un fenómeno común y frecuente".

29 de abril de 2002

Fray Marvin Archuleta, un sacerdote que violó a un niño en Estados Unidos y que ahora oficia en una iglesia de Villa Coapa, fue llamado a comparecer ante la Curia General para rendir cuentas.

21 de mayo de 2002

La fundación A Favor de México, A. C., llama a los padres de familia a mandar correos electrónicos contra "los personajes directamente responsables" de la programación considerada por ellos "carente de toda moral" y promotora de "antivalores", en respuesta explícita de sectores de la ultraderecha al programa *Círculo Rojo* por los testimonios del abuso sexual que cometió el sacerdote Marcial Maciel.

1º de junio de 2002

La declaración del arzobispo de Jalapa, Sergio Obeso, causa polémica, al afirmar que "la ropa sucia se lava en casa" sobre el caso de sacerdotes pederastas. Como si las leyes eclesiásticas estuvieran por encima de las civiles.

30 de octubre de 2002

Última transmisión del programa televisivo *Círculo Rojo*, se especula que fue censurado por la presentación de víctimas de pederastia en el caso de Marcial Maciel.

6 de diciembre de 2002

El párroco Nicolás Aguilar es sentenciado a un año de prisión por "ataques al pudor", nunca fue encarcelado, ya que mantuvo su libertad bajo fianza. En 2001 la justicia le concedió un amparo para dejar sin efecto dicha condena.

7 de marzo de 2003

Después de muchas presiones, Alberto Athié renuncia al sacerdocio: "La Iglesia impide la justicia al desestimar los testimonios de las víctimas".

10 de abril de 2003

La Policía Federal Preventiva detiene en Acapulco al misionero católico José Guadalupe Borja de Borbón, quien participaba en una red internacional de pornografía infantil; desde 1987 contaba con varias órdenes de aprehensión.

29 de mayo de 2003

Suicidio en Mazatlán, Sinaloa, del sacerdote alemán naturalizado estadounidense Siegfred F. Widera, acusado de abusar sexualmente de 42 niños feligreses.

13 de junio de 2003

Extraditan a Italia al sacerdote mexicano Edgar Gaudencio Hidalgo Domínguez, acusado de delitos de violencia sexual contra menores cometidos en 1997 en Nápoles.

Febrero de 2004

Cruzada de la jerarquía de la Iglesia católica contra la píldora del día siguiente por considerarla abortista.

Arresto del pederasta Jean Succar Kuri.

30 de noviembre de 2004

En una audiencia dedicada a la Legión de Cristo, Karol Wojtyla reconoce la obra de Marcial Maciel y otorga a la organización el control sobre un importante centro católico en Jerusalén, ratificando su línea de ignorar el clamor de las víctimas y las denuncias similares en otros países.

11 de febrero de 2005

A pesar de estar acusado de abuso sexual en Brownsville, Texas, el sacerdote cubano Iván Rovira celebra misa en Matamoros, Tamaulipas. Entre los feligreses estuvieron el nuncio apostólico Giuseppe Bertello y los gobernadores Eduardo Bours, de Sonora, y Eugenio Hernández, de Tamaulipas. El sacerdote, que fue encontrado culpable de abuso sexual, no fue entregado a la justicia civil.

15 de marzo de 2005

La Arquidiócesis Primada de México dispone retirar de su cargo y realizar una investigación sobre el supuesto involucramiento del sacerdote Rolando Blasi en el homicidio de un homosexual y en actos de pedofilia.

Abril de 2005

La Congregación para la Doctrina de la Fe envía a México y Nueva York al promotor de justicia de la Doctrina de la Fe, el maltés Charles

Scicluna, que recaba testimonios sobre Maciel. Decenas de personas son entrevistadas. Se levanta acta notarial de cada testimonio.

2 de abril de 2005

Muere Karol Wojtyla.

23 de abril de 2005

El periódico *The New York Times* señala que el nuevo papa Benedicto XVI reabrió una investigación sobre denuncias contra Marcial Maciel, y en marzo un investigador del Vaticano, monseñor Charles J. Scicluna, viajó a México para entrevistar a varias personas que acusan a Maciel. La nota indica que se desconoce por qué Ratzinger reabrió la investigación que se había cerrado en 1999, una de las teorías indica "que él sabía que sería un candidato para el papado y no quería que el asunto colgara sobre su cabeza mientras se realizaba el cónclave".

24 de mayo de 2005

El Vaticano confirma que el sacerdote Marcial Maciel no enfrentaría juicio alguno de la Iglesia por supuesto abuso sexual contra seminaristas.

12 de septiembre de 2005

Desde octubre de 1985 se giró orden de aprehensión contra el sacerdote Miguel Ramírez por violación en Sonora; con autorización de la diócesis de Matamoros, el párroco fue instalado en el pueblo de Comales, Tamaulipas.

20 de noviembre de 2005

Beatificaciones de los mártires cristeros en Roma. Los obispos viajan a Roma bajo la atmósfera y la presión sobre la pederastia. El cardenal Norberto Rivera arriba a Roma en un jet privado facilitado por un amigo empresario.

19 de mayo de 2006

Comunicado oficial de la Santa Sede de renuncia de Marcial Maciel argumentando edad avanzada y delicada salud y la invitación a una vida reservada de oración y penitencia renunciando a todo ministerio público. La Congregación para la Doctrina de la Fe aplica la máxima suspensión canónica a Marcial Maciel, *a divinis*, con lo cual se le impide realizar funciones sacerdotales en público, lo reduce a laico, y con esto cierra el caso en su contra. Ratzinger autorizó el castigo.

28 de junio de 2006

Para el obispo de Aguascalientes es preferible "que ocho hombres sufran una injusticia que millones pierdan la fe", en referencia al caso de los abusos sexuales de los Legionarios de Cristo; afirma también: "No juzguéis y no seréis juzgados. Somos humanos y somos frágiles". La negligencia de la Iglesia católica por tolerar casos de pederastia llega al límite.

Septiembre de 2006

Con el telón de fondo del escándalo desatado por la denuncia de encubrimiento de un sacerdote presuntamente pederasta, interpuesta en Los Ángeles, California, contra el arzobispo Norberto Rivera, agentes del Instituto Nacional de Migración (INM) intentan detener a Eric Barragán, dirigente de la Red de Sobrevivientes de Abuso Sexual, y a los abogados Jeffrey Anderson, Vance Owen, Michael G. Finnegan y David Clohessy.

14 de septiembre de 2006

El arzobispo primado de la Ciudad de México, cardenal Norberto Rivera Carrera, rechaza haber encubierto al presunto pederasta Nicolás Aguilar Rivera, a quien pidió, "donde quiera que se encuentre", entregarse a la justicia para evitar "un mayor daño a la Iglesia". En 1987 Rivera Carrera aprobó el traslado del sacerdote Aguilar a la arquidiócesis de Los Ángeles, donde abusó de 26 menores en tan sólo nueve meses, primero como responsable de la parroquia de Nuestra Señora de Guadalupe y dos meses después de St. Agatha.

22 de septiembre de 2006

La Arquidiócesis de México acusa que el cardenal Norberto Rivera es víctima de un intento de extorsión por parte de la Red de Sobrevivientes de Abusos Sexuales de Sacerdotes que busca "comercializar la justicia".

25 de septiembre de 2006

El presidente de la CEM, José Guadalupe Martín Rábago, sale en defensa del sacerdote José Luis de María y Campos López, sentenciado a seis años de prisión por haber abusado sexualmente de tres acólitos. Sostiene: "Las declaraciones de quienes se dicen víctimas del delito se encuentran plagadas de dudas, reticencias, son oscuras y, lo que es más, resultan falsas".

26 de septiembre de 2006

El sacerdote Alejandro Cervantes Gallardo, al finalizar su condena de dos años por abusar sexualmente de un monaguillo en Aguascalientes, oficia misas en Jalisco con el conocimiento del obispo de Aguascalientes.

27 de septiembre de 2006

Presentación del libro *Marcial Maciel. Los legionarios de Cristo: testimonios y documentos inéditos*.

7 de octubre de 2006

Formal prisión al sacerdote Rafael Sánchez Pérez, acusado del delito de violación equiparada en agravio de un menor.

21 de octubre de 2006

El sacerdote José Luis de María y Campos López es condenado a seis años de prisión en el Centro de Readaptación Social de León, Guanajuato, por haber cometido los delitos de corrupción de menores y abuso sexual contra tres menores.

24 de octubre de 2006

Joaquín Francisco Mondragón Rebollo, en una carta enviada al periódico *Reforma*, rechaza la acusación de abuso sexual contra un alumno del colegio Oxford Preschool. Asegura que los padres del menor buscan "un beneficio económico, o sea, extorsionar al colegio a través de *calumniarme y difamarme*".

27 de diciembre de 2006

Valentina Mendoza, madre de tres hijos abusados sexualmente en 1994 por el cura Nicolás Aguilar en Los Ángeles, California, interpone una demanda contra el cardenal Norberto Rivera Carrera por el delito de protección al sacerdote Nicolás Aguilar.

2007

Desestimando las indicaciones de Roma, Marcial Maciel en 2006 visita comunidades legionarias en todo el mundo en busca de adhesión. Finalmente se instala en Naples, Florida, donde vive sus últimos días con el estilo de vida radicalmente "aseglarada" que predominó en él. Pero esta vez lo vive a la vista de los legionarios y las señoritas consagradas que lo atienden. Su amante lo acompaña en Naples.

Jesús Romero Colín denuncia por violación al sacerdote Carlos López Valdés.

8 de enero de 2007

El grupo de obispos que integran la zona pastoral oriente en México-Puebla solicitan al papa Benedicto XVI que analice la posibilidad de quitar el ministerio sacerdotal a Nicolás Aguilar Rivera, acusado de casi 100 abusos sexuales en contra de menores.

9 de enero de 2007

Joaquín Aguilar, demandante del cardenal Norberto Rivera en la Corte Superior de Los Ángeles, California, cuestiona que los representantes de la Iglesia mexicana tardaran 20 años en solicitar al Vaticano su intervención para sancionar al presunto pederasta Nicolás Aguilar.

11 de enero de 2007

Nicolás Aguilar, sacerdote acusado de por lo menos 86 casos de abuso sexual contra menores, afirma ser víctima de difamación y calumnia por la disputa de un predio en Cuacnopalan, Puebla.

Febrero de 2007

Presentación del libro *Manto púrpura: pederastia clerical en tiempos del cardenal Norberto Rivera Carrera*.

20 de febrero de 2007

Se llama a declarar al cardenal Norberto Rivera ante la Suprema Corte de Los Ángeles, California, en el caso de violación de Joaquín Aguilar por el sacerdote Nicolás Aguilar Rivera. Se le acusa de negligente, omisión de advertencia o denuncia, conspiración civil, daños emocionales y agresión sexual tolerada.

El Senado aprueba reformas al artículo 205 del Código Penal Federal que permitirán inhabilitar a sacerdotes que hayan cometido abuso sexual en contra de un menor y contemplan duplicar las penas cuando los responsables de delitos relacionados con la explotación sexual infantil sean personas de afecto o subordinadas y castigarlos además "con destitución e inhabilitación para desempeñar el cargo o comisión o cualquiera otro de carácter público o similar, hasta por un tiempo igual a la pena impuesta". Representantes de la CEM intentaron dialogar con la Mesa Directiva de la Cámara alta para expresar su desacuerdo con esa disposición.

23 de febrero de 2007

La respuesta del clero a la iniciativa del Senado contra la pederastia fue un llamado a la clase política para que "no se entrometa en la vida interna de la Iglesia" y recomendar que se ponga a legislar en asuntos civiles, ya que sólo han hecho "leyes absurdas". Esto lo señaló el arzobispo de Durango, Héctor González Martínez, quien pidió a los políticos que dejen a la Iglesia resolver sus problemas.

26 de febrero de 2007

Presentación del libro *Manto púrpura: pederastia clerical en tiempos del cardenal Norberto Rivera Carrera*.

8 de marzo de 2007

Se cita a Marcial Maciel a declarar ante el juzgado 19 de lo civil en la Ciudad de México para responder a un interrogatorio sobre delitos de pederastia, presuntamente cometidos por él al frente de los legionarios, así como por el caso del abuso sexual contra un niño de tres años, alumno del colegio Oxford, cometido por el profesor Joaquín Francisco Mondragón Rebollo.

30 de marzo de 2007

El grupo parlamentario del Partido Acción Nacional (PAN) en el Senado presenta una iniciativa de modificaciones al Código Penal Federal para dejar en manos de la Iglesia y no de las autoridades la inhabilitación de curas pederastas. Así, los jueces deberán notificar la sentencia contra un ministro de culto a la Secretaría de Gobernación, la que a su vez informará a la asociación religiosa respectiva "para que proceda a la suspensión, separación o retiro del ejercicio del ministerio que le haya conferido al religioso". Diversos articulistas la señalan como contrarreforma a lo aprobado en febrero de 2007.

21 de abril de 2007

En el foro "Pederastia: agenda pendiente", organizado por legisladores del Partido de la Revolución Democrática (PRD) y víctimas, se propone tipificar la pederastia como delito grave y promover la creación de una comisión especial de la Cámara de Diputados que conozca y dé seguimiento a los casos de pederastia.

8 de agosto de 2007

El cardenal Norberto Rivera Carrera rinde, en la Ciudad de México, una declaración jurada para determinar su grado de responsabilidad en el caso del presunto sacerdote pederasta Nicolás Aguilar.

14 de agosto de 2007

Organizaciones sociales de laicos católicos coinciden en que las acusaciones judiciales contra el cardenal Norberto Rivera Carrera dañan la imagen de la Iglesia mexicana. Se dividen entre las que consideran que debe asumir su responsabilidad ante la justicia civil y penal y otras que defienden al jerarca.

16 de septiembre de 2007

Hermilo Gerardo Solís Jaimes, sacerdote católico, fue encarcelado por presuntamente haber abusado de una menor de edad en 2004.

1° octubre de 2007

Grupos de activistas contra la pederastia se manifiestan en las homilías dominicales de Norberto Rivera en la Catedral Metropolitana. Ocurrieron 10 intromisiones durante 2007.

16 de octubre de 2007

La Corte Superior de Los Ángeles, California, desecha la demanda contra el cardenal Rivera y la Diócesis de Tehuacán, Puebla, por encubrimiento del sacerdote Aguilar. El juez Elihu M. Berle dictamina que no hay razón para que la justicia de Estados Unidos juzgue un delito cometido en México. Por su parte, la defensa del cardenal dice que el fallo de la Corte demuestra la inocencia del prelado en las acusaciones sobre encubrimiento a la pederastia.

17 de octubre de 2007

La Arquidiócesis de México hace llegar a sus sacerdotes un manual de "comportamientos adecuados" con menores y explica que la institución brinda ayuda psicológica a los religiosos que incurren en actitudes "inmorales", que califica como una enfermedad.

17 de noviembre de 2007
La Corte Superior de Los Ángeles, California, desechó el 16 de noviembre una segunda demanda contra el arzobispo primado de México, Norberto Rivera Carrera, por presunto encubrimiento del sacerdote Nicolás Aguilar.

22 de enero de 2008
En el simposio "Sanciones para algunos delitos imputables a clérigos, según el Derecho canónico y civil", organizado por la Universidad Pontificia de México, se propone a la CEM la creación de un código de conducta para prevenir delitos sexuales cometidos por sacerdotes.

30 de enero de 2008
Muerte de Marcial Maciel.

14 de febrero de 2008
Presentación del libro *Marcial Maciel. Los Legionarios de Cristo: testimonios y documentos inéditos* del sociólogo Fernando M. González.

27 de febrero de 2008
Se organiza la mesa redonda "Opacidad, medios y poder" en el Instituto de Acceso a la Información Pública del Distrito Federal sobre el caso Marcial Maciel.

7 de mayo de 2008
Sanjuana Martínez gana el Premio de Periodismo Ortega y Gasset instituido por el diario *El País* por su trabajo de investigación sobre pederastia clerical.

5 de noviembre de 2008
Sentencia al colegio Oxford de la Ciudad de México a pagar económicamente el daño moral ocasionado contra un niño de tres años violado por Joaquín Francisco Mondragón Rebollo, profesor de educación física, prófugo de la justicia.

15-18 de enero de 2009
El VI Encuentro Mundial de las Familias "La familia formadora en los valores humanos y cristianos" tiene el objetivo de reforzar los

valores y el papel de la familia como denominador de la sociedad. Es organizado por el Vaticano y el obispo auxiliar de la Arquidiócesis de México, Jonás Guerrero Corona, acusado de proteger al sacerdote Carlos López Valdés y demandado por encubrimiento por Jesús Romero Colín.

5 de febrero de 2009

El papa Benedicto XVI designa al presidente de la CEM, Carlos Aguiar Retes, arzobispo de Tlalnepantla, y a Víctor Sánchez Espinosa como arzobispo de Puebla, quienes ofrecieron "cero tolerancia" a párrocos pederastas y "grillos".

27 de marzo de 2009

En un texto dirigido a los integrantes de la Legión de Cristo se reitera la petición de perdón a las víctimas de Marcial Maciel por no haberles creído. El documento firmado por Álvaro Corcuera, director general de la orden, y 15 consejeros y directores territoriales se emitió en Roma.

22 de abril de 2009

Aprobación en la Cámara de Diputados de la ley que tipifica el delito de pederastia en México. La pena máxima para el pederasta es de 18 años en prisión y hasta 2 250 días de salario mínimo.

4 de marzo de 2010

En entrevista radiofónica con Carmen Aristegui, los hijos de Marcial Maciel acusan que los abusó sexualmente. La CEM se deslinda del caso. Argumenta que es un asunto de la orden mencionada, y la Arquidiócesis de México condena los hechos. José de Jesús Aguilar, subdirector de radio y televisión de la arquidiócesis de México, precisa que la información produjo no sólo "admiración" en la Iglesia católica sino "vergüenza". Puntualiza que ante lo revelado queda claro que el sacerdote Maciel "no estaba sano de sus facultades mentales" y que su comportamiento podría ser catalogado de "criminal".

10 de marzo de 2010

La CEM exhorta a las víctimas de pederastia a que denuncien los casos que hayan sido cometidos por ministros del culto religioso, por tratarse de un "crimen abominable".

14 de marzo de 2010

El juez del Vaticano encargado de analizar los casos de abuso sexual a menores, cometidos por sacerdotes, Charles Scicluna, aclara que la sanción impuesta en 2006 a Marcial Maciel fue por encontrarlo culpable de pederastia.

19 de marzo de 2010

Publicación de la Carta Pastoral a los católicos de Irlanda de Benedicto XVI contra la pederastia.

23 de marzo de 2010

Los resultados de la Encuesta de Opinión Católica realizada por Católicas por el Derecho a Decidir (CDD), Population Council y la firma Beltrán y Asociados que se levantó en todo el país del 30 de noviembre al 7 de diciembre, sobre una muestra aleatoria de 3 mil hombres y mujeres profesantes, revelan que en México la mayoría de los católicos considera que la pederastia clerical es un delito que debe castigarse con prisión, y que dicho crimen no es tan esporádico como se asegura. Están a favor del uso de diversos anticonceptivos, incluso de la pastilla de emergencia y del aborto. También rechazan que la Iglesia como institución participe en política y pueda tener medios de comunicación, y quieren que se dedique a lo suyo.

7 de abril de 2010

Declaración de la CEM: "Los obispos no atenderán casos de pederastia bajo chismes o rumores, sino por denuncias interpuestas por la víctima ante la justicia civil y del clero".

12 de abril de 2010

La Iglesia católica difunde nuevos lineamientos a sus iglesias locales sobre cómo responder a las acusaciones de abusos sexuales de parte de miembros del clero. Los obispos deben denunciar los delitos a la policía, y siempre deberá asegurarse el camino de la ley civil en estas denuncias.

13 de abril de 2010

Comunicado de prensa de la CEM pidiendo perdón a las víctimas de abuso sexual por parte de sacerdotes.

21 de abril de 2010

Compromiso público de Benedicto XVI a tomar acciones para enfrentar el escándalo mundial por las denuncias de abusos sexuales cometidos por sacerdotes.

24 de abril de 2010

La Red de Sobrevivientes de Abuso Sexual por Sacerdotes (SNAP, por sus siglas en inglés) da a conocer una lista de 65 sacerdotes acusados en Estados Unidos de abuso sexual. Dichos sacerdotes se encuentran en varias diócesis de México, algunos de ellos en activo.

28 de abril de 2010

Familiares y víctimas de violaciones sexuales cometidas por sacerdotes y profesores se reúnen con senadores del PAN, Partido Revolucionario Institucional (PRI) y PRD, a quienes exigen que aprueben la minuta enviada por la Cámara de Diputados para tipificar la pederastia en el Código Penal Federal, y que ese delito sea imprescriptible

5 de mayo de 2010

El cardenal Juan Sandoval Íñiguez reprueba las conductas del padre Marcial Maciel, fundador de la Legión de Cristo, y lo califica como un psicópata. "Marcial Maciel era un psicópata, un esquizofrénico, de una doble personalidad."

12 de junio de 2010

De acuerdo con la Congregación para la Doctrina de la Fe, el organismo del Vaticano que se ocupa de los asuntos de pedofilia, en los últimos nueve años se han detectado alrededor de 3 mil casos de curas abusadores en todo el planeta, 100 de los cuales son mexicanos.

13 de julio de 2010

Se anuncia el capítulo extraordinario para la refundación de la orden de los Legionarios de Cristo. Benedicto XVI nombra al arzobispo Velasio De Paolis para tutelar el proceso.

20 de agosto de 2010

Reformas al Código Penal Federal. Penas de hasta tres años de prisión para quien, pudiendo hacerlo sin riesgo propio o ajeno, no impida la comisión del delito y a la Ley de Asociaciones Religiosas y

Culto Público, las cuales tendrán que reportar de forma inmediata cualquier delito en ejercicio de su culto o en sus instalaciones.

19 de abril de 2011

Oposición al proceso de beatificación de Juan Pablo II. Las críticas se sustentan en la forma en que Juan Pablo II rechazó abrir una investigación sobre el comportamiento de Marcial Maciel.

1° de mayo de 2011

Beatificación de Juan Pablo II, bajo la sombra del encubrimiento a pederastas como Marcial Maciel.

3 de mayo de 2011

La Congregación para la Doctrina de la Fe presenta una carta circular a las Conferencias Episcopales sobre las Líneas Guía para los casos de abusos sexuales de menores por parte del clero.

19 de marzo de 2012

En vísperas de la visita de Benedicto XVI a México surgen diversas críticas sobre el encubrimiento de sacerdotes pederastas y a la negativa de reunirse con víctimas.

23 de marzo de 2012

Visita de Benedicto XVI a México. El Papa no recibe a víctimas de Maciel.

24 de marzo de 2012

Presentación del libro *La voluntad de no saber: lo que sí se conocía sobre Maciel en los archivos secretos del Vaticano desde 1944*, de la editorial Grijalbo. Causa impacto a nivel internacional y es comentado por los principales medios.

12 de junio de 2012

Acusaciones en contra del sacerdote Gerardo Silvestre y del arzobispo de Oaxaca, José Luis Chávez Botello, señalado como protector del cura, quien desplegó una campaña para responsabilizar de la crisis al "periodismo fanático".

11 de febrero de 2013

Renuncia al papado Joseph Ratzinger. En una entrevista reconoce que la pederastia clerical fue el lastre más difícil de su pontificado.

6 de marzo de 2013

El arzobispo primado de México, Norberto Rivera Carrera, fue incluido en la lista de los 12 cardenales que, según la SNAP, no deben ser considerados "papables", debido a que no afrontaron con suficiente rigor los casos de clérigos pederastas y rechazaron reunirse con las víctimas.

13 de marzo de 2013

Inicio del pontificado de Jorge Mario Bergoglio (Francisco).

29 de noviembre de 2013

Formal prisión para el sacerdote Gerardo Silvestre Hernández, previamente removido de diversas comunidades indígenas y exculpado desde el Vaticano en febrero de 2011 y que se estima abusó de más de 100 menores.

Diciembre de 2013

Presentación del informe "Pederastia Clerical de Mexicanos en México y en otros países 1944-2013", de organizaciones de la sociedad civil (OSC) y personas mexicanas al Comité de los Derechos del Niño, donde argumentan que las conductas pederastas son crímenes de Estado.

Febrero de 2014

Francisco pide a los obispos de todo el mundo no encubrir por ningún motivo casos de pederastia.

5 de febrero de 2014

El Comité de Protección de los Derechos de los Niños de las Naciones Unidas (CRC, por sus siglas en inglés) da a conocer un informe realizado en los últimos seis años en el que critica fuertemente el comportamiento del Vaticano por adoptar "políticas y prácticas que llevaron a la continuación de abusos a menores y a la impunidad de los responsables" y por no tomar "las medidas necesarias" para atender estos casos y proteger a los menores.

22 de marzo de 2014

El papa Francisco presenta un quirógrafo para la institución de la Comisión Pontificia para la Protección de Menores.

4 de abril de 2014

Inauguración de Casa Emaús, a 50 kilómetros de Saltillo, oficialmente dedicada a la rehabilitación de sacerdotes en situaciones o momentos difíciles, al parecer involucrados en delitos como la pederastia.

23 de abril de 2014

Slawomir Oder, el sacerdote polaco que encabeza el proceso de canonización de Juan Pablo II, afirma que no hay indicios de participación personal del fallecido pontífice en el escándalo de pederastia que involucró a la orden religiosa de los Legionarios de Cristo y de su fundador, Marcial Maciel.

En San Luis Potosí, Eduardo Córdova Bautista, acusado de pederastia, es suspendido del ejercicio del ministerio sacerdotal. Se da a la fuga y se desconoce su paradero.

25 de abril de 2014

Canonización de Juan Pablo II.

26 de abril de 2014

Víctimas y el exsacerdote Alberto Athié Gallo interponen ante la Procuraduría General de la República (PGR) una denuncia penal contra el sacerdote Eduardo Córdova Bautista, representante legal de la Arquidiócesis de San Luis Potosí, por los abusos cometidos contra menores de edad desde hace 30 años.

28 de abril de 2014

Expertos del Comité contra la Tortura (CAT, por sus siglas en inglés) de la Organización de las Naciones Unidas (ONU) interrogan a las autoridades de la Santa Sede para determinar si están cumpliendo con dicho acuerdo internacional en el tratamiento de los casos de pederastia.

27 de julio de 2014

El papa Francisco otorga la indulgencia plenaria a los miembros de los Legionarios de Cristo y la parte seglar, Regnum Christi. La indulgencia, de acuerdo con la teología católica, es la remisión ante Dios de la pena corporal por los pecados, y perdonados, en cuanto a la culpa, siempre y cuando los beneficiarios cumplan algunas condiciones. El perdón se otorgará a aquellos miembros que cumplan con una serie de prácticas.

6 de diciembre de 2014

El arzobispo Jesús Carlos Cabrero Romero pide perdón públicamente a las víctimas de abuso sexual cometido por el sacerdote Eduardo Córdova Bautista, quien ya fue dado de baja del servicio religioso y tiene abierta una causa penal en San Luis Potosí, en la que el procurador de Justicia del estado, Miguel Ángel García Covarrubias, anunció que citará a declarar a los anteriores arzobispos que conocieron de esos actos de pederastia y no los denunciaron, lo que podría significar la comisión del delito de encubrimiento. Anuncia la conformación de una Comisión de Justicia de Atención a las Víctimas de pederastia, que tendrá como objetivo indagar si dentro de la arquidiócesis o del tribunal eclesiástico existen denuncias pendientes contra sacerdotes por abusos, para que sean notificados a la jerarquía católica en Roma y presentados ante las autoridades civiles.

18 de enero de 2015

Veinte años después de que el sacerdote Carlos López Valdés abusara de Jesús Romero Colín recibió una carta de puño y letra del papa Francisco, en respuesta a una misiva que le escribió tres semanas antes, en la que le cuenta los abusos sexuales cometidos en su contra y el desprecio de la Iglesia católica mexicana hacia su caso.

2 de febrero de 2015

Publicación de la carta del papa Francisco a los presidentes de las Conferencias Episcopales y a los superiores de los institutos religiosos de la vida consagrada y a las sociedades de vida apostólica acerca de la Comisión Pontificia para la Protección de Menores.

12 de febrero de 2015

La red de víctimas critica que la respuesta de Francisco sólo tuviera expresiones de dolor, petición de perdón y solidaridad sin exigirle al cardenal Norberto Rivera Carrera presentar al sacerdote Carlos López o coadyuvar a su presentación ante la justicia.

Junio de 2015

Francisco anuncia la creación de un nuevo tribunal eclesiástico para juzgar a los obispos encubridores.

12 de febrero de 2016

Visita de Francisco a México. Los abusos sexuales cometidos por miembros del clero mexicano en años pasados no son prioridad en el discurso papal.

13 de febrero de 2016

En México hay cinco arzobispos implicados en encubrimiento de sacerdotes pederastas.

Benjamín Clariond, vocero de los Legionarios de Cristo, expresa su gratitud al Sumo Pontífice por haber concluido el proceso de cuatro años de restauración de la congregación.

19 de febrero de 2016

Durante su viaje a Roma, el papa Francisco dice: "Los obispos que protegen o encubren a sacerdotes pederastas deben renunciar".

22 de febrero de 2016

Al hacer un recuento de los mensajes del papa Francisco durante su visita a México, el cardenal Francisco Robles considera que el pontífice dejó tarea a los obispos de México: "Nosotros ya sabíamos que no iba a venir a sobarnos el lomo, nos iba a venir a urgir", e indica que la Iglesia católica no necesita "príncipes" sino verdaderos fieles.

10 de junio de 2017

El cardenal australiano George Pell es acusado de encubrimiento y abuso sexual, pero más adelante la Suprema Corte revirtió el veredicto. Esto suspendió la pena de seis años de cárcel que estaba cumpliendo.

15 de julio de 2017

Ricardo Legarda inicia una denuncia por pederastia contra el sacerdote jesuita Juan José Esquivias López, al cual la Compañía de Jesús transfirió de Chihuahua a Guadalajara.

30 de julio de 2017

La Royal Commission de Australia, creada para dar respuesta institucional al flagelo de los abusos sexuales a menores, pide la abolición del sigilo sacramental y la presentación de la denuncia a las autoridades, pero la Iglesia australiana reitera su negativa por ser contrario tanto a la fe como a la libertad religiosa reconocida por la legislación nacional.

16 de agosto de 2017

Francisco lanza una dura condena contra el abuso sexual a menores por parte de sacerdotes y ofrece disculpas a los afectados en el prólogo del libro *Lo perdono, padre* del francés Daniel Pittet, víctima de un sacerdote pederasta.

21 de septiembre de 2017

Francisco reitera a los obispos la tolerancia cero y seguir las directrices de la Comisión Pontificia de Protección a Menores.

27 de diciembre de 2017

Juan Manuel Riojas, presunta víctima del "padre Meño", anuncia la creación de un frente contra la pederastia clerical.

18 de enero de 2018

Comienza el juicio contra el exrector del Seminario de Piedras Negras, Juan Manuel Riojas, "padre Meño", por el delito de violación calificada con abuso de autoridad y agravio a un menor de edad.

30 de marzo de 2018

La SNAP informa que aún se tienen registrados 540 casos de víctimas de pederastia sacerdotal en México, de los cuales al menos 15 eran conocidos por el exarzobispo Norberto Rivera.

Carlos Aguiar Retes, arzobispo primado de México, sucesor de Norberto Rivera Carrera, declara que la crisis de la familia propicia casos de pederastia clerical y que es una desviación afectiva.

11 de abril de 2018

El sacerdote Carlos López Valdés es hallado culpable de violación y condenado a 63 años de prisión.

31 de mayo de 2018

Publicación de la "Carta del Santo Padre Francisco al Pueblo de Dios que peregrina en Chile", en la que dice "nunca más" al encubrimiento y exhorta a caminar en la cultura del cuidado y protección a víctimas de abuso.

20 de agosto de 2018

Francisco publica la carta al pueblo de Dios sobre lo que define crímenes de abuso que afectan a toda la Iglesia como respuesta al informe de un jurado investigador de Pensilvania.

28 de noviembre de 2018

Se realiza en Monterrey, Nuevo León, el Primer Foro Nacional Derechos de la Infancia ante la Pederastia Clerical, bajo el auspicio de la empresaria Cristina Salinas Sada.

12 de febrero de 2019

Instalación del Equipo Nacional de Protección de Menores (ENPM), aprobado en asamblea plenaria por todos los obispos del país.

21-24 de febrero de 2019

Cumbre sobre pederastia clerical, llamada La Protección de los Menores en la Iglesia, realizada en El Vaticano, con todos los presidentes episcopales, expertos y áreas de la curia; evento calificado como inédito.

6 de marzo de 2019

La CEM informa que tiene reporte de 101 casos de sacerdotes con procesos ministeriales por presunto abuso sexual de menores en 64 diócesis de las 95 circunscripciones eclesiásticas que hay en el país y presentaron el documento Líneas de Acción para la Protección de Menores.

9 de mayo de 2019

Publicación de la Carta Apostólica *motu proprio* del Sumo Pontífice Francisco sobre la protección de los menores y de las personas vulnerables, "Vox estis mundi", La cual concreta las normas que tiene que seguir la Iglesia respecto a los abusos sexuales de sacerdotes o miembros de la vida consagrada.

17 de diciembre de 2019

El papa Francisco ordena eliminar el llamado "secreto pontificio" en los casos de abuso a menores de edad cometidos por miembros del clero católico.

21 de diciembre de 2019

Se da a conocer el Informe 1941-2019 sobre el fenómeno del abuso sexual de menores en la congregación de los Legionarios de Cristo desde su fundación hasta la actualidad. Reconoce que 175 menores fueron víctimas de 33 sacerdotes de la congregación y estima que al menos 60 menores fueron abusados por Marcial Maciel.

8 de enero de 2020

La justicia italiana confirma la condena impuesta al exsacerdote mexicano Vladimir Reséndiz Gutiérrez por abusar de dos menores de edad en 2008, cuando fungió como directivo de un seminario de los Legionarios de Cristo en el norte de Italia.

16 de julio de 2020

Presentación del Vademécum del papa Francisco sobre procedimientos para tratar casos de abuso sexual de menores de edad cometidos por clérigos. No es un texto normativo sino un instrumento destinado a ayudar a los ordinarios y juristas sobre los *delicta graviora*.

3 de septiembre de 2020

La Pontificia Universidad Católica de Chile presenta el informe final de la Comisión para el Análisis de la Crisis de la Iglesia Católica. El objeto del documento es determinar la naturaleza y alcance del abuso sexual de personas e menores de edad por parte de sacerdotes católicos que ejercieron su ministerio en Chile.

10 de noviembre de 2020

El Vaticano publica un informe sobre el caso del excardenal y arzobispo de Washington Theodore McCarrick, que fue expulsado de su cargo tras acusaciones de conducta sexual inapropiada con adultos y menores. En el recuento de hecho se ponen de manifiesto los errores, omisiones y encubrimientos que beneficiaron al clérigo estadounidense que daba continuamente cuantiosos donativos a diferentes dicasterios de la Santa Sede.

Índice onomástico

Depredadores sagrados de Bernardo Barranco
se terminó de imprimir en agosto de 2021
en los talleres de
Impresora Tauro, S.A. de C.V.
Av. Año de Juárez 343, col. Granjas San Antonio,
Ciudad de México